能量！

深入线粒体层面的
30天生命力提升方案

ENERGY

〔德〕安妮·弗莱克◎著
DR. MED. ANNE FLECK

罗舒云◎译

北京科学技术出版社

读者须知

医学是随着科学技术的进步与临床经验的积累而不断发展的。本书中的所有建议均是作者结合多年实践经验审慎提出的，虽然如此，图书依然不可替代医疗咨询。如果你想获得详尽的医学建议，请向有资质的医生咨询。

Original title：ENERGY!: Der gesunde Weg aus dem Müdigkeitslabyrinth, Mit 30-Tage-Selbsthilfeprogramm

by Dr. med. Anne Fleck

© 2021 dtv Verlagsgesellschaft mbH & Co. KG, Munich / Germany

Simplified Chinese translation copyright © 2025 Beijing Science and Technology Publishing Co., Ltd.

All rights reserved.

著作权合同登记号　图字：01-2024-3706

图书在版编目（CIP）数据

能量！/（德）安妮·弗莱克著；罗舒云译．

北京：北京科学技术出版社，2025． -- ISBN 978-7-5714-4172-2

Ⅰ．R163

中国国家版本馆 CIP 数据核字第 2024CK0270 号

策划编辑：沈淑敏		电　话：0086-10-66135495（总编室）	
责任编辑：田　恬		0086-10-66113227（发行部）	
责任校对：贾　荣		网　址：www.bkydw.cn	
图文制作：沐雨轩文化传媒		印　刷：北京中科印刷有限公司	
责任印制：李　茗		开　本：710 mm×1000 mm　1/16	
出 版 人：曾庆宇		字　数：311 千字	
出版发行：北京科学技术出版社		印　张：21.25	
社　　址：北京西直门南大街 16 号		版　次：2025 年 10 月第 1 版	
邮政编码：100035		印　次：2025 年 10 月第 1 次印刷	
ISBN 978-7-5714-4172-2			

定　价：89.00 元

京科版图书，版权所有，侵权必究。
京科版图书，印装差错，负责退换。

谨以本书献给

富有好奇心且乐于接纳新鲜事物的你，

以及其他所有正在努力提升自己的活力、健康水平与生活质量的人。

前　言

充满能量与保持健康

你如果一意孤行，很可能事与愿违。

你想变得精力充沛吗？你是否希望自己即使年纪大了也能保持健康、充满活力，每天都能享受充实的生活？你是否经常感到精疲力竭，总是浑身无力，或者到了深夜总想吃点儿东西？你是否易感染，平日里经常摔跤，走路时就好像在梦游一样？你是否总有这样的疑惑——明明血常规检测结果都在正常范围内，却感觉身体有些不对劲，又找不到合理的解释？你是否愿意接受新观点并准备好将健康掌握在自己手中？如果你的答案全都是肯定的，那么本书就是为你准备的。它会成为指引你通往健康的希望之路。

让我们的生活变得困难重重的不仅有突如其来的流行性疾病，还有心血管疾病、炎性疾病、自身免疫病、阿尔茨海默病、肥胖症、癌症等——它们持续威胁着我们的健康。

我们长期被困于疲劳状态中，感觉十分痛苦却几乎没有抵抗之力。恢复能量水平对我们每个人来说都至关重要。只有精力充沛且身体健康时，你才能充分发挥自己的才能，实现自己的愿景。人们常常有这样的体验：自己做的事与"本应"能做到的不一致——你"本应"感觉工作充实且快乐，你"本应"很期待赴朋友的约，你"本应"喜欢骑行或者滑雪。与缺乏生活热情的抑郁不同，上述这些是你缺乏能量的表现。然而，其影响是巨大的——缺乏能量的阴影笼罩着我们的思想和行动，使我们的决策系统陷入瘫痪。它破坏了我们的梦，破坏了好心情，像毒药一样渗入我们的人际关系，阻止我们走向成功，并且拉低了我们的生活质量。因缺乏能量导致的疲劳并不是什么令人愉快的东西。它与人在运动之后惬意的疲倦感毫无共同之处。

在过去的几十年里，精力不足已经发展成一个群体现象。长期疲劳仿佛是一盏危险警示灯，警示我们体内以及周围存在"能量小偷"。不幸的是，我们至今依然常常忽略这一点。多年来，我遇到过不少目前身体健康并希望继续保持健康的人，但更多的是精力不足、免疫力差、健康状况不佳的人。后者饱受困扰，不得不寻求帮助。他们中的大多数人都接受过漫长的医学治疗，然而常规检测得出的结果"一切正常"，并没有什么值得注意的地方，所以就连医生也无可奈何。可实际上，他们的身体并非一切正常。

这些人被困在由各种症状组成的迷宫里，找不到出路。"现在每个人都很累。""你睡一觉就好了。""你的免疫力不可能那么糟糕！"不少人的家人和朋友都建议他们放弃寻找原因，将亚健康当作命运一般接受。因此，许多人已经习惯了将身体不舒服归咎于自己的心理问题。然而，他们会因自己没有被认真对待而感到十分沮丧。其实，他们对自己身体的感觉是对的，因为缺乏能量的所有症状通常都是身体发出的求救信号。

我在医学领域工作多年，对将人体看作整体并使之保持健康的新领域充满热情。我不想仅对患者表现出的症状进行治疗，或是像使用熨斗熨衣服一样仅通过药物将病症简单粗暴地"熨平"。我喜欢像侦探一样寻找扰乱身体正常生理过程的动态平衡，即破坏"内环境稳态"的原因，从而提出个性化的治疗方案并有效地预防疾病。多年来，我基于经典医学和具有创新性的预防医学、正分子医学、营养医学以及有效的自然疗法等，开发了以我本人的姓氏命名的治疗方法——"弗莱克疗法"。这种方法将人体看作整体，专注于寻找致病因素，重心在保持健康，而不仅仅是治疗疾病。我在临床实践中使用"弗莱克疗法"取得的成功表明，我在医学上的"侦探工作"和改善生活方式的建议十分有效。而"弗莱克疗法"的疗效是20年前的患者不敢想象的，因此它使我充满自豪感。

你能从本书中获得什么?

在本书中,我会给你提供新近的相关背景知识以及行之有效的治疗方法。你将从全新的视角来重新认识自己的身体、了解自己的健康状况。你将学会信任自己的身体,相信它不会撒谎,出现疲劳或者免疫力下降的症状是有原因的。原因通常是多样的,就像彩色马赛克一样交叠堆放在一起。为了识别这些"马赛克",你需要像侦探一样用放大镜追踪生活的每个细节。在追踪过程中,你可以稍微放宽心,因为发现问题的不止你一个人,并且已经有解决方案了!只要正确识别这些"马赛克",你就能找到一条通向高能量水平的出路。

这是一本关于你的健康和生命能量的书。它将告诉你如何理解身体的语言并采取行动。以"弗莱克疗法"为基础发展起来的"30天能量计划"可以帮助你找到各种症状出现的原因并"对症下药",使你恢复健康并且明显提高生活质量。

你可能对本书中的许多问题感兴趣,比如你是否知道肠黏膜是抵御"外敌"、保持健康最重要的堡垒之一,并且可以用简单的方法来强化它?你是否知道,如果你的身体对酪蛋白或麸质不耐受,牛奶咖啡或有机全麦面包可能成为你身体里的"能量小偷"?你是否知道促炎因子和毒素会隐藏在你的身体中并夺走你的能量?你是否知道汞合金或黄金合金填充物以及曾遭受过的颈椎挥鞭样损伤会损害身体里的"发电厂"——线粒体,从而使你感到疲劳,甚至患上慢性病?我们将在本书中一起探索这些问题以及其他许多谜题。

你如果已经像侦探一样取出放大镜,并在本书的帮助下开始系统地搜寻致病因素,那么将获得实用的解决方法,过上充满活力的新生活。探索致病因素的过程十分令人兴奋,你将学习如何判断哪些食物是"能量小偷",如何找到吃饭、喝水、运动和睡觉的理想时间,如何找到最适宜的生活节奏。从实行能量饮食开始,按照正确的生物节律重构生活方式,将给你带来很多改变——你将学会如何提高消化能力、形成健康的肠道菌群、缓解自身的排毒压力、改善睡眠质量、消除潜伏的病毒并减轻日常生活中的压力。

解决疲劳问题

在解决疲劳问题的过程中，你将了解身体中许多令人印象深刻的生理过程，它们保证了人体内循环的平衡。除了单纯地接收信息，在阅读本书时还请你记住，这些内容是关于你和你的身体的。把阅读本书的过程当作一次对自己身体的探索去享受它。当你读到"肝脏"或者"肠道"这样的词语时，可以想象一下，此刻你身体中的这个器官正在为了你勤劳地工作。在阅读本书的过程中，请注意人体强大而复杂的修复过程。本书的写作目的是帮助你恢复健康，提高你的生活质量，让你直到晚年仍能保持身体健康。当你觉得本书中的某些理论理解起来十分困难或是碰到一些晦涩难懂的专业术语时，请不要担心，你可以在书中找到"小贴士"。另外，你不需要把本书中所有的东西都记住，只需要记住相关内容在书里的哪个位置，以便在下次问诊时带上本书向医生提问。

你可以准备一本笔记本，将"侦探工作"中重要的细节记录下来。你可能在阅读到本书的不同地方时对这些细节有新的认识。症状背后有许多不同的原因，你也许觉得自己必须同时追踪所有的线索。这可能让你感到焦虑，但请保持冷静，因为你拥有一套行之有效的解决方案——"30 天能量计划"。在它的帮助下，你可以恢复能量与健康水平。

你会发现自己的身体是一座迷人的奇迹殿堂，并理解各种生理过程是如何相互影响的。在本书的第 1 部分，我将带你了解导致自己缺乏能量的原因，详细地认识各种潜在的致病因素。同时，科学的"自我测试"也能为你提供帮助。自身对症状的感知常常比"一切正常"的常规检测结果更有说服力。"自我测试"结果可以为你的下一步探索提供有趣的线索。我还会给你一些关于医学检测项目的建议，为医生寻找病因提供参考。

有一点非常重要：在长期感到身体不适的情况下，自我感知是不能代替医生的专业评估和治疗的。在本书中，我致力阐述隐藏在疲劳背后并可能诱发慢性病的致病因素。当然，我无法在本书中详尽地阐述所有原因。严重的身体疾病和精神障碍，如抑郁症，应找医生进行合理的诊断。

为提升能量与健康水平开辟道路

在本书的第 2 部分，我会把解决疲劳问题的方法交到你的手中。你将详细了解"30 天能量计划"并获得改善生活方式的有效建议，比如遵循生物节律、实行能量饮食、改善睡眠质量、促进人体排毒以及补充微量营养素。此外，你还将学到如何改善肠道环境、增强免疫力、促进身体细胞的再生与修复。

本书的第 3 部分是实践方案。"30 天能量计划"是你将所学知识应用于行动的理想跳板。它能够帮助你调整自己的生活节奏，找出隐藏在饮食中的"能量小偷"，有效降低自己的压力水平并且总结出适合提升自己健康和能量水平的食谱。在这部分，你还会获得许多推荐食谱。你会发现，健康饮食是恢复能量水平的重要途径。你即使只采纳了本书中的某些建议，也能很快注意到自己的能量水平和健康状况发生了变化。如果能按照正确的生物节律改变生活方式，你将收获许多惊喜。本书结尾部分的"检测项目清单"是为你进一步问诊准备的。它有助于你和你的医生一起深入探究并检测出长期隐藏在你体内的致病因素，引导你找到具体可靠的解决方案，以解决精力不足的问题、预防慢性病。

亲爱的读者，我非常高兴看到你不屈服于长期的精力不足或病痛，决心将健康掌握在自己手中，同时准备好实行"30 天能量计划"帮助自己解决长期疲劳、易感染和其他病痛问题。我相信，本书能明显改善你的能量水平、你和你所爱之人的健康状况。我希望，在本书的帮助下，你可以成为更好的自己。

个体化治疗方案深入探索隐藏的病因

目录

1

看不见的"能量小偷"
/ 身体不会撒谎。/

2

疲劳、免疫力下降和易生病? 走出迷宫的方法
/ 找到问题是治疗的第一步。/

3

30 天能量计划

/"未知生，焉知死？"/

1

看不见的
"能量小偷"

VERBORGENE
ENERGIERÄUBER

身体不会撒谎。

我们的身体是迷人的奇迹殿堂。身体的各个部位相互依赖，有机体活动所必需的所有生理过程相互作用，使我们体内的环境处于平衡状态，从而不断产生维持生命的能量。宏量及微量营养素、酶和信号分子通过血液到达各个器官和组织，控制呼吸、心率、消化、新陈代谢和肌肉的收缩及舒张等，帮助我们产生感觉、进行思考。如果体内环境的平衡状态被打破，身体就无法源源不断地产生维持生命的能量。慢慢地，我们就会明显地感到精力不足、抗压能力减弱，变得易疲劳和易生病，从而生活质量不断下降。试想一下，如果我们的身体是一台机器，机器的齿轮间进了沙，起初机器运行时并无异常，但长此以往，当齿轮磨损程度越来越严重时，机器一定会出现问题。

过度运动、纵欲、营养不良、季节变化以及对工作或学习任务产生抵触情绪等都会使我们感到疲劳。与此同时，我们周围还有许多不知名的"疲劳制造机"。这些"疲劳制造机"存在于我们的感知范围之外，超出了普通医疗的范围，但我们的身体是不会撒谎的。世界上有数以亿计的人时常感到疲劳，如果你是其中一员，那么你的身体也会向你发出"我累了"的信号，来提示你它出现了问题。如果你总是无缘无故地感到极度疲劳，请不要再用"我的身体没有问题，别给自己太大压力就好了"这样的陈词滥调来搪塞自己。注意："能量小偷"就潜伏在你的身体里，使你感到疲劳，让你感觉自己就像一把没有通电的电吉他一样。是时候把这些"能量小偷"揪出来了，因为如果长期放任不管，它们就可能悄悄地引发慢性疾病。

现在，跟着我一起发掘自己身体能量不足的隐藏原因，找到摆脱"能量小偷"的方法吧！

是什么夺走了我们的能量？

我们只要找到能量损耗的原因，就能够找到提高能量水平的方法，从而有效改善健康状况。

我们都知道疲劳是什么感觉。身体自发产生的疲劳感是为了提醒我们"是时候休息一下了"。然而，疲劳感的产生并不总是遵循明确的、易于理解的因果模式，比如冬天过后由身体发生生理变化而导致春困、愉快的长途旅行结束后感到疲惫、度过了一个充实的工作日后感到疲劳和合理运动后感觉很疲倦等。

我们的身体每天都在发生无数的变化，无时无刻不在接受挑战。为了保持健康，我们的身体会对影响我们身心健康的内部或外部刺激做出复杂的反应，试图缓解刺激带来的不良影响。例如，当我们紧张时，体内的应激激素水平会提高；当我们乘坐地铁时，免疫系统会抵御外部病毒和细菌的侵袭；当我们吃三明治时，身体会将看不见的霉菌、环境及化学物质中的毒素排出。身体追求的内部环境健康平衡的状态叫作"内环境稳态"。这种状态很容易被打破。如果我们感觉身体能量不足，那不过是身体向我们发出的一个信号："有特殊情况需要我去处理！"使我们感到疲劳甚至生病的原因不仅有影响我们身体健康的因素本身，还有我们的身体无力应对的那些影响因素。

身体的所有调节系统（如免疫系统、神经系统和内分泌系统等）都很脆弱，它们对压力很敏感并且很容易受到干扰。此外，所有生理过程都是相互作用、相互影响的，就像织成蜘蛛网的柔软蛛丝一样。通常，我们感觉不到身体内部正在进行各种复杂的工作。我们既无法注意到免疫系统对细菌和病毒的攻击，也感觉不到免疫细胞的信号分子在所有身体细胞中发挥的作用。我们几乎感觉不到身体细胞的异常，哪怕细胞中重要的"发电厂"——线粒体出现了问题也是如此。如果线粒体无法保持最佳状态，人体内的代谢过程就会变得不稳定，生化过程无法正常进行，重要的酶（如用于消化、肝脏解毒和新陈代谢的酶）和激素的合成也会减少，然后我们的身体就会陷入"节能模式"。如果身体长期处于节能模式，我们就容易感觉疲劳。

一些营养缺乏症（如维生素 D 或维生素 B_{12} 缺乏症）也会使我们因能量不足而感到疲劳，它们的发病率比我们想象中的高很多。缺乏维生素 B_{12} 可能导致持续性疲劳、贫血、脱发或皮肤干燥，引起不可逆转的神经系统疾病（具体表现为感觉障碍、舌头灼痛、手脚发麻、肌肉无力、步态不稳或抑郁）。由月经量大导致的缺铁性贫血使女性在经期常感疲劳。由于缺乏红细胞，器官供氧不足，继而使人感觉无力、疲惫。此外，我们体内还有一个"能量小偷"——活性氧（ROS）。在线粒体产生能量的过程中，有毒的代谢产物 ROS 会以氧自由基的形式大量累积。如果我们体内有充足的微量营养素，线粒体就可以轻松处理掉 ROS。如果微量营养素不足，ROS 则无法被处理掉，从而对线粒体造成损伤。为了保护自己免受损害，线粒体会降低能量生产量的"档位"来减少 ROS 的生成。线粒体生产的能量减少，人体的"能量通货"——三磷酸腺苷（ATP）随之减少。这将导致我们的身体严重缺乏能量，从而使我们感到疲惫、虚弱或精力不足。

好消息是，我们只要找到能量损耗的原因，就能够找到提高能量水平的方法，从而有效改善健康状况。现在，我们可以对"能量小偷"进行有针对性的医学检测。揪出"能量小偷"不仅有助于控制症状和治疗疾病，还在疾病预防方面发挥着至关重要的作用。让我们一起拿起放大镜，像优秀的侦探一样，尽早发现身体异常的蛛丝马迹，找出破坏内环境稳态的因素，制订精准的个性化治疗方案，帮助身体重获充足的生命能量。

像侦探一样寻找蛛丝马迹，发现问题的根源

生病的线粒体——细胞崩溃

健康的线粒体是人体能量充足的保证。

人体是一个复杂的、成熟的系统，拥有大量高度分化的细胞。一个成年人的身体由大约100万亿个细胞构成。虽然细胞很小，小到只能在显微镜下看清，但在精巧的人体内，它们承担着重要的任务，并以最高的水准完成自己的工作。细胞维持着我们的生命，它们日复一日地在我们的身体中进行能量代谢，任何生命都不能脱离能量而存在。

微观世界一直令我十分着迷。细胞——人体中最小的单位在基本结构上十分相似：有一层具有保护性的"盔甲"，即细胞膜，它将细胞核和细胞器包围起来，而细胞核和细胞器漂浮在细胞质中。无论你是精神焕发、生气勃勃，还是昏昏欲睡、精疲力竭，你的状态都是由微小的细胞器——线粒体决定的。它是人体内高度活跃的"发电厂"。器官的新陈代谢越活跃，所需要的能量就越多，器官所拥有的线粒体也就越多。通常，每个细胞中有1500～5000个线粒体。因为心脏和骨骼肌要不知疲倦地收缩和舒张，所以它们含有大量线粒体。女性的卵细胞中的线粒体甚至多达12000个，这是多么惊人的数字啊！线粒体被双层膜包裹，大多数酶位于线粒体的内膜形成的褶皱中，负责调节线粒体的能量代谢。线粒体内部有线粒体基质。

线粒体就像永远处于饥饿状态的消化系统。我们的身体从食物中吸收各种营养素，线粒体将它们"燃烧"，并利用我们吸入的氧气生成ATP。ATP是种能量形式，在所有的细胞中充当能量货币（在医学上被称作"分子通货"）。在一天中，一个成人能生成大约70 kg ATP，代谢水平高的成人甚至能生成100 kg ATP。然而，生化检测通常仅能检测出少量ATP，这是因为它们通常

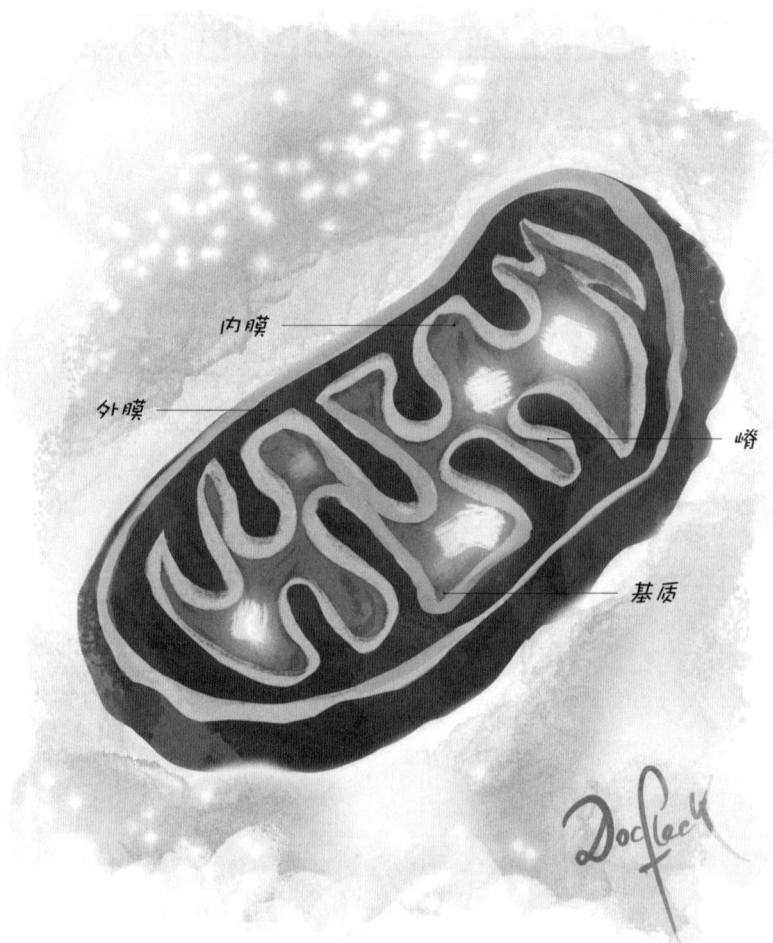

内膜

外膜

嵴

基质

线粒体是细胞的"发电厂"

刚生成就被消耗掉了。

线粒体是人体内能量的主要生产者，它们还能不断地为细胞创造新的"原材料"。它们也是人体废物处理系统的一部分，并拥有自己的分解系统（如在氨基酸分解成尿素的过程中产生的氨的分解过程就发生在线粒体中）。此外，线粒体还能控制细胞凋亡（可以理解为细胞"自杀"）。当细胞衰老或损坏时，线粒体会促使细胞死亡。细胞的这种程序性死亡机制是极富智慧的生物进化策略，它能够防止衰老和损坏的细胞在人体内继续发展、扩散。我们的身体每天会分解大约100亿个不健康的细胞。线粒体对细胞至关重要，因此我们必须像保护珍宝一样保护这些强大的"小巨人"。这是一项重要的任务，因为线粒体很敏感，我们需要保护它免受攻击。线粒体越衰弱，我们的能量水平就越低，我们就越容易感到疲劳。线粒体是会"生病"的，体现在我们身上就是"线粒体病"。科学家将线粒体病分为原发性（即先天的）线粒体病、继发性线粒体病和获得性线粒体病，线粒体病会导致疲劳和引发其他疾病，但依旧经常被我们忽视。

那么，究竟是什么导致线粒体"生病"的呢？简单来说，有的线粒体病是不健康的生活方式所致，这就是获得性线粒体病。你的饮食、你如何应对精神压力、你所处的环境、你服药的频率、你的经历（如事故造成颈椎挥鞭样损伤）等，这些因素对你体内线粒体的健康都有决定性作用，它们还会影响基因的表达。上述所有因素都会给线粒体带来沉重的负担，而"激进"的自由基通常是压死骆驼的最后一根稻草。

"激进"的自由基——是什么使你感到疲劳？

自由基是缺少电子的分子，它们很不稳定，会不惜一切代价来夺取电子，使自己稳定下来。为此，它们在人体内疯狂地发起进攻，比如攻击一段基因或一个蛋白质分子，具体的攻击对象取决于自由基当前所处的位置。由于这种特性，自由基也被人体用作对抗入侵者（如病原体或环境毒素）的秘密武器。

线粒体在生成能量的过程中会产生大量活性氧（自由基的一种）。生成的ATP越多，自由基就越多。敏感的线粒体拥有复杂的自我保护系统。线粒体内的酶（如超氧化物歧化酶、谷胱甘肽过氧化物酶）可以将有害的自由基转化成无害的水，但这个过程需要微量营养素的参与。然而，当"激进"的自由基不受控制地组成一支庞大的队伍，导致线粒体的自我保护系统难以招架，即发生"氧化应激"时，我们就会感到不适。

线粒体的负担更多地来自一氧化氮（NO），这是一种所有体细胞都会生成的物质。一氧化氮在人体内承担了多项任务，如充当血液凝固的信号分子、促进神经生长、保持动脉及支气管壁柔软。如果人体内的一氧化氮过多（即发生"亚硝化应激"），健康的线粒体就会受到损害。一氧化氮会与矿物质（如铁、硒、钴、锰、铜）发生反应，从而夺走对产生能量至关重要的酶的"燃料"。

氧化应激和亚硝化应激发生的原因有：

· 长期处于精神压力过大的状态下；

· 身体负担过大（如剧烈运动）；

· 慢性炎症；

· 吸烟；

· 受到暴晒（即受紫外线照射过多）；

· 受到放射性污染（如过度暴露于 X 射线）；

· 受到重金属污染；

· 长期接触环境毒素、杀菌剂（如杀虫剂、除草剂、杀真菌剂）；

· 长期接触室内空气污染物（如甲醛、苯）、纳米颗粒（如气溶胶）；

· 缺乏维生素和矿物质；

· 长期服用药物；

· 由事故导致的颈椎创伤（如挥鞭样损伤）。

颈椎损伤——脆弱的颈部

慢性颈椎病会引发亚硝化应激，这会极大地影响线粒体的健康，使你感到疲劳、无力等。不幸的是，身体的这些小问题往往容易被我们忽视，通常不会有人将它们与疾病联系起来。此外，生活中的事故如碰撞、（从梯子上、树上、马背上、桌子上或滑雪时）摔倒，甚至插管治疗都可能在不知不觉中损伤颈椎，从而引发疲劳和疾病。

问题是，许多颈椎损伤轻微到我们根本无法察觉，比如碰撞或摔倒时，冲击力会波及全身，这意味着颈椎关节也会受力。如果最上面的颈椎关节没有得到缓冲和保护，那么第二颈椎周围的肌肉和韧带就可能出现不同程度的撕裂。幸运的是，很少有人因此留下永久性损伤。由于儿童的关节具有很强的可塑性，因此儿童时期的跌倒通常没那么严重。如果在生活中反复出现颈椎损伤，那它很可能是你感觉疲劳和易生病的根源，你必须意识到这一点并及时治疗。

有颈椎问题的人会发现，某些动作或行为，比如将双手举过头顶、在理发店洗头、悬挂窗帘、蛙泳、低头看书、在灶台前做活或熨衣服，会导致颈椎疼痛。此外，根据桑德伯格的说法，这类颈椎问题只能通过观察 X 射线片（患者需张开嘴侧身拍摄）发现。现在，医生还可以依据垂直式磁共振检查结果进行诊断。在接受垂直式磁共振检查时，患者需保持坐姿，以使颈部和关节连接处清晰可见。

以下方法可以用来治疗颈椎问题：

· 通过食物和营养素补充剂补充营养素以强化线粒体；
· 采用阿伦的第一颈椎疗法、颅骶疗法、多恩脊椎疗法、沃伊塔疗法等，
  必须由非常专业的医生或治疗师进行；
· 温和的背部训练；
· 使用舒适的颈枕和配套的床垫。

▍请仔细呵护线粒体

在未来，我们应更多地将线粒体医学纳入当前的循证医学。目前，更关注线粒体健康的是预防医学。准确了解细胞的代谢过程和掌握微量营养素疗法（即应用生物化学），是治疗线粒体病的关键。通过治疗，患者不仅可以拥有更充沛的精力，整体也会变得更健康。由氧化应激或亚硝化应激造成的线粒体损伤

不仅使人疲劳，还会引发慢性退行性疾病（如心血管疾病、阿尔茨海默病、帕金森病、多动症、2型糖尿病等）。现在，一些特殊的实验室可以针对线粒体的活跃性进行检测。然而，实验室检测并不是必需的。

🔍 自我测试

你患有线粒体病吗?

以下描述是否符合你的情况？如果符合，请记1分。

◎你多年来一直承受着巨大的精神和生理压力。

◎你患有慢性炎性疾病（如风湿病、多发性硬化症、肠道疾病），或者血液检测结果显示你体内的炎症水平极高。

◎在生活中，你的颈椎受过一次或多次外伤（如产钳分娩、车祸造成的颈椎挥鞭样损伤、跌倒或游泳时撞到头）。（每受1次伤，记1分）

◎你感觉身体负担极重。

◎你经常去"美黑"或晒日光浴。

◎你的体内有金属填充物（主要是口腔中的汞合金等金属填充物）。

◎你经常接触X射线（如接受化疗），或多次接受影像学检查（如CT）。

◎你在工作中过多地接触除草剂、杀虫剂。

◎你有营养不良的问题，或较少摄入膳食纤维（如食用大量谷物、奶酪、香肠等，只食用少量蔬菜、水果、坚果）。

◎你经常服药（如镇痛药、降压药、降胆固醇药、化疗药物、抗2型糖尿病药、免疫抑制剂、抗癫痫药、酸阻滞剂、HIV药物、抗生素）。（每服用1种药物，记1分）

得分情况说明

0～3分　　你患有线粒体病的可能性较低。

4～10分　你患有线粒体病的可能性较高。

10 分以上　　你极有可能患有线粒体病。

如果测试结果显示你极有可能患有线粒体病，并且你存在相应的症状，我建议你在医生同意的前提下进行微量营养素治疗，以确保线粒体能够稳定地生产能量。

🏥 小贴士

⊙ **用于判断氧化应激的指标**：脂质过氧化情况、低密度脂蛋白（LDL）氧化情况，γ- 谷氨酰基转移酶（γ-GGT）水平（排除过量饮酒的情况）。

⊙ **用于判断亚硝化应激的指标**：瓜氨酸水平（通过尿液检测）、硝基酪氨酸水平。

⊙ **ATP 构成**：ATP 浓度（通过血液检测）、线粒体的活跃度（在一些特殊的实验室中进行检测）。

⊙ **乳酸和丙酮酸的比例**：这一指标可以通过尿液检测，有助于我们深入了解自己体内能量生产和物质代谢的情况。正常范围为 15:1 至 20:1，比例超出范围表明线粒体出现了功能性病变。

⊙ **辅酶 Q_{10}**：这种重要的酶随着血液中的脂质一起被运送至身体各处。年龄超过 40 岁时，人体自身合成的辅酶 Q_{10} 减少。因此，医生应结合患者的年龄来判断该指标水平是否正常。

⊙ **氨（NH_3）**：氨是有毒的含氮化合物，在蛋白质分解的过程中产生。通常，氨会转化为尿素并被排出体外。氨是线粒体的"死对头"，这就是我将它纳入检测范围的原因。氨的水平较高还表明人从饮食中摄入的蛋白质过多、身体健康受到影响、有严重的肝功能障碍（即使有关肝脏的各项指标水平仍在正常范围内）。

有一个好消息是：你如果患有线粒体病，可以直接采纳本书中的建议，几周后，就能观察到自己的能量水平恢复正常、健康状况有所改善。如果你从现在开始强化自己的线粒体，一段时间后，你的能量水平将明显提升，而这有助

于你预防各种疾病。

呵护线粒体比你想象中要容易，只要进行营养均衡的饮食和有针对性地服用微量营养素补充剂就可以了。据研究，补充优质脂肪是强化线粒体的最佳方法。优质的藻油、添加了二十二碳六烯酸（DHA）和二十碳五烯酸（EPA）的冷榨亚麻籽油都是很好的选择。补充 B 族维生素、活性叶酸、辅酶 Q_{10}、镁、锌、硒和 α–硫辛酸也至关重要。维生素 C 和维生素 E 则是优秀的自由基"猎手"。

患者案例
弗雷德·51 岁·木匠

弗雷德是一位个体木匠。他之所以来向我求助，是因为他近一年多来总感觉自己非常疲劳。常规检测和超声检测的所有结果均显示正常。弗雷德的头部和颈部有肿块，他经常头晕、消化不良。经常做噩梦和容易感冒的问题也使他十分苦恼。他曾是区足球队的守门员和富有激情的滑雪运动员。于是，我询问他过去是否曾因运动而受伤。他告诉我，他的颈椎曾数次受到挥鞭样损伤，他甚至曾因在滑雪时摔倒而得了脑震荡。然而，当时他觉得那不是什么大问题，所以并没有去看医生。

从生活方式来看，弗雷德是一个注意健康的人：他一直喜欢运动，喜欢遛狗，不吸烟，偶尔喝一杯葡萄酒或啤酒，而且他有一位贤惠的妻子每天给他烹制健康的食物，家庭氛围也很好。因为常规检测结果没有什么引人注目的地方，所以我为他安排了颈椎的 X 射线检测。通过观察检测结果，我发现弗雷德有颈椎不稳（第一颈椎不稳定）的问题——这是线粒体病的诱因。通过进一步检测，我确定他患有线粒体病，并发现他缺乏维生素 D、维生素 B_{12}、镁和辅酶 Q_{10}。此外，我还发现他肠道菌群紊乱和对麸质不耐受。我向弗雷德解释了他的问题是如何出现的：一方面，早期的颈椎损伤使他体内产生了过多的自由基，而这些自由基导致线粒体无法生产足够的能量；另一方面，他的身体为了消除自由基而消耗了大量维生素 D、维生素 B_{12} 和辅酶 Q_{10}，导致相应营养素的缺乏。

我们一起制订了治疗方案：

1. 稳定颈椎（使用第一颈椎疗法）；

2. 优化饮食结构并补充微量营养素，以强化线粒体。

弗雷德找了一位经验丰富的治疗师为他实施第一颈椎疗法，每周他都去治疗1~2次。他还给自己买了一个合适的颈枕和一盏用来进行热疗的红外线灯。他持续6个月服用谷氨酰胺、益生元和益生菌补充剂，以修复肠黏膜。同时，他还说服家人和他一起进行"能量饮食"——不吃含有麸质的食品和乳制品。他的孩子也受益匪浅，比之前更有活力、更不容易生病了。弗雷德至今仍在服用维生素D、B族维生素、辅酶Q10以及镁补充剂，并注意食用无麸质食物。其实，在治疗开始仅仅3周后，他的疲劳水平就降低了约90%。经过3个月的治疗，他免疫力低下、头部及颈部疼痛、头晕、睡眠质量差等问题都得到了解决。经过9个月的治疗，弗雷德完全康复了。自那以后，他感觉自己和年轻时一样健康了。

我还要告诉你一个好消息：研究表明，线粒体可以自我增殖。规律运动是线粒体增殖的最佳驱动因素。在接收到明确的驱动信号时，线粒体会一直处于良好的增殖状态。运动不仅能促进人体抗炎信号分子的合成，还能减轻线粒体增殖造成的身体疲劳、增强耐力和提高能量水平。下次，在你找借口不去运动的时候，请想一想线粒体每天为你做了什么，而你又为它做了什么。实行"30天能量计划"将有助于强化线粒体，提高能量水平。

当消化系统悄悄出了问题时

关键不仅在于我们吃什么、什么时候吃、
怎么吃，还在于我们如何消化食物。

消化不良与精力不足有关系吗？关系可大了！当你的身体无法利用你为它提供的食物时，它就会陷入能量缺乏的状态，从而使你感觉很累、很虚弱，好像身体被掏空了一样。因此，想要保持能量充足的状态，关键不仅在于我们吃什么、什么时候吃、怎么吃，还在于我们如何消化食物。换句话说，我们的身体实际上吸收了哪些物质。

如果医生诊断你缺乏微量元素和维生素（如维生素 B_{12}），这可能意味着你的消化系统出了问题。许多人都有缺乏微量营养的问题，但令人震惊的是，目前只有极少数人会针对这个问题去做专门的检查。大多数人并不知道自己有消化系统的问题，说不定你也是这样，而我曾经就是那大多数人中的一员。我们如果知道自己的消化系统出了什么问题，就能够进行有针对性的干预。我们确实应该这么做，不仅是因为身体缺乏能量会导致我们常觉疲劳，而且是因为多年未被发现和治疗的慢性胃肠道问题会引发痤疮和牙龈炎等多种疾病。因此，在这场探索身体奥秘旅程的开端，让我们来仔细地了解一下自己的消化情况吧！

消化系统及其工作机制

我们很少关注消化系统的运行情况。只有在"肠胃不舒服"时，比如当我们吃完饭后打嗝、感到胃灼热、出现令人烦恼的腹泻或腹胀并伴有令人尴尬的频繁放屁症状时，我们才开始注意它。事实上，消化系统是"能量和健康之门"，我们应该使其保持良好的工作状态。消化系统负责消化食物、吸收营养素、排出毒素及不易消化的物质。另外，人体内约80%的免疫细胞都集中于此。这正是失常的消化系统能够位居"能量小偷"和"疾病制造者"榜单之首的原因。

消化系统非常复杂，它的组成部分远不止肠道，还包括口腔、食管、胃和胰腺等。除此之外，肝脏和胆囊是消化系统的秘密成员；生活在口腔和肠道中的细菌则是健康的秘密卫士，它们被统称为菌群。如果消化系统的任一部分出了问题，那么整个机体都会受到影响。

消化过程始于口腔。从我们产生食欲的那一刻起，食物的样子或气味就会刺激我们的唾液腺，使它分泌出唾液。人每天会分泌出0.5 ~ 1L唾液。唾液有助于咀嚼，唾液中的酶能初步分解碳水化合物（如淀粉），使其更容易被身体吸收。食物被咀嚼得越充分，就越有可能在消化过程中被完全分解。实际上，米粥也应该被充分咀嚼，直到它呈黏稠的液体状为止。换句话说，我们应该咀嚼到口中盛不下唾液为止。

未被充分咀嚼的食物进入肠道会导致有害细菌大量繁殖，从而影响有益细菌（即益生菌）的生存和繁殖。益生菌可以合成保护肠黏膜完整性所需的重要营养物质（如丁酸），所以不充分咀嚼食物可能导致肠道环境失衡或者肠黏膜受损，从而引发以疲劳为症状的食物不耐受和自身免疫病。因此，请充分咀嚼食物！这对我们身体健康的益处远超你的想象。

食物通过食管到达胃。在这里，食物会像洗衣机中的衣物一样翻滚、旋转，然后被进一步分解，为肠道吸收食物中的营养素做好准备。为了能够正常地完成这样高强度的工作，我们的胃需要足量"洗衣液"——胃液。每天，胃腺体会分泌1.5 ~ 2.5L胃液，胃液含有盐酸和各种消化酶等。酶是维持身体健康的小帮手，它们几乎参与了人体内新陈代谢的所有重要过程。胃液中的胃蛋白酶可以将鱼、肉、鸡蛋或蘑菇中的蛋白质分解成氨基酸，从而被肠道吸收；胃脂肪酶有助于分解脂肪；盐酸有一项艰巨的任务，那就是灭杀随食物进入胃内的有害细菌；黏液则覆盖在胃黏膜表面，保护胃黏膜免受酸性物质的侵蚀。这不禁令人感叹，我们身体的构造是多么精妙啊！

胃开始工作后，胰腺也开始分泌消化酶。胰腺分泌的消化酶在小肠中发挥作用：蛋白酶用于分解蛋白质，淀粉酶用于分解碳水化合物，脂肪酶用于分解脂肪。此外，胰腺还能合成和分泌胰岛素。胰岛素用于调节血糖水平，并与由脂肪组织合成和分泌的瘦素（一种使人产生饱腹感的激素）协同工作，在我们的身体吸收了足够的营养素时，向大脑发出信号，让我们停止进食。

接下来，肝脏开始参与消化工作。肝脏是人体中能力最强，也最容易被忽视的器官之一。它不知疲倦地为我们的健康做出了巨大的贡献，而这些贡献却常常不为我们所知。肝脏与心脏、肺一样，仿佛一只忙碌的蜜蜂，从不停歇。它在每天凌晨2:00～3:00时最为活跃，如果你经常在这个时间段醒来，那么你的肝脏可能出现了问题，这也是你精力不足的原因之一。为健康默默付出的肝脏不仅参与消化过程，还是葡萄糖、维生素和矿物质的"储存室"，蛋白质和信号分子的"回收站"，血液循环的"控制器"，血液的"过滤器"，代谢废物或外来有害物质的"处理工厂"。肝脏还能分泌胆汁以促进脂肪分解。在非消化期，肝脏分泌的胆汁会贮存在胆囊内；而在消化期，胆汁会从肝脏和胆囊进入小肠，对小肠内的食糜进行消化。

小肠也是重要的消化器官，它承担了大部分营养素的吸收任务。小肠非常神奇：它位于腹腔内，长度有4～6米，远远超过了人的身高。小肠始于幽门（胃的出口），止于大肠入口。在小肠内，食物的消化过程基本完成，大部分营养素被吸收。小肠能够完成这项艰巨的任务多亏了消化酶和小肠黏膜上的微小突起——小肠绒毛。小肠绒毛呈微型指状，数量可达10亿。它们有利于增大小肠的吸收面积。据估计，小肠的吸收面积与一个标准网球场的面积相当。小肠绒毛在肠腔中摇摇晃晃，翻搅食糜，寻找其中的营养素。可被吸收的营养素会根据种类分别进入小肠绒毛内对应的毛细血管中，再被运往身体其他器官和组织处。

接下来，经过小肠消化的食物残渣被推入大肠，并在大肠内形成粪便。摄入足够的膳食纤维非常重要，因为膳食纤维可以使粪便变得柔软并利于排出。

膳食纤维还可以防止"粪块结石"的生成。"粪块结石"一旦生成，就可能嵌在大肠黏膜中，导致粪便中的有毒废物进入血液，引发内毒素血症。

当我们因为精力不足去看医生时，医生很少怀疑是我们的消化系统出了问题。然而，及早发现出问题的消化器官很关键，这不仅有助于我们摆脱令人烦恼的疲劳问题，还有助于预防严重的疾病（如免疫系统疾病）。我们应当关注以下 4 个比较重要的问题：

- 胃酸分泌不足；
- 缺乏消化酶；
- 肠道菌群紊乱（肠道生态失调）；
- 肠黏膜受损。

发现问题并找到出问题的器官是我做出诊断的重要基础之一。我的目标是竭尽所能地帮助每一位患者，使患者可以像侦探一样找出自己的隐藏病因。

问题一：胃酸分泌不足

在探讨这个问题之前，我们需要澄清一个持续了几十年的误解——有人认为，胃液中所含的盐酸（即胃酸）是消化系统的敌人。实际上，胃酸是消化系统的朋友，对我们而言是不可或缺的。它可以保护我们免受与食物一起进入胃的有害细菌的侵害，防止有害细菌进入我们的肠道繁殖。如果胃酸分泌不足，小肠内的消化酶就无法被充分释放。这将导致碳水化合物和蛋白质无法被正常消化，还会留下大块食物。未被充分消化的食物将成为有害细菌的养料，并在细菌的作用下腐烂、发酵，从而导致严重的胃肠道胀气。

胃酸能促进蛋白质的消化。蛋白质可以被分解成我们身体所需的氨基酸，这些氨基酸可以帮助身体形成肌肉、骨骼、牙质、免疫细胞和信号分子（如激素）等。胃酸分泌不足会导致人体缺乏赖氨酸等重要氨基酸，从而引起经常性感染。经常感到疲劳、常患感冒以及膀胱炎和经常感染疱疹病毒的人，应尽快对自己的消化系统做一个检查，参考本书中的建议，并在医生的帮助下调整自己的饮食结构、进食量、进食次数和间隔时间。素食者（尤其是纯素食者）往往患有赖氨酸缺乏症，因为这种氨基酸主要存在于动物蛋白（如肉、鱼和蛋类等）中。针对缺乏赖氨酸的问题，赖氨酸补充剂可以为我们提供有效的帮助，我将在后文对素食者的饮食进行更深入的探讨。

由胃酸分泌不足引起的消化不良可能导致便秘，妨碍人体对重要营养素的吸收，从而引发慢性病。我们是时候做点儿什么来改变胃酸分泌不足的情况了！那么，胃酸分泌不足的原因究竟是什么呢？

胃酸是由胃内的壁细胞合成和分泌的。壁细胞非常敏感，营养不良、接触酒精及药物都可能影响它的功能。我们自身的免疫细胞也可能错误地对壁细胞进行攻击，从而引起自身免疫性胃炎。壁细胞功能受损可能引起胃酸分泌不足，这往往难以被发现。胃酸分泌不足还有其他原因，如幽门螺杆菌（一种可以在胃中生存并繁殖的细菌）感染、由精神压力过大引发的胃炎或年龄的增长——胃酸的分泌水平会随着我们年龄的增长而降低。你认为自己有胃酸分泌不足的问题时，应尽快就医。

因为我在问诊过程中经常碰到与胃酸有关的疾病，所以我还想简单地谈一谈胃灼热。胃灼热是一种常见的疾病，通常被人错误地认为仅由胃酸分泌过多引起。然而，引起胃灼热的原因不仅有胃酸分泌过多，还有食管肌肉组织损伤，甚至包括胃酸分泌过少。当人体缺乏胃酸时，蛋白质就无法被正常消化。蛋白质无法进入小肠，只能以未消化的状态堆积在胃中。这有时会导致一些酸性胃液反流进入食管，即出现"反酸"症状。胃酸浓度不够也可能引起反酸。比如我们在进餐时喝饮料，进入胃的饮料会"稀释"胃酸，这时，胃需要增大蠕动的幅度才能成功消化食物。然而，随着胃的蠕动，一部分酸性胃液有可能反流进入食管。

胃灼热还可能造成更大的危害。当必需的胃酸不断减少时，食物在胃中的消化程度会降低，这将使我们陷入消化不良引起的疲劳及胃灼热引起的烦恼状态中，难以挣脱。我在临床实践中发现的这些问题非常重要，同时也对我的治疗方法产生了影响。

　　如果你正在遭受精力不足和胃灼热的困扰，请保持冷静，进行下面的自我测试，并采取本书中的建议，这将帮助你改善生活质量。我将在本书的第 2 部分介绍如何一步步改善我们的消化质量并解决疲劳问题。

自我测试

你有胃酸分泌不足的问题吗？

以下描述是否符合你的情况？如果符合，请记 1 分。

◎你总在吃饭时或饭后打嗝。

◎你饭后立刻感觉腹胀。

◎你的指甲容易折断和（或）上面有白色斑点。

◎你的粪便中有未消化的食物颗粒。

◎你患有反流性疾病（如胃食管反流）。

◎你服用过抗反流药物（如酸阻滞剂）。

◎服用药物或营养素补充剂后，你容易感到恶心。

得分情况说明

0 ~ 3 分	你的胃酸分泌水平基本正常。
4 分及以上	你有胃酸分泌不足的问题。如果你已经被诊断患有反流性疾病，那么你可能还有缺乏消化酶和肠道菌群紊乱的问题。

问题二：缺乏消化酶

　　酶参与所有重要的生命活动，对人体各个组织和器官的正常运行起着至关重要的作用。没有它们，人体内的任何生化反应都无法进行。消化酶作用强大，可以分解食物。消化酶缺乏对身体的影响和胃酸分泌不足的类似：身体缺乏必需的营养素，能量水平下降。胃酸分泌不足和消化酶缺乏经常同时出现。即使我们坚持健康且适合自己的饮食方式，也不能保证自己身体健康。饮食在一定程度上决定了我们的健康水平，但更准确地说，最终决定健康水平的是人体吸收利用营养素的能力。因此，我认为几乎没有人能够做到真正的饮食健康，至多能做到饮食均衡。然而，即使我们做到了饮食均衡，在缺乏消化酶时，我们也可能出现疲劳、消化不良或营养不良等问题。酶的合成会随着年龄的增长而减少。过大的精神压力、环境毒素和劣质饮食，如精制植物油和油炸食品中的反式脂肪酸、人工甜味剂（如阿斯巴甜、三氯蔗糖）等物质也会对酶的合成造成不良影响。是时候测试一下自己是否缺乏消化酶了！

自我测试

你有消化酶缺乏的问题吗？

以下描述是否符合你的情况？如果符合，请记1分。

◎饭后2～5小时，你仍有饱腹感，或感到胃肠道胀气、腹胀。

◎你的粪便中有未消化的食物颗粒。

◎你的粪便气味特别难闻和（或）排便量特别大。

◎你经常便秘。

◎你患有贫血。

◎你身上很容易出现瘀伤。（这是缺乏维生素C和维生素K的表现。）

得分情况说明

0～3分	你不缺乏消化酶。
4分及以上	你有缺乏消化酶的问题。

你如果想知道自己体内某些消化酶（如淀粉酶、脂肪酶、胰弹性蛋白酶）的水平，可以到医院进行检测。如果检测结果显示你缺乏某种消化酶，那么你可以服用消化酶补充剂。切记，一定要在药房或可靠的网店购买。

问题三：肠道菌群紊乱（肠道生态失调）

肠道菌群是生活在肠道中的细菌群落。据估计，肠道内约有 100 万亿个肠道细菌，迄今为止已知的细菌种类超过 500 种。人体内的肠道细菌重 2～3 kg，它们有益于我们的健康，因为通常情况下大多数肠道细菌属于益生菌。形形色色的细菌就像指纹一样因人而异，它们是人体健康的秘密守卫者。

这些不起眼的微生物有助于你保持健康，平衡、稳定的肠道菌群生态系统可以使你拥有稳定的情绪、积极的感觉、正常的欲望、安稳的睡眠和良好的胃口。肠道和大脑之间的交流非常密切，脑—肠轴就像双向多车道的高速公路一样。肠道和大脑既可以靠肠道细菌通过脊柱内最细微的神经到达脊髓并与大脑相联系，还可以靠信号分子（如神经递质 GABA，即 γ - 氨基丁酸）进行通信。如果肠道菌群紊乱，激素前体（如色氨酸）的分泌就会减少。如果缺乏色氨酸，我们的抗压能力就会减弱、睡眠质量就会下降。由于被称为"幸福激素"的血清素的合成原料中，有 95% 是在肠道中合成并分泌的色氨酸，因此当色氨酸分泌不足时，我们会感到心情不好、精力不足。不幸的是，血清素缺乏也与褪黑素（一种调节睡眠的激素）缺乏有关。这就是为什么平衡、稳定的肠道菌群生态系统对保持较高的能量水平、愉悦的心情、安稳的睡眠和强大的免疫系统功能至关重要。

然而，益生菌与我们之间的和平共生关系可能被破坏。肠道菌群紊乱是指肠道内益生菌的数量减少，酵母菌和寄生虫占据小肠并过度繁殖。这些"歹徒"

会排出毒素，这些毒素会"轰炸"肠黏膜并破坏其屏障。这可能导致肠黏膜出现渗漏。

肠道菌群紊乱的原因包括长期服用药物（如频繁使用抗生素并且没有补充益生菌）、长期精神压力过大、摄入大量碳水化合物以及含有人工甜味剂的不良饮食、过度清洁肠道。坏消息是，肠道菌群紊乱问题明明很常见，却很难被发现。我们应该及时发现并解决这个问题。好消息是，我们只需要做一点儿改变并多付出一点儿耐心（坚持3个月到2年），就可以使自己的肠道菌群生态系统恢复平衡。

🔍 自我测试

你有肠道菌群紊乱的问题吗？

以下描述是否符合你的情况？如果符合，请记1分。

◎你有胃肠道胀气、腹痛、便秘或腹泻的症状，并且持续时间超过3个月。

◎你在过去的6个月内服用过抗生素。

◎你在过去的6个月内吸过烟。

◎你在过去的3年内服用过酸阻滞剂。

◎你很少摄入膳食纤维，也就是说你很少吃蔬菜、水果和坚果。

◎你经常食用含有人工甜味剂的食品。

◎你经常感到疲倦、无力、提不起精神。

◎你经常感到生殖器区域（如肛门、阴道）发痒。

◎你的粪便经常是糊状的，并且容易粘在马桶上。

◎你的粪便气味特别难闻和（或）你有口臭。

◎你尽管并不处于青春期，但经常长粉刺。

◎你经常脱发，发现自己的指甲变薄或龟裂。

◎你患有自身免疫病（如类风湿关节炎、多发性硬化症、桥本甲状腺炎或白斑病）。

◎你缺乏运动和（或）有睡眠问题。

◎你长期精神压力过大。

得分情况说明

0～2分　　如果前4条描述中任一条符合你的情况，那么你可能有轻度的肠
道菌群紊乱问题。

3～7分　　你有轻度至中度的肠道菌群紊乱问题。

7～15分　　你有严重的肠道菌群紊乱问题。

总结

肠道菌群紊乱应该得到有效治疗，尤其当你因其深感疲劳时。我将在后文给出
经实践证明有效的改善肠道菌群生态系统的方案。

小贴士

通过检测粪便，我们可以了解肠道菌群的组成。粪便DNA检测是一种具有创
新性的检测方法，但是这项检测目前尚未被常规医疗保险覆盖。

建议：如果你的自我测试结果显示你可能有肠道菌群紊乱的问题，请采取本书
中关于改善肠道菌群生态系统的建议，调整自己的饮食，并观察症状。请你耐心坚持，
因为治疗肠道菌群紊乱需要时间。在治疗过程中，你可以通过定期检测粪便来调整
治疗方案，但无须因过度担忧而频繁检测。

问题四：肠黏膜受损

皮肤以及肺、消化道的黏膜是人体的第一道防线，是与外界隔绝的保护墙，
但它们比较脆弱。消化道的黏膜极其重要，它从口腔开始，总面积达 $500\,m^2$，

比皮肤（约 $2\,m^2$）和肺（超过 $100\,m^2$）要大得多。因此，检查消化道黏膜是否受损，是现代医学中追溯病因最重要的方法之一。也许你难以解决疲劳问题、难以改善健康状况的原因就藏在消化道黏膜里。

想象一下，你的肠黏膜就像一堵由一排排多米诺骨牌组成的墙，这些多米诺骨牌靠得很近，每两块骨牌中间都有薄薄的一层砂浆，砂浆把骨牌粘在一起。多米诺骨牌对应的是肠黏膜细胞。砂浆对应的则是由蛋白质组成的网状结构，它不仅可以把细胞粘在一起，还能使细胞相互交流。肠黏膜表面有一层薄薄的黏液，它是肠黏膜在肠道益生菌的帮助下合成并分泌的。肠黏膜在对抗不受人体欢迎的"入侵者"时充当"防护服"。

肠黏膜为营养素放行，让它们进入血液，同时确保肠道中的有害物质无法进入血液。在这个过程中，黏膜细胞间的蛋白质层起着重要作用。如果你的肠黏膜受损，你就会像我在临床中遇到的许多患者一样，出现肠漏综合征——一旦肠壁有"漏孔"，食物残渣、粪便、有害细菌、病毒、酵母菌或寄生虫等"入侵者"就会进入血液，从而引起健康问题。免疫系统将"入侵者"识别为抗原，并与它们"战斗"，这就导致了以炎症为反应形式的过度免疫防御。不幸的是，炎症并不限于身体局部，而会悄悄地蔓延至全身。

炎症会消耗人体的大量能量，并进一步削弱肠黏膜的保护能力，从而可能引发食物不耐受、偏头痛和自身免疫病等。身体中的反应相互关联，比如肠黏膜受损会触发一个连锁的消耗能量的免疫反应，身体会因此发出求救信号——"我太累了！"至于肠黏膜受损的原因，目前讨论比较多的是肠道菌群紊乱、药物（如镇痛药、抗生素）影响、精神压力过大、摄入大量酒精以及人工甜味剂等，但相关论据还有待进一步研究。

◆ 肠壁和肠黏膜是身体的保护墙

如下页图所示，肠道（1）内有食物成分（如麸质）（5）、细菌（4）、病毒、酵母菌或霉菌等。如果肠黏膜受损，这些物质或微生物就会进入血液（3）。麸质可以激活人体自身的连蛋白（6），间接损害肠壁细胞（2）。麸质等食物成分或微生物如果大肆穿过肠黏膜进入血液，就会被免疫细胞（7）识别为对身体有威胁的"入侵者"。免疫细胞会与"入侵者"进行激烈的战斗，从而引发炎症。过于激烈的免疫防御会对其他细胞造成损害，导致内毒素血症。免疫细胞分泌的促炎物质会通过血液到达全身，引发难以被我们察觉的全身性炎症，并埋下会引起疲劳问题和继发性疾病的祸根。

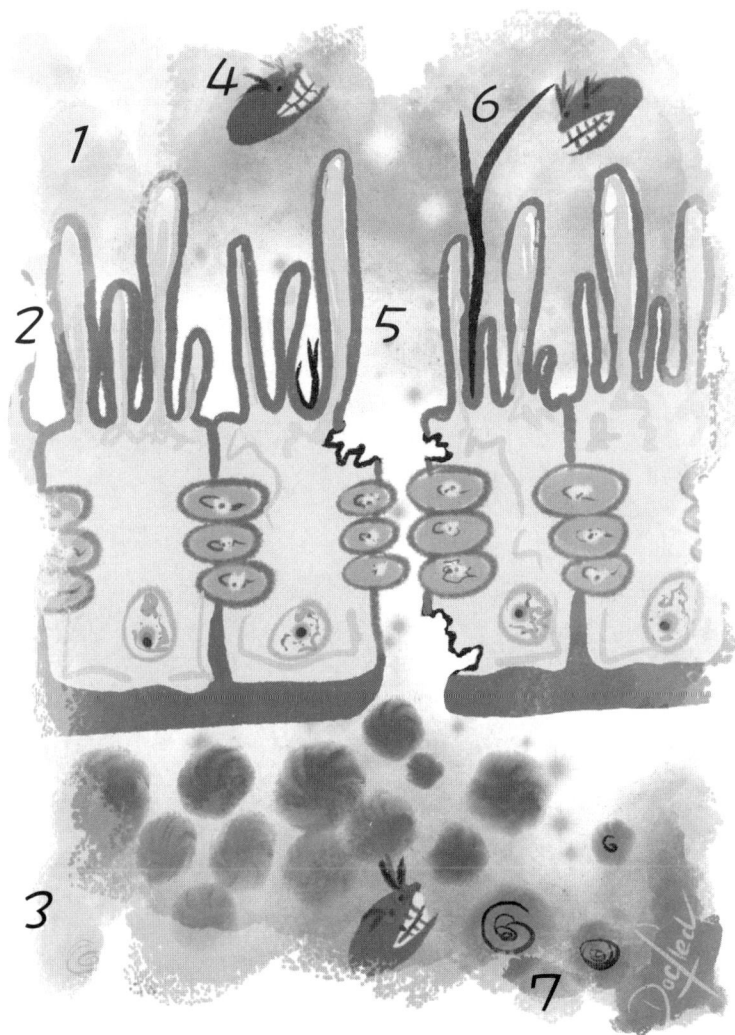

你有肠黏膜受损的问题吗?

以下描述是否符合你的情况?如果符合,请记1分。

◎你对某种食物不耐受。

◎你多年来一直处于精神压力过大的状态下,丝毫没有放松的机会。

◎你患有自身免疫病(如风湿病、1型糖尿病、多发性硬化症、白癜风等)。

◎你有肠道菌群紊乱的问题。

◎你经常服用抗炎、止痛和退热的药物(如阿司匹林、布洛芬)。

◎你每周饮酒超过3次。

得分情况说明

0~1分	你有肠黏膜损伤问题的可能性较低。
2分及以上	你有肠黏膜损伤问题的可能性较高,建议你到医院进行检查,并以修复肠黏膜为治疗目标。你如果已被诊断患有食物不耐受症,那么有肠漏综合征的可能性非常高。你将在后文找到修复肠黏膜的方法。

临床实践证明,以下检测项目结果可用于诊断肠漏综合征。

⊙**连蛋白**:连蛋白检测是一种简单且经济的检测项目,它的结果可以准确地反映肠黏膜的状况。连蛋白可以使肠黏膜细胞紧密地连接在一起,是肠黏膜中的"守门人"。粪便中连蛋白水平升高表明肠黏膜的渗透性增强。

⊙ **α1抗胰蛋白酶**:α1抗胰蛋白酶主要由肠黏膜合成。其检测值通常具有指示性。由食物成分引起的免疫反应会导致粪便中的α1抗胰蛋白酶水平升高;

肠黏膜发炎也会导致 α1 抗胰蛋白酶水平升高。

⊙ **钙卫蛋白**：在炎症反应期间，白细胞会分泌出大量钙卫蛋白。钙卫蛋白可用于检测炎性疾病和一般炎症反应（通过粪便和血液检测）。

⊙ **分泌型免疫球蛋白 A（SIgA）**：SIgA 是一种免疫球蛋白，可以保护肠黏膜，抵御抗原、病原体和毒素。它由肠壁中的免疫细胞合成并分泌。粪便中的 SIgA 水平过低表明肠黏膜免疫细胞的活性过弱，且肠黏膜的渗透性过强；SIgA 水平过高表明肠黏膜免疫细胞处于过度防御状态。

⊙ **脂多糖（LPS）**：也叫内毒素，通常存在于有肠漏综合征的患者的血液中，可通过炎症反应引发慢性疲劳。LPS 是肠道细菌细胞壁的成分，在细菌细胞死亡后被释放出来，可激活免疫细胞并使免疫细胞释放促炎信号分子。LPS 活性检测是一项具有创新性的实验室检测项目，可用于追踪炎症发生的位置，但在目前的诊断过程中，它尚未成为常规检测项目。

你如果发现自己有肠黏膜受损的问题，通常可以参考本书中的建议改善健康情况。我的患者宝拉就通过修复肠黏膜成功治好了肠漏综合征，并摆脱了长期困扰她的疲劳状态。

✏ **患者案例**
宝拉 · 37 岁 · 兽医

宝拉是一位全身心投入工作的兽医。她来找我是因为她已经连续 7 年饱受疲劳之苦。在过去的 10 年间，她的体重增加了约 9 kg，这使她更加难过。在我们第一次见面时，她告诉我，她曾经做过许多检查，但都没有找到精力不足的真正原因。她把自己的疲劳归因于繁重的工作以及对家庭的投入——她的丈夫收入不稳定、家里有一个 11 岁的儿子及两只非常活泼的混血狗狗要照顾。她必须振作起来，因为她得养家糊口。她的困境显而易见，长期承受巨大的精神压力使她坚强的内心快要崩溃了。

既往病史和生化检测结果显示，宝拉长期消化不良：她经常在饭后立即打嗝，感觉胃肠道胀气，还会排出脂肪便，且她的粪便中有未消化的食物颗粒；几年前，由于手指受伤导致严重感染，宝拉不得不连续数周服用抗生素；她在吃饭时几乎不咀嚼食物，并且经常大量饮酒，还将含有人工甜味剂的蛋白棒作为零食。我判断，正是吃饭时不充分咀嚼的坏习惯和大量饮酒导致的胃酸浓度不够，使她肠道菌群紊乱，进而消化不良。此外，宝拉的生化检测结果还显示，她的肠黏膜渗透性过强（大便中连蛋白水平过高）且肠道有炎症。我记得，当我终于找到她疲劳的真正原因时，她的大眼睛里有了笑意。

我建议她：在吃饭时细嚼慢咽；避免食用含有人工甜味剂的食品；在吃饭前和两顿饭之间喝柠檬水，但不要在吃饭时喝。纠正饮食习惯后，我建议她服用营养素补充剂来摄入谷氨酰胺（连蛋白的替代品）、益生菌和益生元（肠道细菌最喜欢的"食物"）来改善她的肠道菌群生态系统。在治疗计划的最后一步，我建议她在吃饭前服用消化酶补充剂，并参考后文提到的"30天能量计划"改变自己的饮食结构。

仅仅6周，宝拉就感觉身体有了明显的变化：胃肠道胀气的症状消失了，消化不良的问题解决了，生化检测结果恢复正常，能量水平也大幅提高。最令她高兴的是，从我们第一次见面起的10个月后，在从未经历痛苦的节食过程的情况下，宝拉的体重恢复到了理想水平。

我们应该特别关注自己的肠道健康，因为如果肠道内的免疫细胞一直与有毒物质（如食品添加剂或药物）进行"战斗"并且没有得到休息，就会引发慢性炎症，使人一直处于难以改善的疲劳状态中。这是非常危险的，就像雪不断堆积最终会引起雪崩一样。所有炎症都不会凭空出现，它们不是"以自我为中心的独立艺术家"。我们需要更深入地了解炎症的成因，以便消除精力不足的问题和因炎症而起的疾病。在下一章中，我们将进一步探讨炎症的成因。

沉默的炎症——不为人知的大问题

炎症不会凭空出现。

任何一种炎症都是身体发出的健康警报："大家看！这里出事了！"炎症是身体受到威胁时的自然反应，出现炎症表明身体出现了问题。免疫细胞是维持健康的一种高效工具，它们可以阻挡病毒、细菌、真菌或粉尘等不受欢迎的入侵者，从而对身体起到必不可少的保护作用。免疫细胞部队在抗体和其他小蛋白质颗粒的帮助下"逮捕"入侵者并使它们丧失行动能力。在这个过程中，炎症出现了。

比如当你在切菜时不小心割破了手指，皮肤受损，伤口处就会发生急性炎症来抵御入侵的病原体（在这个过程中，身体会促使炎症反应出现），并止血；之后，伤口慢慢愈合（在这个过程中，身体会抵御炎症反应），破损的皮肤逐渐恢复如初。如果身体无法引发炎症，进而激活强大的自愈能力，那么你和我都可能因为一个小伤口而死亡。只要急性炎症完成了抵御入侵者的任务，免疫细胞部队就会撤退并且迅速打破炎症屏障。在正常情况下，急性炎症持续 4～6 天就会消失。

然而，问题在于并非所有炎症都只在身体局部出现并且可以在短时间内消失。危害身体健康、令人恐惧的是慢性炎症，它会像野火一样逐步蔓延到全身，使人感到疲劳。慢性炎症由急性炎症发展而成，但几乎没有急性炎症的典型症状。慢性炎症难以捉摸、"沉默寡言"，因此也被称为"无声炎症"。急性炎症是否会发展成慢性炎症并悄悄地使人体陷入混乱，取决于引发炎症的因素和免疫系统的激活程度。

慢性炎症会给身体的排毒器官带来巨大的压力，从而加剧能量的消耗。慢性炎症还是文明病的肥料，如自身免疫病、心血管疾病、2型糖尿病、骨质疏松症、牙周炎、红斑狼疮、牛皮癣等——这个疾病列表很长且令人悲伤。因此，了解引发慢性炎症的因素并及时清除这些因素至关重要。慢性炎症潜伏在你的身体中，通常它会向你发出警报——疲劳。那么，是时候找出引发炎症的神秘因素了！

除了肠道中的免疫细胞出现免疫反应时会引发炎症外，我们的不良饮食习惯，特别是长期暴饮暴食或频繁进食也会引发炎症。在我们的身体中，脂肪细胞与饮食的关系极为密切。每个脂肪细胞都只有在充分补充营养并得到充分休息后，才能发挥最佳功效。因此，断食非常重要，它能促使细胞自噬。细胞自噬就是细胞启动"垃圾处理系统"，将旧的或受损的细胞器分解并回收分解产物。长期暴饮暴食或频繁进食使脂肪细胞被反复填满，从而迅速增大，导致有限的氧气和营养素无法满足它们的需求。于是，脂肪细胞发出了呼救信号——引发炎症，因为炎症可以促进血液循环，从而保证脂肪细胞的生存。

脂肪细胞引发的炎症并非无害，因为它会启动严重的连锁免疫反应，进而发展为慢性炎症并陷入恶性循环。腹部脂肪组织是名副其实的"炎症工厂"，其中的脂肪细胞会将脂肪因子（一种促炎信号分子）释放到血液中，即使外表苗条的人也可能因此患上慢性炎症。你是否炎症指标高却找不到原因？你可能因此怀疑自己身体的"忠诚度"，并对它及其自愈能力失去信心。然而，过高的炎症指标只是在暗示你，你的身体正在处理实际存在的问题。

慢性炎症通常要发展数年，你的身体才会出现关节疼痛、高血糖或心血管疾病等炎性疾病的症状。多年来，你的身体以疲劳为警告信号暗示过你，但你并没有注意到或当成小事忽视了。当你饱受疾病痛苦而就医时，漫长而艰苦的治疗过程就此拉开了序幕。然而问题在于，如果引发炎症的真正因素持续存在，那么炎症就会继续蔓延。在引发炎症的因素中，不良饮食习惯导致的消化不良经常被忽视。食物可以是你最好的朋友，也可以是你最大的敌人。这就是我经常询问患者是否喜欢吃容易引起炎症的食物的原因。我们应尽可能地少吃促炎性食物，如碳水化合物含量高的食物、富含反式脂肪酸的食物、含有添加糖或人工甜味剂的食品等，每天吃三顿正餐，少吃或不吃零食。除了过量食用容易引起炎症的食物外，腹部脂肪堆积、缺乏运动、睡眠不足、长时间处于精神压力过大的状态下，以及处于不良环境中（如环境中含有霉菌、二手烟、微塑料、噪声、雾霾等）都容易引发炎症。

慢性炎症会过度激活免疫系统，最终导致免疫系统紊乱，引发食物不耐受，从而加剧慢性炎症，形成恶性循环。我们如果能切断这一恶性循环，就能让身体恢复健康，让能量水平恢复正常。

好消息是，参考本书中的"30天能量计划"，选择更健康的饮食、缓解压力、治疗受损的肠黏膜、促进身体排毒，有关慢性炎症的恶性循环就会被打破。

患者案例
巴斯蒂安 · 47 岁 · 领航员

巴斯蒂安之所以走进我的诊所，是因为他的妻子非常担心他的健康状况。5 年来，他从一个乐观健康的人，逐渐变成一个精神萎靡的人。下班后，他经常感到无聊，除了在沙发上看电视连续剧外，他没有力气做其他任何事情，甚至他的家人也因此受到了影响。巴斯蒂安身材修长，有着一头黑发和明亮的蓝眼睛。他工作很忙，经常久坐。"办公椅和我的臀部是最好的朋友。"他开玩笑地对我说。从 18 岁开始，他每天都抽 10 支烟，很少饮酒，工作时饮食不规律——早上吃麦片或香肠卷，中午吃碳水化合物含量较高的三明治、丹麦卷或半成品食物，晚上与家人共进晚餐。巴斯蒂安经常吃小熊软糖、花生和苹果，或者喝果汁。他白天还会嚼口香糖来提高注意力，每天要嚼几乎一整包。

巴斯蒂安之前的生化检测结果都是正常的。可当我给巴斯蒂安做检查时，我注意到他的腰围略大。果然，通过做腹部超声检测，我发现他患有轻微的脂肪肝。因为怀疑慢性炎症是他经常感觉疲劳的原因，我进一步为他安排了血液和粪便检测。结果明确显示，炎症指标如 C 反应蛋白（CRP）、钙卫蛋白、LPS 抗体均过高，肠道菌群轻微紊乱，明显缺乏微量营养素（如维生素 D、维生素 B_{12}、镁和辅酶 Q_{10}）。因此，我找到了巴斯蒂安经常感到疲劳的合理原因：他是一个"瘦的胖子"（TOFI, thin outside, fat inside，即"外瘦内胖"）。这类人的典型特征就是外表苗条，但体内"生病"的脂肪细胞将炎症信号分子释放到血液中并引发脂肪肝。不健康的饮食和吸烟会促使脂肪细胞释放炎症信号分子。除此之外，造成巴斯蒂安经常感到疲劳的其他因素还有由于大量摄入口香糖中的人工甜味剂而引起的肠道菌群紊乱，以及缺乏重要的营养素（如维生素 D）。

我为巴斯蒂安制订的治疗方案是：① 通过实行"30 天能量计划"和戒烟来对抗炎症和脂肪肝；② 改善肠道菌群生态系统；③ 补充缺乏的微量营养素；④ 通过运动缓解压力，因为运动时肌肉会释放抗炎信号分子，即肌细胞因子。在饮食方面，我建议巴斯蒂安参考"弗莱克医生早餐"（在后文中会提到）制作 10 点之后的"第二餐"，即早午餐。早午餐食物中要富含 ω−3 脂肪酸和膳食纤维，这两者均有抗炎作用，且有利于肠道健康，还能使人长时间具有饱腹感。我建议巴斯蒂安定期在舌头上使用添加维生素 B_{12} 的苦味喷雾，这样不仅可以帮助他摆脱对甜食的渴望，而且能让他补充维生素 B_{12}，滋养有益于健康和使人保持苗条身材的肠道细菌。此外，我还建议他服用特定的营养素补充剂，只选择含有鹰嘴豆泥或坚果酱的生素食作为零食，并在针灸的辅助治疗下尝试戒烟。

治疗开始仅仅 3 周，巴斯蒂安就感觉身体恢复了七成，他开始骑自行车和举重；8 周后，巴斯蒂安的微量营养素缺乏问题得到了解决；通过摄入益生菌来改善肠道菌群生态系统 4 个月后，他的血液和粪便的生化检测结果恢复了正常水平；6 个月后，超声检测显示他的脂肪肝已经消失了。巴斯蒂安感觉自己像换了一个人，比以往任何时候都健康且充满活力。他继续坚持实行"30 天能量计划"，并通过与家人一起做运动来进一步提高生活质量。

你有慢性炎症吗？

以下描述是否符合你的情况？如果符合，请记 1 分。

◎你超重或腹部脂肪较多。

◎你的眼睛经常流泪、发痒。

◎你有鼻塞、流鼻涕、打喷嚏的症状。

◎你的牙龈肿胀或经常出血。

◎你有粉刺、皮肤干燥、皮疹等皮肤问题。

◎你经常感到心跳不规律或心跳过速。

◎你经常感到关节疼痛、肿胀或僵硬，肌肉疼痛或无力。

◎你经常感染（如膀胱感染、鼻窦感染）。

◎你经常感到身体某个部位（如头皮、生殖器官、肛门）瘙痒。

◎你吸烟。

得分情况说明

0 分	你不大可能患有慢性炎症。
1 分	你可能患有轻微的慢性炎症。
2 分及以上	你患有慢性炎症，且得分越高，炎症越严重。吸烟者或腹部脂肪较多、腰围较大的人尤其要注意。如果你得分很高，请不要沮丧，好在你现在知道自己为什么经常精疲力竭，并且有应对的方法。从长远来看，你不仅可以通过实行"30 天能量计划"来解决疲劳问题，还可以预防慢性病。

重要提示：

炎症是免疫系统对许多因素的过度反应，通常与"发疯"的肥大细胞有关。如果你在上面的自我测试中得分较高，请仔细阅读后文有关肥大细胞活化的内容。肥大细胞活化是一种至今都很少被提及和研究的生理现象。我希望在不久的将来能有更多人关注并研究它。

小贴士

以下检测项目结果可以用来判断你是否有慢性炎症：CRP 和高敏 C 反应蛋白（hs- CRP）、红细胞沉降率（ESR）、钙卫蛋白和 LPS 抗体（内毒素）。如果不进行特定的检测，许多人甚至不知道自己体内有炎症。在我们的生化检测结果中，炎症指标有时略微升高，有时甚至在正常范围内，但此时慢性炎症已经在疯狂地消耗我们的能量了。

一定要记住：上述检测项目结果只是"炎症的警报"，而非根本原因。这就是为什么我在诊断和治疗实践中要详细了解患者的病史，研究他们身上可能存在的如消化系统疾病等容易引发炎症的因素。

自身免疫病——以疲劳为主要症状

身体是你最好的朋友，而不是敌人！

当肥胖、癌症和各种各样的病毒在全球范围内蔓延时，自身免疫病（如 1 型糖尿病、类风湿关节炎等）悄无声息地流行开来，成为除心脏病、脑卒中和癌症之外，现代最常见的一类疾病。自身免疫病的病因多达数百种，它们在工业化国家流行并不奇怪，因为它们与饮食和肠道健康有很大关系。所有自身免疫病都有的一个相同的"主要症状"——疲劳。疲劳是一个经常被误解的警告信号，实际上它是一系列症状的开始。

自身免疫病与慢性炎症是"好兄弟"。体内炎症累及的部位越多、肠道菌群越紊乱、肠黏膜的渗透性越强，身体就越容易受到外界因素的影响（如感染病毒），原本稳定的免疫系统也越有可能遭到毁灭性的攻击。

自身免疫病的引发因素简单来说就是免疫系统紊乱。这会导致免疫系统对身体组织失去耐受性。在正常情况下，忠诚的免疫细胞部队会保护我们免受病毒、真菌、寄生虫、食品添加剂和环境毒素的侵害；但在自身免疫病患者体内，免疫细胞部队变得"敌我不分"。这会带来灾难性的后果——免疫细胞部队不去保护作为身体第一道防线的皮肤以及肺、消化道的黏膜，反而攻击健康的身体组织。为此，它们不惜使用高效的"武器"——抗体。即使是很严重的抗体反应，也可能没有任何症状，让你根本无法察觉。然而，科学家发现，突如其来且原因不明的疲劳与抗体反应之间存在联系。免疫细胞部队使用的"武器"越多，即分泌的抗体越多，身体内被消耗的能量就越多。这种过度的免疫反应如果没有及时被发现和抑制，就会损坏器官。这就是及早诊断如此重要的原因。

不幸的是，自身免疫病的定义使许多人错误地认为身体是自己的敌人。许多患者，尤其是女性患者，感觉被自己的身体"背叛"了，因为他们无休止地感到疲劳。我可以非常肯定地告诉你，身体不是你的敌人，它不会做任何伤害你的事情，而会竭尽全力地恢复健康。然而，免疫细胞部队中的一些"士兵"可能失去控制或反应过度，这是由不同因素共同导致的。

以下因素会引发自身免疫病：

· 营养缺乏症；

· 肠黏膜受损；

· 遗传。

接下来，我将介绍5种最容易被忽视的自身免疫病，它们都是以疲劳为警告信号的。此外，我还会告诉你一些有助于诊断疾病的检测项目。重要的是，任何已经受到自身免疫病影响的人都应该及时就医，积极配合经验丰富的医生治疗，并放宽心去实行后文提到的"30天能量计划"。这个计划是我经过治疗实践证明有效的策略，它可以使你陷入混乱的免疫系统恢复正常。这个计划可用于治疗所有的自身免疫病，甚至可以为一些长期受病痛折磨的患者提供帮助。

桥本甲状腺炎

甲状腺健康往往为我们所忽视。实际上，甲状腺激素决定了我们身体的代谢水平并影响着多种身体功能。由于激素水平的正常范围通常很大，很多医生只要看到激素水平在正常范围内，就不会专门去检测甲状腺抗体。另外，甲状腺功能减退症（甲减）常被忽视，因为尽管甲状腺出现了功能减退的问题，我们的身体仍然可以相对正常地运转。自身免疫性甲状腺炎——桥本甲状腺炎也是如此。这两种疾病都会消耗我们的能量，因为它们都会导致甲状腺激素分泌过少，从而使心脏活动、血液循环和能量代谢缺乏最重要的驱动力。

及时发现并治疗桥本甲状腺炎对避免过度产生抗体、器官损伤和长期服药至关重要。如果患者不及时采取行动，他的甲状腺功能就会像暴露在阳光下的冰块一样慢慢消失。最终，桥本甲状腺炎将发展为自身免疫性甲状腺功能减退症，患者将一直处于疲劳状态。

桥本甲状腺炎的其他症状包括：

- 脱发、皮肤干燥；
- 体重轻微增加；
- 便秘；
- 偶尔喉咙痛、声音嘶哑；
- 承受压力的能力变弱，畏寒。

🏥 小贴士

以下检测项目结果可用于判断你是否患有桥本甲状腺炎。由于早在桥本甲状腺炎症状出现的数年前，患者的这些检测项目结果就已经不正常了，因此检测这些项目是很有必要的。

⊙ **促甲状腺激素（TSH）**：TSH 由垂体分泌，可刺激甲状腺合成激素。如果甲状腺功能减弱，TSH 水平就会升高。

⊙ **血清游离甲状腺素（又称"游离 T_4"、FT_4）**：FT_4 是无生物活性的甲状腺素，它不与蛋白质结合，随血液循环被运送到身体各个部位，刺激能量代谢。

⊙ **游离三碘甲状腺原氨酸（又称"游离 T_3"、FT_3）**：FT_3 是有生物活性的甲状腺素，是细胞"发电厂"线粒体的燃料之一。它随血液循环被运送到身体各个部位，进入细胞，促进细胞新陈代谢。

⊙ **反三碘甲状腺原氨酸（又称"反向 T_3"）**：反向 T_3 是通过阻止 FT_3 进入细胞来抑制甲状腺功能的"刹车装置"，可以使激素的作用减小或使激素失效。

⊙ **抗甲状腺球蛋白抗体（TAK）和抗 TPO 甲状腺过氧化物酶抗体（MAK 微粒体抗体）**：TAK 和 MAK 微粒体抗体的水平可以反映人体内是否存在免疫反应。这些抗体会攻击并破坏甲状腺。

以上检测项目均属于血液检测项目，检测结果可以帮助医生诊断桥本甲状腺炎。通常情况下，在桥本甲状腺炎的早期，TSH、FT$_3$和FT$_4$水平处于正常范围内，但这不一定意味着没有问题。此时，反向T$_3$的水平或FT$_3$与反向T$_3$的比值更有参考价值。反向T$_3$的水平可以反映血液中是否有大量FT$_3$及甲状腺功能是否亢进，而FT$_3$与反向T$_3$的比值可以反映血液中是否存在过多的反向T$_3$。反向T$_3$水平过高是由体内重金属元素（如汞、铅、镉）水平过高，或者未在医生指导下进行长达数周的断食引起的。精神压力过大、过度运动以及应激激素水平升高也可能引起桥本甲状腺炎。

我诊治的许多患者都曾向我抱怨自己经常感到精力不足，但之前所有的检测结果都在正常范围内。如果重新分析他们的检测结果，我们就会明白为什么出现这种情况——患者之前的检测项目通常不够有针对性，或者医生对检测结果的评估不够严格。此外，甲状腺相关检测结果的正常范围是根据甲状腺功能异常的患者的检测结果确定的，他们的检测结果已经严重偏离了正常值，所以由此确定的甲状腺值标准参考范围非常大。因此，许多患者的甲状腺功能已经出现了异常，但他们的血液检测结果依旧显示"正常"。

根据我的临床实践，我认为甲状腺相关检测结果的正常范围如下。

- TSH：1 ~ 2 mU/l
- FT$_4$：高于 1 ng/dl
- FT$_3$：高于 2.6 pg/ml（值高于 3.2 是理想状态）

如果检测结果偏离以上范围，就说明甲状腺已经受到损伤，并已经向你发出警报。翻阅你之前的检测报告并仔细检查。如果你经常感到极度疲劳并怀疑自己的健康状况出现了异常，请让医生为你进行全面检查并为你提供建议。另外，请认真阅读本书"30 天能量计划"中的建议。

如果甲状腺受损，肾上腺也会受到影响。肾上腺经常过于"严肃"地对待甲状腺疾病，并增加应激激素（如皮质醇）的合成分泌量来降低甲状腺功能减退对身体的影响。然而，患者会因此失眠和焦虑，从而感到精力不足。

下面的患者案例告诉我们，桥本甲状腺炎的诊断之路是多么漫长和艰辛。这是一个关于"被遗忘的甲状腺"的故事。

患者案例
迪莉娅·32岁·律师

第一次见面时，迪莉娅向我展示了一叠诊断书和检测报告，希望我能为她那令人费解的精力不足的问题找到原因。她出奇冷静地对我说："希望您能帮助我，我再也无法忍受这样的痛苦了！"几年来，迪莉娅一直处于疲劳状态，她觉得自己一直比别人慢半拍。她常常感到很虚弱，因此拒绝社交，变得孤独。此外，她还有脱发和体重减轻的问题。

之前所有的检测结果都显示迪莉娅的身体一切正常。无奈之下，迪莉娅听从了一些医生的建议去接受心理治疗，并花了几个月在心理诊所"缓解压力"。然而，在我看来，她乐观又可靠，对待工作严肃认真，说话风趣，为人随和。她的最后一位心理治疗师建议她专注于寻找身体原因并优化自己的生活方式。她已经戒烟多年，不喝酒且吃素，每天食用很多有机全麦食品和奶酪。

迪莉娅的饮食记录显示，她喜欢在早餐时吃涂抹了果酱的全麦面包，午餐时吃奶酪三明治。我翻阅了她之前所有的检测结果，确实都显示"正常"。然而我注意到，她的甲状腺相关检测结果虽然处于正常范围内，但并未处于最佳范围内。FT3水平反映她极可能有早期的甲状腺功能减退问题，这就可以解释她为什么会脱发和体重减轻。为了寻找具体原因，我检测了她的甲状腺自身抗体，结果显示她体内有针对甲状腺组织的抗体（TPO）和针对麸质的抗体。由此，我很快就找到了迪莉娅常觉疲劳的原因：她患有自身免疫性甲状腺疾病，并对麸质不耐受。然而，多年来，她每天都通过喜爱的全麦面包摄入麸质，使得病情不断加重。

在接下来的几个月里，她按照"30天能量计划"选择有益于肠道健康和能够抗炎的饮食，避免食用含有麸质的食品和乳制品。此外，她还通过服用营养素补充剂来补充苦味物质、谷氨酰胺、益生菌、益生元、B族维生素、藻油、硒、锌、铁、碘、维生素C和维生素D，以增强消化系统、免疫系统和甲状腺功能。由于良好的睡眠对激素的合成及分泌、肝脏的排毒至关重要，我建议迪莉娅密切关注自己的睡眠质量。在治疗刚开始的一段时间里，她服用睡茄以辅助睡眠，并逐渐养成良好的睡眠习惯。

仅经过几周的治疗，她就感觉自己没有那么疲劳了，又能享受和朋友一起去咖啡馆、打扮自己的乐趣了，还对恋爱产生了兴趣，重新让生活变得积极起来。大约9个月后，迪莉娅血液中的甲状腺自身抗体水平大幅降低，脱发和体重减轻的问题也得到了解决。迪莉娅现在依然在认真地实行"30天能量计划"，并取得了明显的成效。疲劳不再是令她头疼的问题。

这一案例与其他许多案例一样，表明自身免疫病能够通过改善生活方式得以缓解和治疗。消除引发不良免疫反应的潜在因素的整体疗法可以终止对自身健康有害的免疫过程，并帮助身体将能量水平恢复正常。最新研究成果表明，治疗性单采术，即通过透析消除抗体或其他污染物的方法，在治疗具有耐药性的重症患者方面很有前景。

多发性硬化症

髓鞘是具有强大功能的生物膜，它可以保护神经元，避免神经元受到损伤。在多发性硬化症（MS）患者体内，大脑和脊髓中神经元的髓鞘因炎症发生硬化，作为细胞"发电厂"的线粒体中的能量代谢过程受到炎症影响导致能量供应不足。多发性硬化症具有症状的空间多发性及病程的时间多发性的特点，患者的症状总是在缓解之后又加重。目前，人们认为，肠道菌群紊乱与毒素（如重金属）暴露可能引发多发性硬化症。

多发性硬化症的症状包括：

· 疲劳；

· 感觉障碍（如麻木或针刺感）；

· 协调性变差、运动能力下降、注意力不集中和记忆力下降；

- 肌肉疼痛和无力；

- 吞咽和说话困难；

- 眼睛疼痛（尤其是在转动眼球时）、视神经发炎；

- 消化不良；

- 严重瘙痒（尤其是颈部）。

小贴士

如果上述症状反复出现，建议患者去看神经科医生，并接受磁共振成像（MRI）检查，看大脑和（或）脊髓是否发生病变。多发性硬化症的治疗应由专业的神经科医生进行，同时应结合整体疗法和其他创新性疗法。根据我的经验，这种疾病是有可能被治愈的。

患者案例
菲奥娜·42岁·书商

菲奥娜是一位温柔的母亲，同时也是一名忙碌的书商。当她找到我时，她已经确诊了多发性硬化症。除了饱受疾病的困扰，她还承受着巨大的工作压力、在激烈的商业竞争中挣扎，因此时常感到沮丧和焦虑。菲奥娜向我抱怨自己存在极度疲劳、肌肉无力、睡眠质量差、注意力不集中、感觉障碍以及视力下降的问题，她还经常腹胀。我邀请她进行了一场"穿越时空之旅"——回想一下在生病前她的生活中发生了什么。菲奥娜告诉我，2年前，她从父亲手中继承了书店，在过大的精神压力下变得易感染；她还患上了严重的带状疱疹，并伴有神经痛，但通过服药，神经痛在14天内便消退了。遗憾的是，当时没有人建议她通过改善饮食来补充B族维生素以促进神经元再生、补充维生素D以增强免疫系统功能。于是，在2年后，她确诊了多发性硬化症。

一开始，菲奥娜拒绝接受药物治疗，但后来由于症状严重，她被迫接受药物治疗。她不抽烟，很少喝酒（但她喜欢喝蛋酒），喜欢骑自行车。然而，她的饮食不规律，也不健康。她在早餐时吃许多高糖和高碳水食物，如麦片；午餐吃面包；早餐和午餐中间吃一些干果和糖果；晚上通常和家人一起吃面包和沙拉，很少吃热食。大多数情况下，她只有在周末才会吃热食。她难以抗拒冰激凌、甜甜圈、蛋糕的诱惑，甜食似乎可以在一定程度上帮助她缓解焦虑。

与其他许多患者一样，菲奥娜的各项检测结果都在正常范围内。于是，她被建议进行心理治疗。然而，我希望帮助她找出引发多发性硬化症的真正原因。我安排她进行了抗体检测、粪便检测等。检测结果显示：她对麸质和牛奶不耐受，炎症指数高，汞水平高，肠道菌群紊乱，严重缺乏营养素（如维生素D、维生素B6、维生素B12、叶酸、硒、辅酶Q10和ω-3脂肪酸），以及线粒体功能出现障碍。此外，她体内的带状疱疹病毒抗体水平非常高。这是一个非常有指向性的指标：多年来受到大量病毒攻击、承受巨大的精神压力和肠道菌群紊乱导致她的免疫力下降，从而引发了多发性硬化症。我还注意到，菲奥娜曾经做过牙齿矫正，她的下颌有几个汞合金填充物和一个坚硬的金属前牙稳定器。由于我怀疑汞的长期暴露与菲奥娜的多发性硬化症之间存在联系，因此为她制订的治疗方案中包括降低汞水平的方法。

我制订的治疗方案如下：① 减少作为连锁炎症反应和免疫缺陷驱动因素的带状疱疹病毒的载量；② 通过实行"30天能量计划"增强身体排毒功能，改善饮食，缓解压力，帮助肠道菌群生态系统恢复平衡；③ 去除口腔中的所有金属填充物和前牙稳定器，从根本上排毒；④ 通过服用药物进行进一步治疗。

起初，菲奥娜不理解为什么要去除口腔中的所有金属填充物和前牙稳定器。我向她解释，口腔中的金属填充物和前牙稳定器中含有的重金属元素会通过唾液进入身体，引发疲劳和炎性疾病。随后，菲奥娜开始治疗——实行"30天能量计划"，不吃含有麸质的食物和乳制品，补充缺乏的营养素，接受药物治疗，改善肠道菌群生态系统，还摄入苦味物质以刺激消化……在短短4周内，她的能量水平提高了50%，她开始骑自行车锻炼身体。治疗开始7周后，菲奥娜的感觉障碍和视觉下降问题得到了解决。3个月后，我建议菲奥娜移除口腔中的所有金属填充物和前牙稳定器，这对她恢复健康起了巨大的作用——在她用非金属填充物代替金属填充物后，她很少感到疲劳，MRI 结果显示发炎的白色小斑点（即髓质病变）几乎完全消失。

在后续的 6 个月里，菲奥娜始终坚持实行"30 天能量计划"、改善肠道菌群生态系统、补充营养素，并用环境医学疗法去除体内的重金属。得益于先进的治疗技术，最后一次 MRI 结果显示，菲奥娜的髓质病变已经消失了。解决了疲劳、注意力不集中和睡眠质量差等问题后，菲奥娜重获前进的力量。我对她进行了为期 1 年的医学观察。通过实行"30 天能量计划"和补充营养素，她在接受药物治疗时没有出现任何不良反应，并且药物的使用剂量逐渐减少。现在，菲奥娜的身体健康几乎没有问题。在最后一次就诊时，菲奥娜看上去充满了活力和对生活的热情。

1型糖尿病

1 型糖尿病的发病机制是抗体攻击健康的胰腺，导致胰岛素合成和分泌不足。如果我们能够在疾病早期确诊，那么治疗就会容易很多。不幸的是，很少有人针对相关抗体做检测。疲劳是身体针对 1 型糖尿病发出的警报。尽管血液中存在大量能产生能量的葡萄糖，但血液中的葡萄糖无法充分进入细胞，供细胞使用。这就是 1 型糖尿病患者经常感觉疲劳的原因。

1 型糖尿病的发病机制与 2 型糖尿病的不同。在 1 型糖尿病患者的胰腺中，能合成胰岛素的 β 细胞遭到破坏。因此，1 型糖尿病患者要一直通过注射胰岛素来治疗，而不能服用抗 2 型糖尿病的药物。如今，我们知道，任何年龄的人都可能患 1 型糖尿病。老年人患有的 1 型糖尿病又被称为"成人晚发自身免疫性糖尿病"（LADA）。

1 型糖尿病的症状包括：

·疲劳；

·口渴、尿急和尿频；

· 皮肤干燥、瘙痒；

· 体重减轻；

· 伤口愈合慢；

· 易感染（如尿路感染、真菌感染、皮肤感染）；

· 视力下降；

· 口臭（口中有丙酮味，即过熟的水果气味）。

小贴士

⊙**用于诊断1型糖尿病的指标包括：**空腹血糖、胰岛素、C肽、糖化血红蛋白（HbA1C）、胰岛细胞或胰岛素抗体（通常在青少年体内的水平较高）。

⊙**针对谷氨酸脱羧酶（GAD65）的抗体：**这种抗体的检测结果对诊断2型糖尿病至关重要。抗体检测结果呈阳性者能够确诊患有2型糖尿病，但抗体检测结果呈阴性者只能确诊未患有2型糖尿病，不能排除患有1型糖尿病的可能。

重要提示：用于诊断糖尿病的口服葡萄糖耐量试验（OGTT）结果可能无法帮助医生准确判断你患有的糖尿病类型，因为该实验结果可能呈现指向2型糖尿病的结果，从而使医生误诊。据估计，大约20%被诊断为2型糖尿病的患者实际上是1型糖尿病患者。因此，如果怀疑自己患有糖尿病或已经确诊糖尿病，请坚持检测并关注自身抗体指标。通过这种方式，长远来看可以防止由不必要与错误的治疗而导致致命的后果。

类风湿关节炎

类风湿关节炎是自身免疫病，主要影响关节，但也可能累及其他身体部位（如心脏、血管和肺）。炎症会导致疲劳、虚弱和无力。这种疾病具有阵发性，并可能损坏关节，甚至导致残疾。因此，为了提高生活质量、增强关节活动性，及早发现、及时干预和改善生活方式极其关键。

早期类风湿关节炎的症状包括：

· 疲劳；

· 抗压能力减弱、身体虚弱；

· 在某些情况下，体重减轻，体温升高；

· 复发性关节（尤其是 3 个及以上手指或跖趾关节）疼痛和肿胀，持续 6 周手部有压痛感；

· 对称性关节炎（通常为手或脚发病）；

· 晨僵（严重时持续 1 小时以上）。

晚期类风湿关节炎的症状包括：关节畸形、类风湿结节（即关节形成橡胶样结节）、心血管或肺部出现炎症。

小贴士

以下检测可用于诊断类风湿关节炎：

⊙ 检测血液中类风湿因子 IgG、IgM、IgA 的水平；

⊙ 检测环状瓜氨酸肽（CCP）抗体水平；

⊙ 检测 CRP 或 hs-CRP 水平：其检测结果对炎症有指向性，同时也可以反映心血管疾病的患病风险。

⊙ 抗核抗体（ANA）筛查：ANA 是会破坏细胞核结构的抗体，是某些自身免疫病的标志物，在症状出现之前就能够被检测出。

⊙ 超声检测和 X 射线检测：一般来说，医生会让患者做关节超声检测或 X 射线检测。这两种检测非常重要，其结果不仅可用于诊断，还可以清楚地显示病程。

重要提示：如果 ANA 筛查结果呈阳性而其他检测结果均显示正常，则患者确诊类风湿关节炎的可能性较小。然而，接受 ANA 筛查是很有意义的，因为红斑狼疮或干燥综合征患者的 ANA 筛查结果也呈阳性。不过，某些类风湿关节炎患者的 ANA 筛查结果是正常的，这很容易误导医生，从而耽误治疗。对类风湿关节炎患者而言，及时治疗非常重要：症状一出现就确诊和治疗，并在接受治疗几个月后复诊。你如果没有明显的类风湿关节炎症状，但疲劳和关节疼痛等症状一直存在，就应该参考本书第 2 部分和第 3 部分中的建议，尽早采取行动。

有些时候，一些出现类风湿病典型症状的患者 ANA 筛查结果呈阴性。风湿病学家称这种风湿病为"血清阴性类风湿关节炎"。根据我的经验，在诊断时确定病因大有益处。许多无法用传统疗法治愈的类风湿关节炎被认为是由未知的感染或牙病引起的。类风湿关节炎是可以通过改善肠道菌群生态系统、排毒、修复牙齿和病原疗法治愈的。人们需要的只是找到真正的病因，并深入探究治疗方案。

▍乳糜泻

乳糜泻由发生在小肠中的自身免疫性炎症反应引起，而是否患乳糜泻由基因决定。抗体会破坏小肠绒毛。引发乳糜泻的因素是麸质。小肠绒毛的炎症反应和损伤会导致身体能量不足：一方面，炎症就像寄生虫一样吸收人体内的能量；另一方面，小肠绒毛受损使得人体无法从食糜中获得重要的营养素，从而影响能量的产生。

那么，麸质是什么？麸质是存在于多种谷物（如小麦、斯佩耳特小麦、黑麦、大麦、卡姆麦、单粒小麦和二粒小麦）中的一种蛋白质。天然的燕麦不含麸质，但是现代生产加工过程会使燕麦受到污染，从而含有麸质（现在有一种设备可以防止燕麦在生产加工过程中受到污染，用这种设备生产加工出来的燕麦会被打上"无麸质"的标签）。麸质，也被称为"谷胶蛋白"，它可以使面团保持一定的形状，并使烘焙食品变得蓬松。由于这些作用，麸质经常被用作黏合剂和填充剂，不仅存在于由含有麸质的谷物制成的烘焙食品中，如8字形面包圈、蛋糕、苏打饼干、面条、麦片和华夫饼，还存在于某些人们意想不到的食品或产品中，如酒、高汤块、土豆泥、酱汁、餐馆售卖的炒鸡蛋、糖果、营养素补充剂、声称"纯天然"的调味品、发酵粉、淀粉 、稳定剂、护肤品和化妆品。甚至被舔过的邮票和信封都被麸质污染了。麸质几乎无处不在，它是引发乳糜泻的罪魁祸首，这就是我们要注意饮食是否含有麸质以及检测自己是否有麸质不耐受问题非常重要的原因。

然而，乳糜泻的早期症状往往容易被忽视。当只感觉疲劳、虚弱时，人们通常会将其归咎于其他因素。通常，在早期症状出现后的数年后，患者才会被诊断为乳糜泻。更糟糕的是，对很多人来说，他们不是没有及早发现症状，而是从来就没有在意过。这可能导致继发症状和其他疾病。

乳糜泻的症状包括：

· 疲劳；

· 抗压能力减弱；

· 精神状态差；

· 焦虑和抑郁；

· 出现消化问题，如胃灼热、腹泻、便秘、饭后胃肠道胀气及腹胀、粪便颜色较浅及恶臭；

· 缺乏营养素，如缺乏叶酸、铁和维生素 B_{12}（会导致贫血）；缺乏锌（表现为指甲上有白点，易感染）；缺乏维生素 D（会导致骨密度降低，甚至导致骨质疏松症）；缺乏维生素 K（会导致容易出血或出现瘀伤）；缺乏维生素 A（会导致皮肤和黏膜干燥、视力下降、夜盲症）；缺乏 ω-3 脂肪酸（会导致皮肤和黏膜干燥、抗压能力减弱、视力下降）。

乳糜泻可能导致的继发症状包括：

- 早产；

- 身材矮小、发育障碍、青春期发育迟缓；

- 不孕，反复性流产；

- 肌肉无力；

- 肝功能指标水平（如转氨酶水平）升高；

- 体重减轻；

- 关节疼痛、肿胀；

- 皮疹（如疱疹样皮炎）；

- 牙齿变色或牙釉质脱落。

✚ 小贴士

长期以来，乳糜泻的诊断所凭借的唯一依据就是组织样本检测（活检）结果，而组织样本需要通过胃肠镜（内窥镜）检测获得。幸运的是，现在血液和粪便检测项目丰富了，相关检测结果也可以作为乳糜泻的诊断依据。

抗体检测：抗体检测包括抗麦胶蛋白抗体（AGA）和抗脱氨基麦胶蛋白抗体（DGA）检测（通过血液和粪便检测）。潜在的麸质不耐受可以通过 AGA 和抗转谷氨酰胺酶抗体检测结果来诊断。建议进行多次检测（两次检测最好间隔 6 个月）。

如果组织样本检测结果异常，就说明患者患有乳糜泻。如果抗体检测结果呈阴性，患者就需要进一步检测血液中的某些基因（如 HLA-DQ2 或 HLA-DQ8）。如果基因检测结果异常，则说明患者很可能患有乳糜泻，应避免摄入麸质。

不过，对待血液检测结果要谨慎：即使各项指标均在正常范围内，你也可能患有乳糜泻。有时，乳糜泻会潜伏多年，它会悄悄地损伤肠黏膜，但你甚至感觉不到自己的消化系统有问题，只是经常感觉有点儿累。如果你继续无所顾忌地摄入麸质，疾病就会发展，直至出现严重的症状。这就是我强烈建议你实行"30天能量计划"的原因。"30天能量计划"能帮助你判断自己是否需要避免摄入麸质。

诚然，实行"30天能量计划"的初期并不那么令人愉快。我曾经在美食天堂——意大利学习烹饪很长时间，我对各种口味的意大利面的喜爱胜过一切。在实行"30天能量计划"初期，许多患者都吃不惯市面上的无麸质烘焙食品，因为无麸质的饼干像砖块一样坚硬，咬一口又碎又干，味道还很奇怪，而好吃的无麸质食品通常很贵。重要的是，我们要敢于走出舒适区，进入新世界。当然，走出舒适区并不容易。

令我感到沮丧的是，"无麸质"仍然经常被大众认为是食品行业炒作出来的话题。而我的经历使我对这个话题有完全不同的理解：麸质不耐受问题正在入侵我们的生活。它会引发许多健康问题，如经常感到疲劳和精力不足。这就是很多人需要吃无麸质食品的原因。我希望超市和食品折扣店能够提供更多高质量的、好吃的和添加剂含量低的无麸质食品来满足人们的需求。

无麸质饮食不只对乳糜泻患者有益。近年来，科学家发现了另一种疾病——麸质过敏。据估计，全世界有30%的人对麸质过敏——不少科学家怀疑这个占比实际上更大。这类人在食用麸质后会出现疲劳、注意力不集中、情绪波动大、鼻黏膜肿胀、消化不良、肌肉及关节疼痛、头痛或皮疹等症状。最好和最简单的诊断方法是尝试在一段时间内避免食用所有含有麸质的食品，至少持续14天（最好坚持21天）。如果你在坚持无麸质饮食一段时间后，疲劳、关节疼痛、头痛、消化不良等问题消失了，那么欢迎你加入无麸质饮食的队伍。我在本书中详细讲解了应如何轻松避免摄入麸质。在患者的检测报告中，我常常能看到，仅仅通过改变饮食，患者的生活质量就得到了改善，其精力水平也得到了提升。这令我感到非常骄傲和满足。

下面，我将向你讲述一个奇怪的案例，这是我在写这本书时偶然发现的——一名34岁的乳糜泻患者的故事。我为这名患者起名为"安东内拉"。

安东内拉的血液检测结果显示,她的乳糜泻相关指标水平极高。肠镜检测结果显示,她的小肠绒毛被"剃光"了——所有小肠绒毛都萎缩了。安东内拉从小身材矮小,在确诊乳糜泻之前,她就有极度疲劳、脱发和骨质疏松的问题。医生建议她实行无麸质饮食。1年后的检测结果显示,她的病情丝毫没有好转。血液检测和肠镜检测结果也显示治疗失败了。于是,医生问她是否遵循了当时的建议,她坚持说她一直非常注意饮食。

最后,医生发现,原来安东内拉每周都会去教堂接受圣餐(以含有麸质的食物为主)。据分析,对病情严重的乳糜泻患者来说,极少量的麸质就足以使其长期感到疲劳和易生病。1年后,安东内拉不吃任何含有麸质的圣餐,她恢复了活力,头发重新变得浓密,骨密度明显提高,血液检测的各项指标和小肠绒毛量都恢复了正常。

通过这个案例,我们就能知道为什么对乳糜泻患者来说,完全避免摄入麸质非常有必要。在这种情况下,患者不能有丝毫松懈。好消息是:如果你是乳糜泻患者,那么你的病情很有可能通过避免摄入麸质而迅速好转。现在,许多教区都会提供无麸质圣餐,如有必要,你可以领取这样的圣餐。

┃希望的微光

在人体内,自身免疫病常常会引发其他疾病。乳糜泻通常会引起1型糖尿病或桥本甲状腺炎等自身免疫病。这就意味着,你如果患有自身免疫病,就有必要弄清楚自己能否摄入麸质,然后相应地调整自己的饮食。我相信,总有一天,自身免疫病患者都能够通过麸质不耐受测试找到一套将饮食调整、肠道康复和排毒结合起来的有针对性的治疗方案。请不要绝望,因为在本书的帮助下,你可以扭转不利局面。

常常有人认为自身免疫病的病程是不可逆的，从而产生这样的想法："我对自身免疫病已经无能为力了。"直到现在，医生们都倾向于用传统疗法控制自身免疫病的病情，而非从根源上消除引发自身免疫病的因素。作为一名风湿病学家，我可以在这里给予大家新的希望：病理性免疫反应需要通过一定的刺激持续触发。现在，我们对大多数自身免疫病的病因仍知之甚少。然而，你如果能系统地去除引发自身免疫病的因素，如修复受损的肠黏膜、缓解精神压力、消除口腔中的病变、治愈感染、去除饮食中会刺激不良免疫反应的食物（如含有麸质的食物或乳制品）、均衡饮食、服用营养素补充剂，就能抑制体内的不良免疫反应。这本书将一步步帮助你识别引发自身免疫病的因素，教你如何将它们从你的生活中去除。一般来说，处于混乱之中的免疫系统需要 9 ~ 12 个月才能恢复。因此，请保持耐心。坚持不懈地实行"30 天能量计划"有助于你成功防治自身免疫病，消除疲劳，提升生活质量。

肾上腺功能减退——疲劳悄悄出现

生活中有比不断加快脚步更重要的事情。

"我的压力好大！"这句话我们到处都能听到。我们都知道哪些情况会使我们感到紧张：约定时间快到了，自己却被堵在路上；工作日漫长又忙碌，让自己感觉很累；牙医在检查时对你说："很遗憾，可能要再多检查一下"；等等。

人体是一座充满奇迹的殿堂，具有强大的恢复能力，可以帮助自己应对压力。然而，我们的身体并不是为了持续承受压力而生的。此外，使我们产生压力的因素随着时间的推移发生了巨大的变化。过去，饥饿、干渴、寒冷、炎热或自然界中突如其来的危险（如遇到野兽）会给我们带来压力；如今，不断响起的手机铃声、每天源源不断的电子邮件、各种各样的噪声会给我们带来压力。遗憾的是，我们中的许多人都对这些压力源很熟悉。每当查看电子邮件时，我特别希望人们能够放慢节奏，用漂亮的钢笔给我写信。过去，只有在有信件的时候，邮递员才会上门一次；而如今，我们的电子邮箱每天会数百次响起新邮件的提示音，这感觉就像身后有人逼迫我们前进。除了前面提到的压力源，现在人们的压力源还有缺乏睡眠和运动、节食、未遵医嘱的长时间断食、白天暴饮暴食、过度关心他人却总忽略自己，等等。

压力与身体的反应

自主神经系统又被称为"植物性神经系统"，我们几乎所有重要的身体功能都受到它的调节。它不受意识控制，可以调节呼吸、心跳、血压、体温、消化系统功能、免疫系统功能、激素、性欲等，是一个"多面手"。

假设一下，你突然出现了某种急性应激反应，比如你遇到了一个窃贼。我曾经遇到过这种情况：当时，我刚从诊所下夜班，走在回家的路上。一瞬间，使我身体反应更灵敏的那部分自主神经系统（即交感神经系统）被激活。我的瞳孔放大，心跳加快，呼吸加快，位于消化道的血液迅速流入腿部和手臂，这些反应都有助于我跑得更快。在紧急情况下，人体会立即做好战斗或逃跑的准备。与交感神经系统作用相反的是副交感神经系统，在突如其来的压力消失后，它就会开始发挥作用。它轻轻地"踩下刹车"，减慢心跳和呼吸频率，使血液重新大量流入消化道以促进胃肠道活动，重新激活在紧急情况下被切断的性欲，并提示身体需要放松。然而，如今的问题是，各种压力源从四面八方而来，压力何时才能消失呢？

当交感神经系统受到刺激时，大脑会通过神经脉冲向肾上腺发出紧急命令："请迅速释放应激激素！"应激激素能确保储存在细胞中的营养以闪电般的速度转化为糖，从而为身体提供足够的能量。大脑和神奇的肾上腺之间的这种快速交流是通过所谓的"下丘脑—垂体—肾上腺轴"（HPA轴）进行的。那么，如果肾上腺没有得到任何休息，持续接收来自大脑的命令，不停合成并分泌应激激素，我们会怎么样呢？肾上腺承受的压力取决于你对压力的反应：你是像充满燃料的火箭一样飞翔一整天，还是在活力值最低的模式下像一只毫无生气、疲惫不堪的动物一样挣扎？是时候来探索肾上腺了。

肾上腺的秘密

肾上腺是两个杏仁大小的腺体，它们像帽子一样扣在肾脏上方。如果肾上腺持续受到压力，并且副交感神经系统没有抑制身体的应激反应，那么肾上腺将无法获得充分的休息，这将对我们的身体和能量水平产生严重影响。不幸的是，如今的人们会不断受到压力的影响。这种慢性压力对我们的健康构成了巨大的威胁，因为它会使身体逐渐崩溃，这种情况被称为"一般适应综合征"，又名"薛利综合征"。在慢性压力的影响下，我们的身体会发生什么呢？

1. 发出警报

在首次发生应激反应时，肾上腺释放应激激素（如肾上腺素和皮质醇），发生经典的"或战或逃反应"，就像我在前面描述的一样。

2. 适应或抵抗

如果压力持续数天、数周或更长时间，而非几分钟或几小时，我们的身体就会进入"抵抗状态"，并尝试适应长时间的压力负荷。为此，我们的肾上腺会"加班加点"地工作，合成并分泌越来越多的皮质醇和肾上腺素，以保持高血糖水平并使身体处于高能量水平。这个阶段的特点是皮质醇水平升高，还可能出现血压升高的症状。优秀的医生会将其看作肾上腺衰竭初期的迹象。

皮质醇水平过高会引发以下症状：

- 一阵阵地感到疲劳；
- 情绪波动大（如突然感到烦躁、愤怒）；
- 情绪低落和焦虑；
- 注意力不集中，记忆力下降，学习能力下降；
- 极度渴望某些食物（如糖果）；
- 身体脂肪的储存（尤其是腹部脂肪）增加；
- 出现经前期综合征（PMS）的症状，如特别想吃甜食、烦躁、身体浮肿、潮热、大量出汗。

3. 陷入疲劳状态

在这个阶段，你会感到精疲力竭，因为长时间高负荷地运转，肾上腺功能已减退。此时，应激激素的合成和分泌会减少，使我们的抗压能力迅速减弱。皮质醇缺乏给整个身体带来的影响是毁灭性的，不仅是因为它打破了内环境稳态，带来了持续性疲劳；还因为它引发血糖水平波动、甲状腺功能出现紊乱，从而增加疲劳感。此外，信号分子大量分泌，可能引发慢性炎症、自身免疫病、肥胖症、疼痛综合征和肌纤维疼痛综合征。还有，皮质醇水平过低会减弱免疫系统功能，使我们难以抵御病毒、细菌、寄生虫、过敏原、环境毒素和其他有毒物质的侵害，增加人体对感染、自然及环境的毒性影响以及炎症反应的易感性。典型表现为：即使只被昆虫叮咬，也会导致严重的皮肤炎症。

皮质醇缺乏和肾上腺功能减退表现为以下症状：

· 明明睡眠充足却持续感到疲劳（如闹钟响了，却很难起床）；
· 即使是最简单的日常活动也没有精力完成（比如从沙发上站起来也需要花很大的力气）；
· 一到下午（15:00 ~ 17:00），身体的能量水平就处于低谷；
· 晚上的能量水平较高（晚餐后感觉自己似乎精力充沛）；
· 即便是很小的压力也难以应对，易怒，耐受阈值低（表现为极易激动）；
· 疲劳会随着断食时间的延长而增加，同时感觉零食、糖果、咖啡能拯救自己；
· 不断需要含盐的食物；
· 易患感冒等疾病，疾病持续时间更长；
· 性欲减退；
· 抑郁、焦虑；
· 思考能力和记忆力下降、注意力不集中；
· 肌肉或关节疼痛；
· 头晕（尤其是起床后）。

做一下下页的测试，大致评估一下你的肾上腺功能吧。如果你发现自己可能有肾上腺功能减退的问题，一定要立即去看医生并接受各种检测。

瞳孔反射测试

◎找一个黑暗的房间，手持手电筒或笔灯坐在或站在镜子前。

◎打开手电筒或笔灯，让它的光从头部斜前方大约45°的地方照向你的一只眼睛。注意不要让光直射眼睛！然后，双眼看向镜子。

◎观察30秒内被光照射的那只眼睛的瞳孔对光的反应。

你如果觉得一个人进行测试比较困难，可以找人帮助你：帮助你的人可以站在你的斜前方用手电筒或笔灯照射你的一只眼睛；然后，你们可以一起观察那只眼睛瞳孔的反应。

重要提示：眼睛在黑暗的环境中受到光照，瞳孔会放大以捕捉光线。正常情况下，在灯光的照射下，瞳孔会立即反射性收缩并保持收缩状态。如果肾上腺功能减退，瞳孔会先放大，然后搏动几秒，最后保持放大的状态。瞳孔不能保持收缩状态，就是肾上腺功能减退的明显迹象。肾上腺功能减退的程度可以通过瞳孔持续收缩的时间和瞳孔开始搏动的时间来进行粗略的推测。

瞳孔的反应	结果说明
持续收缩至少20秒	肾上腺功能正常
持续收缩10秒后开始搏动	肾上腺功能基本正常，但可能开始减退
持续收缩5秒后开始搏动	肾上腺功能减退
瞳孔立即开始搏动	肾上腺功能严重减退（肾上腺衰竭）

这个简单的测试值得反复进行，这对你十分有用。当你通过改善生活方式使肾上腺功能恢复时，瞳孔持续收缩的时间会变长。注意，伴有症状（如视力模糊、头晕）的低血压也可能是肾上腺功能减退的表现。引发低血压的因素很多，但很少有人能联想到肾上腺功能减退。

　　早在 20 世纪 30 年代就有专业文献清楚地描述了肾上腺功能减退的症状，但在目前的医疗实践中，我们很难通过生化检测来进行具有针对性的诊断。如果对一个人为什么感到疲劳、为什么情绪低落甚至接近精神崩溃的原因缺乏创新的想法，那么原因就永远无法被发现，问题也永远不能得到解决。

　　在未来，如果肾上腺功能减退能够更早地被发现和治疗，那么数百万人的能量水平和健康状况就会得到改善。肾上腺功能减退可以通过改善生活方式来治疗。阅读下面的患者案例，你将了解到，即使是年轻人也很容易出现肾上腺功能减退的问题，以及我们应如何恢复肾上腺功能。

✏️ **患者案例**
亨利・32 岁・互联网公司 CEO

　　亨利喜欢他的工作，喜欢慢跑和驾驶帆船，喜欢蓝色和老爷车。他的生活非常规律：他通常在 5:30 起床，在上班前做体操、浏览社交媒体信息和看报纸；然后，亨利会持续工作 12 ～ 13 小时；晚上，他有时会去慢跑一圈来放松。因为投资人对他的催促和不满，亨利的工作节奏非常快。他每天都在与自己竞争，想要超越自己。在离任务截止日期越来越近时，周末长时间加班对亨利来说是常事。

　　后来的某一天，一切都变了。亨利在向我叙述自己在办公室中"精力崩溃"的经历时，他目光闪烁，同时紧张地抚摸着自己浓密的棕色头发，显得非常焦虑。异地的女友突然提出分手，这使他心如刀割。从那以后，他的免疫系统就崩溃了。他患了严重的流感，而且很长时间都没有康复，甚至因此被迫休息了4周。之后，他发现自己很难恢复以前的状态了。他再也无法集中精神，浑身无力，连慢跑的力气都没有了；早上起床困难重重，经常不吃早餐，而且需要喝比以前更多的咖啡。

令我震惊的是，亨利用非常自然的语气告诉我，从14岁左右开始，他每天都会喝2~3杯浓咖啡，并在每杯浓咖啡里加3块方糖和一点儿牛奶。他觉得自己无法摆脱这个习惯。他对咖啡的依赖还伴随着对甜食的强烈渴望。他告诉我，他对羊角面包和甘草糖果有着超乎寻常的喜爱。然而，在短暂的"甜蜜狂欢"之后，亨利会感到烦躁。他会因为小事心烦意乱，经常感到不耐烦和沮丧。每当电话铃响时，他都觉得自己的脑袋要炸了。每到15:00左右，亨利都觉得自己累得几乎站不起来。于是，他通过喝咖啡和吃巧克力来补充精力、坚持工作。椒盐饼干棒或薯条能够满足他对咸味食物的渴望。傍晚时分，他感觉好多了。当他在22:30左右再次陷入能量低谷时，他通常会再喝1杯浓咖啡，以便继续工作到午夜或凌晨。

我对亨利的诊断过程非常简单：在进行过瞳孔反射测试和神经压力测试后，我确定他患有肾上腺功能减退。亨利因此不得不改变他的生活方式。

我为他制订了一个时间表，以帮助他恢复肾上腺功能并形成全新的生活节奏。从那以后，亨利每天在22:00左右就上床睡觉，并且第二天早上尽可能地多睡一会儿。起床后，他会喝2大杯加了半茶匙（1茶匙相当于5g）盐的水，然后洗一个热水澡。他完全戒掉了高碳水食物和咖啡。为了防止出现咖啡因戒断症状，他花了2周逐渐减少咖啡的饮用量，最终安全地戒掉了咖啡。他坚持每天吃三顿营养均衡的正餐，并在早上和下午吃一些水果和富含蛋白质的坚果，以保持肾上腺的活力。亨利没有屈服于他对甜食的渴望，他不喜欢做饭，所以选择吃加了一点儿对健康有好处的橄榄油的新鲜蔬菜沙拉，并服用有益于健康的蛋白质补充剂。随着时间的推移，他终于知道了什么才是对他有好处的食物，并避免吃对能量水平产生负面影响的食物，如糖果。他练习正确的呼吸方式，每天通过呼吸训练为自己注入更多能量。他还会进行冥想和写感恩日记。从治疗开始到肾上腺功能完全恢复，亨利一直服用人参和玫瑰根，这种自然疗法可以有效降低压力水平。直到今天，他还坚持进行健康饮食和合理地服用营养素补充剂。

　　亨利逐渐学会了不勉强自己，并接受了他无法取悦所有人的事实。他变得更积极，并且越来越熟练地避开各种类型的"能量小偷"，包括周围给他施加压力的人。他改变了自己的生活态度和工作方式，能够与他的团队、朋友和新合作伙伴建立更密切的关系。他学会有意识地接受生活给予他的一切，而非只接受他认为符合自己"理想"的部分。2年后，他对自己当时的"崩溃"感到庆幸，因为自那时起，他才学会了照顾自己和关注健康。他现在的生活与之前的完全不一样了，他感觉自己更充实、更健康、更快乐。

　　如果自我测试或生化检测结果表明你有和亨利相同的问题，请放宽心，你并不孤单！为了使肾上腺重新"振作起来"，你需要有点儿耐心，最重要的是在睡眠、饮食、缓解压力和适度运动之间取得适当的平衡。肾上腺功能需要3～6个月才能恢复。我非常反对你进行严格的禁食，因为这会消耗你仅剩的一点儿能量。

　　你可以通过本书的第2部分和第3部分了解如何呵护你的肾上腺。让压力过大的肾上腺得到喘息的最简单的方法是调整饮食。你要仔细观察自己经常吃的食物，因为已知或未知的食物不耐受与肾上腺功能减退有关。你不耐受的食物会刺激肾上腺释放皮质醇，你的肾上腺越努力地抑制食物引起的炎症反应，你就越容易感到疲劳，身体越容易受到食物不耐受和炎症的影响，从而陷入无休止的恶性循环。我还要提醒你，牛奶咖啡其实是潜在的"能量小偷"，但只有少数人意识到了这一点。

食物不耐受——当牛奶咖啡使人困倦时

甲之蜜糖，乙之砒霜。

人们在吃某种食物后产生的所有不良反应都可能与食物不耐受有关。食物不耐受很常见，而且会影响全身。正常情况下，进入人体的食物成分都可以被消化和吸收，并且不会被免疫系统识别为入侵者，但免疫系统会被个别食物成分激活，无法明确区分敌我，将实际上无害的食物成分当作入侵者并无情地攻击它们，就像攻击细菌或病毒等一样。免疫系统会产生抗体并引发炎症反应，而众所周知，这会让你感到疲劳。

食物过敏、乳糜泻和假性过敏（如对食品添加剂的过敏）会引发免疫反应。如果你在食用某些食物后出现呼吸急促、荨麻疹、呼吸道肿胀或舌头肿胀，请立即就医——你很可能出现了过敏反应！

在对食物产生的不良反应中，不引起免疫反应的食物不耐受占绝大部分。它们是由先天性或后天性的酶缺乏引起的，这意味着一些食物成分，如碳水化合物（主要是乳糖、果糖）无法被充分消化。吸收障碍是这类食物不耐受出现的根本因素：未被充分消化的碳水化合物进入肠道更深的位置，并在那里被肠道细菌分解。于是，患者往往出现胃肠道胀气、腹泻、疲劳、判断力下降和情绪低落等症状。在欧洲，最常见的食物不耐受包括乳糖、果糖和组胺不耐受。组胺不耐受目前被科学界作为肥大细胞活化综合征的一部分进行研究。

来自食物的麻烦制造机

身体对食物的反应因人而异。当然，有些食物更容易引起身体的不良反应。这些食物包括乳制品和含有麸质的食物，含添加糖和人工甜味剂的食物也是引起不良反应的"罪犯"。不良反应的具体表现因人而异。例如，某种食物会导致一个人打喷嚏、流鼻涕或皮肤发痒，但是它可能导致另一个人注意力下降、消化不良、突然感到疲劳。更糟糕的是，即使是同一个人，在不同的时间，吃同一种食物也可能引发完全不同的不良反应。可有谁会怀疑早上喝的那杯咖啡是导致自己易怒、易感染和经常疲劳的罪魁祸首呢？有的法学家声称早餐吃什么对刑事判决有影响，这是有一定道理的。

你如果对某种食物不耐受，通常会在进食后 30 分钟至 3 小时内出现症状。不幸的是，你也有可能在两三天后才出现症状。这正是从食物中找出"能量小偷"的困难之处。毕竟，有谁能清楚地记得三天前喝了牛奶咖啡，并将它与疲劳联系起来？不过，别担心，我会帮你解决这个问题。乳制品和含有麸质的食物是常见的"能量小偷"。

酪蛋白和麸质——具有成瘾性的"疲劳制造机"

如果我们对某些食物（如麸质）不耐受却仍然经常摄入它们，我们的肠黏膜就会严重受损，渗透性大幅增强。牛奶咖啡或面包中的成分进入血液后可以到达大脑。大脑有一道很好的保护层，即"血脑屏障"。它起到了门卫的作用，即只让大脑需要的并且不会对大脑造成伤害的物质通过。然而，最新的研究表明，肠黏膜的渗透性增强可能引发血脑屏障渗漏。

酪蛋白和麸质的化学结构与阿片类药物成分、内啡肽的化学结构相似。众所周知，阿片类药物具有镇痛作用，并能使人产生愉悦感，而内啡肽是我们身体生成的天然"快乐制造机"。我们的肠道和大脑中存在敏感的阿片受体，内啡肽以及在化学结构上与之相似的酪蛋白、麸质等会被这些受体接收，从而使我们产生愉悦的感觉。注意，任何能使我们感觉愉悦的事物（如运动、性爱、和糖）都具有成瘾性。那么，你现在能够理解为什么有人特别喜欢吃芝士面包了吧。食物能为我们提供能量，但有些食物可能是"能量小偷"，这一事实经常被我们进食时产生的愉悦感所掩盖。

🔍 自我测试

排除饮食

　　想要找出自己对哪些食物不耐受或哪些食物会令自己感到疲劳，最简单、直接且免费的方法是进行排除饮食（即寡抗原饮食），并写"饮食日记"，记录自己对当天吃的食物的反应。排除饮食的具体做法如下：避免食用某些可能窃取能量的食物（如含有麸质的食品和乳制品）至少 2 周，然后再慢慢地将它们纳入饮食。吃完饭后，像侦探一样仔细观察自己，检查自己的症状：是否感到疲劳？是否突然出现消化问题？是否感到关节和肌肉疼痛？注意力是否变得不集中？通过观察你会发现，身体是非常聪明的。你如果怀疑自己对某种食物不耐受，可以通过医学检测进一步确认。

✚ 小贴士

　　皮肤测试（即点刺测试）通常用于发现食物不耐受问题。遗憾的是，测试的过程不舒服，测试的结果也不准确。是否有乳糖和果糖不耐受的问题可以通过呼气测试来确认。此外，IgG 抗体检测结果也是食物不耐受的诊断依据。然而，现在医学界有关 IgG 抗体检测的争议比较大，争议点在于如何解释测试结果，因为 IgG 抗体水平升高可能是身体对食物成分的正常生理反应。IgG 抗体检测结果虽然不能直接帮助医生确诊患者是否患有食物不耐受，但能间接表明患者的肠黏膜受损，导致食物成分从肠道进入血液并引起免疫反应。

所有人都很可能受到食物不耐受的影响。根据我的经验，肠黏膜受损经常引发食物不耐受。令人遗憾的是，食物不耐受对健康影响的严重性被低估了。此外，我还发现了一个奇怪的现象：在与食物不耐受患者谈论他们的问题（如消化问题、疲劳）时，很多患者都不太高兴。不少人宁愿对此保持沉默，并在沉默中忍受痛苦。

患者案例
雅各布·27岁·工程师

当我走进候诊室通知雅各布来就诊时，一个高大的、穿着超大号外套的、金发碧眼的小伙子站了起来，他脚上穿着一双五颜六色的运动鞋。在第一次见面时，他沮丧地告诉我，3年多来，他一直饱受疲劳、鼻窦感染、情绪波动以及胃肠道胀气和腹泻等的困扰。他对食物的不良反应越来越大，这给他与朋友会面和外出用餐造成了很大的障碍，因此他只能频繁地避开这些活动。在他的社交圈内，他越来越被视为难以相处的人。这让他很困扰。几年前他还精力充沛，但现在他就像一位迟暮的老人。

他虽然身形高大，看上去却十分虚弱。他在集中注意力时会皱起眉头。在向我描述问题时，他说到的一个细节吸引了我。在症状出现之前的几年里，他下定决心增重增肌。出于这个原因，在很长一段时间内，他的饮食都非常单调。为了补充蛋白质，他的饮食中有大量鸡蛋、肉、凝乳和含有人工甜味剂的乳清蛋白奶昔。有时，他会吃糖果、三明治、奶酪焗意大利面和比萨来换换口味，还经常叫外卖。他很少吃蔬菜和水果。在他每周去健身房参加训练时，他会喝含人工甜味剂的运动饮料。起初，他没有注意到自己的能量水平或消化能力下降了，直到如此饮食大约1年后，他的身体开始"罢工"。他曾在一个派对上吃了很多快餐和糖果，结果在第二天，他因为腹泻不得不在卫生间里度过了一整天。之后，这种情况仍然经常出现。于是，他改变了饮食，开始吃营养丰富的素食。他的素食菜单中包括自制全麦面包搭配奶酪、麦片、酸奶以及一些"超级食物"。极受大众喜爱的玉米片他几乎不吃。尽管如此，他还是感觉精力不足，也不快乐。

我向雅各布解释说，他的疲劳、消化不良和易感染是多年来多种因素共同导致的结果，主要原因是严重的营养不良。低膳食纤维、高蛋白质和富含人工甜味剂的单调饮食打破了他肠道菌群生态系统的平衡，从而破坏了肠黏膜，引发食物不耐受。糟糕的肠道环境也是他情绪波动大的原因，因为"快乐激素"血清素的前体是在肠道中合成的。根据我多年的经验，鼻窦感染反映他可能患有酪蛋白不耐受。生化检测结果证实了我的想法——他对麸质和酪蛋白不耐受。血液中氨的水平高表明他的身体在消化和吸收蛋白质方面存在问题。

我告诉雅各布要有耐心，并建议他不要吃含有麸质的有机谷物和乳制品，这令他感到很惊讶，因为这些都是他以前饮食中的"主要角色"。为了不给本就"罢工"的肠道带来更多负担，我建议他谨慎地实行"能量饮食"：吃少量豆类、胡萝卜、西葫芦和茴香等易消化的蔬菜；从清蒸的鱼、家禽的肉、米饭、土豆、不含麸质的谷物（如荞麦）和苋菜中摄取适量的蛋白质；食用含有优质脂肪的油脂（如藻油）。在治疗的第一周，雅各布发现自己很难戒掉面包和奶酪，但随着治疗的深入，他对面包和奶酪的依赖性慢慢消失了。此外，雅各布坚持服用含谷氨酰胺、姜黄、益生菌和益生元的营养素补充剂，按照我的建议修复肠道；他还每天喝绿茶和药草茶，并每周数次食用少量有抗炎作用的药草（如欧芹和罗勒）。

随着时间的推移，雅各布觉得自己的状态变好了。他的治疗成果令我印象深刻：仅仅 3 周没有摄入含有麸质的食物和乳制品，他的消化能力就得到了明显的提高。在接下来的几周内，他的肠道环境越来越好，肠道菌群生态系统越来越平衡，能量水平逐渐恢复正常。如今的雅各布已经没有了任何症状，又变回曾经那个快乐的小伙子。他现在仍然坚持实行对肠道健康有益且有抗炎作用的能量饮食，并且知道了照顾好自己的重要性。

你如果也怀疑某种食物会使自己"上瘾"并消耗大量能量，那么可以实行本书的"30 天能量计划"。一切事情的发生都有其原因，你经常感到疲劳或经常生病也是有原因的。你要勇于尝试，你的努力将得到回报！你如果能将本书提及的"能量小偷"从你的生活中彻底"赶走"，就能重新获得活力和健康。

肥大细胞活化综合征——关于能量不足的前沿发现

新知识是我们做出改变的契机。

你是否时常一阵一阵地感到疲倦和虚弱？你是否有很多无法解释清楚的奇怪症状？你是否总感觉自己身体不舒服，但检测结果看上去一切正常？最新数据表明，过度疲劳以及一些尚未被研究透彻的疾病（如肠易激综合征、肌纤维疼痛综合征和组胺不耐受）都可能是"肥大细胞活化综合征"（MCAS）的诱因。我猜，你可能有疑问："什么是 MCAS？"大众对这种综合征知之甚少，甚至连许多医生都对它不熟悉。有关 MCAS 的研究是在近几年才兴起的，但它的发病率高达 17%——这个数字还在随着统计的深入不断攀升。我们可以认为，MCAS 是一种常见病。因此，对 MCAS 进行深入研究是非常有必要的。每个人都有肥大细胞，问题是病理性肥大细胞活化是否对我们产生影响，以及它会对我们产生多大的影响。

"发疯"的肥大细胞

肥大细胞是免疫系统中的一种特殊细胞，它产生于骨髓并分布在人体的各个部位，是人体内优秀的"哨兵"。肥大细胞通常活跃在人体的第一道防线（皮肤以及肺、消化道的黏膜）以及血管和神经中。肥大细胞因在显微镜下比其他体细胞大而得名，它含有 200 多种信号分子（如组胺、类胰蛋白酶），并且通过信号分子与其他细胞进行交流，其中最为人熟知的信号分子就是组胺。肥大细胞会在必要时释放信号分子，使免疫系统中其他忠诚的"士兵"，也就是免疫细胞聚集在受到入侵者威胁的部位，通过引发局部炎症来进行防御。

　　肥大细胞很容易激活。当肥大细胞反复受到精神压力、细菌、病毒、环境毒素或某些食物（如富含组胺的西红柿、草莓或二次加热的食物）的刺激时，MCAS 就会出现。其表现为肥大细胞"发疯"、失控，即使身体并没有受到威胁，肥大细胞也会发出警报。例如，当肠道菌群严重紊乱时，肠道内可能存在过多有害的细菌，这就会刺激肥大细胞，导致肥大细胞释放更多组胺。因此，我认为，对 MCAS 的治疗必须重点关注肠道健康和饮食。

变化无常的"变色龙"

　　MCAS 的症状因人而异，这使得它如同变色龙一样变化无常，从而导致医生误诊或给你一个模棱两可的结论："你过敏了。""你也许感冒了。""你可能是吃错东西了。""你患了肌纤维疼痛综合征和肠易激综合征。"……MCAS 的症状可能间歇性地出现，这使得人们难以联想到它其实与自己食用富含组胺的食物或者承受了巨大的精神压力有关。疲劳和无力也是MCAS 的症状。

MCAS 就像一只奇异的变色龙

◆ MCAS的典型症状包括：

· 疲劳；

· 皮肤瘙痒（如头皮瘙痒、肛门瘙痒等），皮肤潮红（如面部潮红），长皮疹（如脓疱）和荨麻疹，紫外线过敏；

· 眼睛发炎、打喷嚏、鼻塞、持续性鼻炎、鼻窦炎、口腔溃疡、声音嘶哑；

· 潮热；

· 慢性咳嗽（尤其是在精神压力大时）、呼吸有杂音、气喘、呼吸困难；

· 肠易激（腹泻和便秘频繁交替出现，腹痛、胃肠道胀气、胃灼热）、吞咽困难；

· 肌肉和关节疼痛、肌肉痉挛；

· 心悸、眩晕、低血压；

· 头痛、偏头痛、头晕、四肢发麻、皮肤有蚁走感、记忆力下降、注意力不集中、身体协调性降低、睡眠质量下降；

· 焦虑、抑郁、抗压能力减弱、倦怠；

· 痛经；

· 全身水肿；

· 抵抗力减弱、易感染；

· 易患慢性炎症性疾病（如风湿病）；

· 膀胱灼痛、尿急；

· 酒精过敏、意大利香肠过敏、药物过敏。

MCAS患者的症状往往各不相同，以上提及的症状并非必定出现，并且有些症状会轮流出现。因此，有的科学家怀疑MCAS的症状是相互关联的。此外，从"头皮瘙痒""我有点儿累了""经常打喷嚏"到"全身痒""我太累了""我快晕过去了"，患者症状的严重程度不尽相同。幸运的是，大多数患者的症状都较轻。

找到引发因素

前面提到的所有症状虽然具有一定的指向性，但不具有特异性。也就是说，它们可能因为你患有其他疾病而出现。如果你怀疑自己患有 MCAS，我建议你对日常生活中可能的引发因素进行测试，要特别注意自己会在什么情况下出现疲劳、消化不良、打喷嚏、鼻塞、皮肤瘙痒、关节疼痛等症状。如果出现症状，应避开相应的引发因素并且对症下药。此外，补充微量营养素也是治疗 MCAS 的好方法。例如，补充维生素 C、维生素 B_6 和槲皮素有助于保持肥大细胞的稳定性并且促进组胺分解。创新性疗法通常能为 MCAS 患者带来积极的影响。

需要注意的引发因素：

◎**食物**包括坚果（如核桃、花生）、酒（如红酒、气泡酒、香槟）、陈年奶酪、烟熏鱼、鱼罐头（如金枪鱼罐头）、肉制品（如香肠）、柑橘类水果、西红柿、草莓、酸菜和二次加热的食物等；

◎**食品添加剂**；

◎**药物**包括乙酰水杨酸（如阿司匹林）、镇痛药（如布洛芬）、X 射线造影剂和某些抗生素（尤其是氟喹诺酮类药物，如环丙沙星、莫西沙星）等。

小贴士

如果 MCAS 症状持续出现，我建议你进行特殊的血液和尿液检测，以确定体内负责分解组胺的二胺氧化酶（DAO）、类胰蛋白酶、组胺以及它们的分解物的水平，并进行胃肠镜检查（采集组织样本）。你还可以进行粪便检测，这有助于你尽早确定自己的肠黏膜是否出现炎症。

通常来说，根据本书中的建议改变生活方式（如进行低组胺饮食，缓解精神压力，摄入维生素 C、B 族维生素、槲皮素和膳食纤维），就可以有效地安抚"发疯"的肥大细胞。接下来，我将向你讲述我准确诊断 MCAS 并帮助患者摆脱病痛的故事。

患者案例
索菲亚·48 岁·教师

当我第一次在诊所与索菲亚见面时，她看上去无精打采的。当时，精力不足已经成为困扰她的最大问题。在向我讲述日常生活时，她不停地转动手指上的一枚大银戒指，而她那长着雀斑的脸颊被栗色的头发遮住了。索菲亚告诉我，她经常一阵一阵地感到疲劳和不适。多年来，她一直深受疲劳和其他症状的折磨，时常感到自己的四肢像挂了铅球一样沉重。尽管之前为此多次就医，但医生都没有为她的症状找到原因。只有一次，医生认为她可能患有肌纤维疼痛综合征。

慢慢地，索菲亚出现了慢性鼻塞、腹部不适、注意力不集中、偏头痛、关节疼痛、潮热和皮肤瘙痒(甚至肛门也会瘙痒)的问题。上课时，她经常头晕目眩，腿突然颤抖。她经常感到膀胱发胀，但据家庭医生诊断，她的膀胱并未发生感染。在向我描述症状时，她表现得很平静，但我能感觉到她的恐惧与疑惑。我怀疑隐藏在这些症状背后的是 MCAS。血液和尿液的检测结果证实了我的判断。此外，在她的检测报告中，二胺氧化酶水平非常低。她必须尽快针对病症采取行动。

帮助索菲亚恢复健康的第一步是，让她意识到 MCAS 与精神压力和生活方式(如饮食、运动、睡眠)有很大的关系。我从她的饮食日记中发现了一个明显与组胺相关的问题：她虽然饮食均衡，但在吃西红柿、辣椒、草莓、覆盆子、熟香蕉、巧克力、陈年奶酪或二次加热的食物后会精力不足。有些症状，尤其是偏头痛，经常在餐后立即出现。

为了治疗 MCAS，我建议索菲亚进行有益肠道健康的、具有抗炎作用的"能量饮食"：选择组胺含量低的新鲜食材，确保每餐都吃新烹制的饭菜，并且在餐前服用消化酶和含有二胺氧化酶的营养素补充剂。她采纳了我的建议，进行了为期 6 个月的肠道康复治疗，并通过服用谷氨酰胺、益生菌和益生元补充剂，以及喝药草茶辅助治疗。为了保持肥大细胞的稳定性，她现在依然每天喝图尔西茶，并服用维生素 C 和槲皮素补充剂。索菲亚发现，有意识地调整呼吸、做瑜伽和在树林里散步有利于自己的身体恢复健康。于是，她坚持了下来。现在，她的生活已经恢复正常。通过改变生活方式，她现在已经可以不吃药（如抗组胺药）了。

近年来，我接触了许多 MCAS 患者。在遇到我之前，他们全都饱受疾病的折磨，因被误诊为患有肌纤维疼痛综合征、肠易激综合征或抑郁症而误服了大量药物。相当多的 MCAS 患者变得抑郁是因为受到体内高水平组胺的影响。他们变得自我封闭，得不到关心，也没有被认真对待。这真是太令人难过了。

为了帮助我的患者摆脱困境，我专门研究了 MCAS，并总结了一些有针对性的治疗方法。事实证明，我的治疗方法是有效的。我希望，在未来有更好的方法可以帮助 MCAS 患者及早确诊和接受治疗，也希望有越来越多的人关注和研究 MCAS，并且有越来越多的诊所或医院能够有效治疗 MCAS。

药物——疲劳制造者和营养掠夺者

一切事物都有两面性。

　　药物治疗是拯救生命的重要措施，是医学治疗措施的重要组成部分。这就是为什么我不反对给患者开具药物。然而，我反对医生以快速减轻症状为目的，不探究患者的病因，盲目地给患者开具药物，尤其是抗生素。滥用抗生素会损害身体健康、打破肠道菌群生态系统平衡、损害线粒体，这就为疾病开了绿灯。

　　原则上，医生在开任何药方时都要谨慎考虑，特别是当患者要长期或永久服用药物时。药物，特别是患者每天都服用的药物，有可能严重妨碍他们的身体对营养素的吸收和利用，而严重缺乏微量营养素又会增大药物副作用。从长远来看，这不仅会消耗身体能量，还会导致更严重的后果。有些药物是吸收营养素能力极佳的"营养素窃贼"。

　　微量营养素缺乏症是悄悄出现的。它有不同的表现，如疲劳、无力、易感染和抗压能力减弱，但这些症状都不是微量营养素缺乏症所独有的。微量营养素缺乏症会进一步发展为贫血、骨质疏松症和视力障碍（当严重缺乏优质脂肪时）。此外，不仅经常使用药物的人有缺乏微量营养素的风险，在成长过程中对各种营养素需求很大的儿童及青少年、饮食单调并且吃大量零食的成年人、孕妇、哺乳期女性、老年人、（慢性消化道疾病、癌症和糖尿病等）患者、营养素吸收不良（如麸质不耐受）的人也有缺乏微量营养素的风险。

　　现在，你需要了解哪些药物是"营养素窃贼"，以及有哪些问题是你需要注意的，因为并非所有的不良反应都会出现在药物说明书上。

最常见的"营养素窃贼"

为了让有些枯燥乏味的资料看起来更简单、更易于理解，我为你准备了一份清单，你可以很容易地找到你的药物，从而评估药物对你的营养素吸收情况的影响。马上从抽屉里拿出你的药物，并阅读药盒上的标签吧！一定要仔细阅读标签，一旦在标签中找到清单中的"营养素窃贼"，就需要有针对性地采取行动，比如补充营养素。当然，你要事先向家庭医生咨询。你如果并未服用任何药物，可以直接跳过这部分内容。

抗过敏药物

- 盐酸西替利嗪
- 地氯雷他定
- 非索非那定
- 左卡巴斯汀
- 氯雷他定

服用上述药物后可能缺乏的微量营养素

- 维生素 C
- 维生素 D
- 锌

缺乏上述营养素可能出现的后果

- 疲劳
- 免疫力低下
- 结缔组织容易损伤

> 能量建议：服用维生素 C 和锌补充剂（每晚各 15 mg）可以明显减轻过敏症状并减小抗过敏药物的副作用。

避孕药物

- 雌激素：炔雌醇、雌二醇
- 孕激素：去氧孕烯、地诺孕素、左炔诺孕酮

服用上述药物后可能缺乏的微量营养素

- 维生素 B_2、维生素 B_6、维生素 B_{12}、叶酸（维生素 B_9）
- 维生素 C
- 维生素 E
- 镁
- 锌

> 能量建议：在选择叶酸补充剂时，推荐选择 5- 甲基四氢叶酸补充剂，这种叶酸生物活性强，可直接被身体吸收并利用。

缺乏上述营养素可能出现的后果

- B 族维生素缺乏症，表现为精力不足、抑郁、易怒、神经病变、感知障碍、偏头痛
- 氧化应激
- 糖代谢紊乱
- 免疫力低下

抗生素

- 氨基糖苷类抗生素：庆大霉素
- β - 内酰胺类抗生素：阿莫西林、头孢呋辛
- 喹诺酮类抗生素：环丙沙星、左氧氟沙星、莫西沙星
- 林可酰胺类抗生素：克林霉素
- 大环内酯类抗生素：阿奇霉素、克拉霉素
- 四环素类抗生素：多西环素、米诺环素
- 叶酸拮抗剂：复方新诺明

服用上述药物后可能缺乏的微量营养素

·比菲德氏菌和乳酸杆菌（益生菌）

·镁

·钙

·钾

·叶酸

·铁

·锌

·维生素C

缺乏上述营养素可能出现的后果

·肠道菌群紊乱、肥胖、患慢性炎症和自身免疫病的风险增大

·患心血管疾病、骨质疏松症和骨关节炎的风险增大

·听力受损、神经损伤

·结缔组织容易损伤、肌腱撕裂（特别是服用喹诺酮类抗生素后）

抗抑郁药物

·三环类抗抑郁药物：阿米替林、氯米帕明、多塞平

·选择性5-羟色胺再摄取抑制剂（SSRIs）：西酞普兰、氟西汀、帕罗西汀、舍曲林、达泊西汀

·5-羟色胺和去甲肾上腺素再摄取抑制剂（SNRIs）：文拉法辛

服用上述药物后可能缺乏的微量营养素

- B 族维生素

- 辅酶 Q10

- 镁

- ω-3 脂肪酸（DHA 和 EPA）

> 能量建议：补充镁可促进血清素的合成。

缺乏上述营养素可能出现的后果

- B 族维生素缺乏症，表现为精力不足、抑郁、易怒、神经病变、感知障碍、偏头痛

- 缺乏辅酶 Q10（由 ATP 合成减少导致），表现为疲劳、力竭、头晕、头痛

抗癫痫药物

- 乙内酰脲：苯妥英

- 羧基酰胺：卡马西平、奥卡西平

- 丙戊酸

- 加巴喷丁

服用上述药物后可能缺乏的微量营养素

- 叶酸

- 维生素 D

- 维生素 K

- 钙

缺乏上述营养素可能出现的后果

· 疲劳

· 骨密度降低、骨质疏松症

· 线粒体能量代谢紊乱

降压药物

· 血管紧张素转换酶抑制剂：卡托普利、依那普利、赖诺普利、雷米普利

· 沙坦类药物（AT1受体拮抗剂）：坎地沙坦、氯沙坦钾、缬沙坦

· β受体阻断药：阿替洛尔、比索洛尔、美托洛尔、卡维地洛、奈必洛尔、普萘洛尔

服用上述药物后可能缺乏的微量营养素

· 维生素D

· 维生素C

· ω-3脂肪酸

· 镁

· 辅酶Q_{10}

缺乏上述营养素可能出现的后果

· 疲劳

· 免疫力低下

· 结缔组织容易损伤

· 患慢性炎症的风险增大

· 患心血管疾病的风险增大

- 头痛

- 肌无力

抗糖尿病药物（口服抗糖尿病药物）

- 双胍类药物：二甲双胍

- 磺酰脲类药物：格列本脲、格列齐特

- 格列奈类药物：瑞格列奈、那格列奈

- 噻唑烷二酮类药物：吡格列酮

服用上述药物后可能缺乏的微量营养素

- 维生素 B_{12}

- 维生素 D

- 辅酶 Q_{10}

- 镁

- 铬

缺乏上述营养素可能出现的后果

- B 族维生素缺乏症，表现为精力不足、抑郁、易怒、神经病变、感知障碍、偏头痛

- 免疫力低下

- 患心血管疾病的风险增大

- 肌无力，小腿容易抽搐

- 骨质疏松症

- 糖耐量异常

利尿剂

- 噻嗪类利尿剂：氢氯噻嗪（HCT）、氯帕胺、氯噻酮（注意：HCT 通常与降压药相配合。）
- 髓袢利尿剂：呋塞米、托拉塞米、布美他尼
- 钙离子通道阻滞剂：氨氯地平、非洛地平、维拉帕米、硝苯地平、尼群地平
- 保钾利尿剂：螺内酯（注意：在使用保钾利尿剂时，应控制饮食中的钾含量。）

服用上述药物后可能缺乏的微量营养素

- 镁
- 钾
- B 族维生素（主要是维生素 B_1 和叶酸）
- 锌

缺乏上述营养素可能出现的后果

- 疲劳
- 肌无力、小腿容易抽搐
- 血管和心肌功能受损
- 脂肪代谢障碍
- 糖耐量异常
- 免疫力低下
- 结缔组织容易损伤

皮质醇型抗炎药物

- 糖皮质激素

服用上述药物后可能缺乏的微量营养素

- 维生素 D
- 钙
- 镁

缺乏上述营养素可能出现的后果

- 骨密度降低、骨质疏松症
- 血压升高
- 肌无力、肌肉易痉挛
- 头痛

酸阻滞剂

- 质子泵抑制剂：奥美拉唑、泮托拉唑、兰索拉唑、雷贝拉唑

服用上述药物后可能缺乏的微量营养素

- 维生素 B_{12}、叶酸
- 钙
- 镁

缺乏上述营养素可能出现的后果

- B 族维生素缺乏症，表现为精力不足、抑郁、易怒、神经病变、感知障碍、偏头痛

- 骨密度降低、骨质疏松症
- 患心血管疾病的风险增大（由同型半胱氨酸水平升高导致）

降胆固醇药物

- 他汀类药物：阿托伐他汀、辛伐他汀、氯伐他汀、洛伐他汀、普伐他汀

服用上述药物后可能缺乏的微量营养素

- 辅酶 Q_{10}
- 维生素 D
- 硒

缺乏上述营养素可能出现的后果

- 疲劳
- 线粒体能量代谢紊乱
- 免疫力低下
- 骨密度降低、骨质疏松症
- 患甲状腺疾病的风险增大

抗风湿药物（免疫抑制剂）

- 氨甲蝶呤（MTX）

服用上述药物后可能缺乏的微量营养素

- 叶酸

缺乏上述营养素可能出现的后果

· 口腔和胃肠道黏膜损伤

缓泻药物

· 比沙可啶

· 苦味酸钠

服用上述药物后可能缺乏的微量营养素

· 钾

· 镁

· 叶酸

缺乏上述营养素可能出现的后果

· 矿物质平衡被严重打破

· 容易便秘

· 患心血管疾病的风险增大（由同型半胱氨酸水平升高导致）

许多药物都有一个共同的副作用。请和医生确认你的疲劳问题是否与你长期服药有关。如果答案是肯定的，请确认是否有更好的替代疗法。要特别注意以下药物：

· 苯二氮䓬类药物；

· 抗过敏药物；

· 降血压药物，特别是β受体阻断药、α受体阻断药和ACE抑制剂；

· 抗精神病药物；

· 治疗帕金森病的药物、抗病毒药物、化疗药物。

| 如何满足人体对营养素的需求？

对一个不吸烟、精力充沛、饮食均衡（吃足量蔬菜和水果）并且能很好地消化食物的人来说，仅通过日常饮食就可以满足自身对营养素的需求。然而，大多数人仅靠日常饮食是无法满足自身对营养素的需求的，因为检测结果显示，人们普遍缺乏维生素D、维生素B_{12}、碘、硒和 ω-3 脂肪酸。

你如果长年服药，对营养素的需求就更大了。你最好这样做：如果医生给你开的药物是我在前文中提到的"营养素窃贼"，那么你要向医生咨询你应该额外补充哪些重要的营养素。有些医生会针对患者服用的药物开具营养素补充剂。

通过补充营养素，你可以明显减小服药的剂量！不过，你一定要注意，药物剂量只能由医生来调整，千万不要自行调整！事先咨询医生，不要隐瞒任何事，要告诉医生你正在服用或打算服用哪些营养素补充剂。一位了解营养学、与你合作愉快的医生会乐于和你讨论这方面的知识，他会为你安排相应的营养素水平检测，并帮助你确定营养素补充剂的合适剂量。你可以在本书中找到关于微量营养素疗法的全面指导。如果你如我所希望的那样认真采纳本书中的建议，你的细胞健康将得到改善，消化能力和排毒能力将得到提高。你可能再也不需要像以前那样被迫长期服用药物，甚至可以彻底摆脱药物。总之，采纳本书中的建议对你是有益的。

长期毒素暴露——毒素是如何使你疲劳和生病的？

> 所有东西都含有毒素，没有任何东西是完全无毒的，
> 剂量才是决定物质毒性的关键。

我承认，清除周围环境中暗藏的毒素是我们解决疲劳问题、提高能量水平的最艰难的一个环节。毒素不仅包括人工合成的有毒物质，还包括数百万种不同的天然毒素（如霉菌毒素）。无论是从空气中、水中，还是从食物中；无论是在家里，还是在公司里，我们都可能接触毒素：塑料制品中的增塑剂、激光打印机或吹叶机中的粉尘、香水中的某些成分、化学清洗剂中的四氯乙烯、大米华夫饼中的砷、牙齿填充物中的重金属……毒素清单的长度超乎你的想象，无论是居住在城市的人，还是居住在农村的人，都会接触毒素。现在的人们接触的毒素并不亚于过去的人们，因为在快速扩张的大城市中，空气污染越来越严重，1952年伦敦烟雾事件就证明了这一点。

阅读完本章内容，你将了解许多毒素，其中有些可能令你感到震惊，但请不要感到沮丧或麻木。相反地，你如果知道毒素潜伏在哪里、各种毒素的危险性有多大，就可以有针对性地做出恰当的反应。我们体内一定存在毒素，如果我们现在去实验室进行血液检测，肯定能检测出毒素。然而，检测出毒素并不意味着你会立即生病。

希望本章内容能够帮助你避开最主要的几种毒素。你要学会区分毒素，但不必因生活中的毒素太紧张。你可以参考本书中的建议进行排毒，有些方法可以迅速并且明显提高你的生活质量。然而，想要"无毒"地生活并不意味着必须完全避开所有毒素或禁止使用一切工业产品，这种做法是错误的，当然也是

无法实现的。我们无法避开所有的毒素，因为天然毒素就来自自然，而我们无法逃离自然。如今，人们很少因为感染而死亡，这一部分归功于消毒剂的发明。

现在，我们把目光转向毒素。别担心，你了解了如何在日常生活中减少毒素暴露并且促进身体排毒后，就不会再害怕它了。阅读本书并勇敢地展开行动，你一定会成功的！

我们在日常生活中会遇到各种毒素，它们存在于公寓的浴室中、办公室中、家用产品中，甚至是饮用水中。以下为常见的毒素。

- 汞、铅、砷、铝等元素；

- 家用产品（如清洁剂、喷雾剂、香熏蜡烛等）中的化学成分；

- 塑料（如双酚 A、邻苯二甲酸酯、对羟基苯甲酸酯、微塑料）；

- 氟化物；

- 黏合剂、油漆、树脂、涂料中的化学成分；

- 香烟的烟雾；

- 除草剂、杀虫剂、杀菌剂和人工肥料中的化学成分；

- 用于制作家具、床垫、地毯、保温材料、泡沫、人造毛革、地板涂层的聚氯乙烯（PVC）；

- 饮用水中残留的毒素（如抗生素、避孕药、铅等）；

- 来自真菌的天然毒素（如霉菌毒素）。

你应该认真思考一下你在哪里可能接触到上述毒素。据估计，女性在生活中因为涂抹含铅的唇膏而摄入铅的情况并不少见——唇膏可不是什么美味佳肴。一项研究结果显示，在世界范围内，每人每周都会通过食物摄入多达 5 g 的微塑料，这相当于每周要吃掉一张信用卡；20 年后，每个人体内积累的微塑料约有 36.5 kg。因此，为你的身体排毒势在必行。

毒素可能在人体内积聚，其在人体内积聚的量被称为"毒素负荷"。肝脏、肾脏、皮肤和肺都是我们的排毒器官，它们为了分解或排出毒素一直辛勤地工作着。排毒工作十分耗费精力，尤其是作为排毒"主力"的肝脏，每天都在牺牲自己。它太辛苦了，偶尔也需要喘口气。如果此时你的身体缺乏营养素，那么肝脏的排毒工作就会停止，你体内的毒素负荷将会增加。

毒素负荷增加的第一个明显表现就是疲劳。其他表现有：

· 头痛、精神恍惚；

· 关节疼痛，肌肉疼痛、痉挛及无力；

· 感知障碍（如手脚发麻）；

· 注意力不集中、记忆力下降；

· 焦虑、情绪波动幅度大、烦躁不安、易怒；

· 患牙龈疾病（如牙周炎）、口腔中有金属味；

· 长痤疮、多汗、脱发；

· 出现眼袋、黑眼圈；

· 体重增加。

环境医学专家指出，长期暴露于毒素并且没有充分排毒的人大多患有肥胖症。其原因是，如果体内毒素太多，以至于排毒器官无法分解所有毒素，未被分解的毒素就会被储存在脂肪细胞中。在这种情况下，减肥注定是失败的，因为身体会阻止毒素分解，来保护自己免受储存在脂肪细胞中的毒素的伤害。如果肥胖问题得不到解决，疲劳问题将一直存在。因此，对一些使用各种方法都无法成功减肥的人，我建议他们为身体排毒。排毒通常是成功减肥的关键。

▌潜在的毒素负荷

"毒素"和"排毒"这两个词在传统医学中很少被提及。毒素是很多人长期感到疲劳和易生病的罪魁祸首！是时候摆脱危险的毒素引发的不利影响了。

你的毒素负荷过量吗?

以下测试将帮助你评估自己的毒素负荷。

仔细思考一下,你是否接触过毒素?你是否经常进行房屋装修?你最近是否为房屋安装过保温材料?你住的房屋中是否有旧水管?你小时候是否偷偷尝过碎裂的墙漆或体温计中的汞珠?如果某个问题的答案是肯定的,那么它就是你接触毒素的途径。当然,我还要强调一点,那就是你不可能完全避开所有毒素。你也不必这样做,但你如果极度缺乏精力,甚至患有癌症或多发性硬化症,那么是时候仔细评估自己的毒素负荷了。乳腺癌和多发性硬化症就与人体内的重金属负荷过量有关。

回答以下问题,并将得分相加。

毒素负荷	从未有过	曾经有过或偶尔有	现在依然有或经常有
你的体内是否有汞合金填充物?	0	1	2
你的体内是否有黄金合金填充物和(或)钛植入物?	0	1	2
你的体内是否有根管填充物?	0	1	2
你是否佩戴金属牙套、塑料牙套或牙齿稳定器?	0	1	2
你的工作场所或家中是否有许多化学物质,或你能否闻到化学药剂的气味?	0	1	2
你的工作场所或家中是否有霉菌(有霉味或能看见霉斑)?	0	1	2
你的工作场所或家中是否存在铅污染(如有旧水管或旧墙漆)?	0	1	2
你是否与建筑瓦砾或石棉有接触?	0	1	2
你是否经常去农场、草坪、公园、高尔夫球场?	0	1	2
你是否与杀虫剂有接触?	0	1	2
你是否经常接触干洗剂或经过干洗的纺织品?	0	1	2

毒素负荷	从未有过	曾经有过或偶尔有	现在依然有或经常有
你是否吸烟（包括主动吸烟或吸二手烟）？	0	1	2
你是否经常食用含氟食盐，或使用含氟牙膏/漱口水？	0	1	2
你是否经常吃快餐、含人工甜味剂的食物，喝碳酸饮料？	0	1	2

得分情况说明

0~5分　　祝贺你！你的毒素负荷非常少，你在生活中接触的毒素很少。

6~14分　　你的毒素负荷比较多，大多数人和你情况相同。你应该采纳本书中的建议。即使没有明显的症状或只是有点儿缺乏精力，你也应该促进身体排毒、减少毒素负荷。

15~28分　　你的毒素负荷过多。你应该采纳本书的建议，找一位经验丰富的牙医或口腔外科医生帮助你评估口腔中的病灶，并在必要时清除病灶。我建议你向经验丰富的预防医学或环境医学的医生咨询，进一步分析你的毒素负荷，并制订治疗方案。

◆ 重金属

重金属暴露可能让你感到疲劳和易生病。这是为什么呢？

重金属暴露的危害有：

· 抑制线粒体中参与能量生成的酶和分解体内组胺的二胺氧化酶的活性；

· 阻碍锌和硒发挥作用，这会降低人的能量水平和削弱人的免疫力，并引发甲状腺疾病（如甲状腺功能减退和甲状腺自身免疫病）；

· 损害肠黏膜（引发肠漏综合征）和破坏健康的肠道环境；

· 导致过量的活性氧生成，引发氧化应激；

· 引发慢性炎症。

◆ 汞

汞是有剧毒的金属，其毒性是毒性最强的塑料的 800 倍。它不仅能阻碍线粒体产生能量，还能阻止人体排毒。然而，几个世纪以来，它一直存在于我们的日常生活中。在过去长达半个多世纪里，汞甚至是婴儿牙粉的成分之一，数百万婴儿因此中毒。这是当时的一大丑闻！

即使在今天，汞仍然十分常见。170 多年来，它一直存在于最常见的牙齿填充物的原材料——汞合金中。汞合金易于加工，使用寿命长，而且医疗保险公司可以为这种填充物提供补贴。可以说，曾经几乎所有补牙的人用的都是这种填充物。然而，牙齿中的汞不会停留在原处，而会扩散到全身。汞合金填充物的量与人体血液和尿液中的汞浓度之间存在相关性。

当我们咀嚼、刷牙、磨牙、喝热水时，口腔中就会产生汞蒸气，它通过呼吸进入血液，作用于神经系统和肾脏，并堆积在大脑中。即使你体内现在没有了汞合金填充物，空气中也存在汞。空气中的汞随着雨水到达地球表面，进入土壤、河流和海洋。于是，汞进入了食物链（尤其大量积聚在鱼体内）。空气中的大部分汞来自工业排放物，如焚烧厂或燃煤发电厂排出的废气。汞还存在于节能灯、杀虫剂、文身使用的油墨、皮肤美白霜和一些药物中。

◆ 砷

砷是来自地壳的一种半金属，通过泥浆或磷肥进入环境。它可以通过地下水进入食物和饮用水。水田里的水稻的根会吸收砷，因此大米和用大米做的食品（如大米华夫饼）的砷含量相较于其他食物可能更高。

实用小建议：不用担心，你无须停止食用米饭。不过，从现在开始，请牢记以下 3 点。

（1）选择有机大米；

（2）烹饪前彻底清洗大米，煮饭时使用大量水而非只放一点儿水，这样做能在很大程度上减少大米中的砷；

（3）少吃米饭和用大米制作的食品。

◆ 铅

这种金属存在于空气和土壤中，我们对它并不陌生。长期以来，铅存在于涂料和汽油中。有些老旧水管内表面涂有含铅涂料，这使得从中流出的自来水被铅污染。当然，经水厂处理的饮用水一定是符合水质标准的，我们不必太过担心，但饮用水从水厂流出后，可能因为流经老旧管道而接触铅。含铅的物品还有化妆品（尤其是口红）。此外，香烟的烟雾中也含有铅。许多科学研究都已经证明，无论多少剂量的铅都对人体有害。

实用小建议：尽可能选择不含化学添加剂和重金属的化妆品和护肤品，你可以了解一下天然化妆品。

◆ 铝

铝是轻金属，大量存在于地壳中。虽然铝本身毒性极弱，但它可以使汞合金填充物中的汞更容易被释放出来，并进入人体，这大大增加了汞中毒的风险。铝存在于铝质餐盘、铝箔、氯化饮用水、某些食盐（作为抗结剂）、烘焙粉、除臭剂（用于防止气味扩散）和一些药物（如酸阻滞剂）中。

注意，泡腾片、可乐、柠檬水，以及柠檬酸、磷酸等人工酸会促进肠道和大脑对铝的吸收，而这增大了人们患阿尔茨海默病的风险。

◆ 塑料

我们处处都能遇到塑料。当我们喝用塑料瓶盛装的饮用水，用塑料勺（主要成分是三聚氰胺）吃饭，使用一次性塑料杯，拿着有涂层的收据、停车罚单或用热敏纸打印的银行对账单时，塑料成分就可能进入我们体内。塑料会使我们感到疲劳，因为它会损坏线粒体，导致我们能量不足。

一些进行独立研究的科学家长期以来一直呼吁停止在塑料中添加双酚A。遗憾的是，距离这个目标我们还有很长的路要走。不过，令人欣慰的是，在2008年，加拿大禁止在婴儿奶瓶的制作过程中使用双酚A；在欧洲，法国最先在2005年禁止将双酚A用于食品包装材料的生产；比利时、丹麦和瑞典等欧盟国家还将禁令扩大到所有婴幼儿餐具。这是一个好的开始。有些塑料制品生产商声称自己的产品不含双酚A，但其中含有的其他塑料成分也有类似激素的作用，会打破身体内激素的平衡。它们的危害与双酚A的一样大，我们应该尽可能地避免使用塑料制品。

◆ 霉菌和霉菌毒素

一个经常被忽视的毒素来源是霉菌。霉菌中的霉菌毒素会夺走我们的能量，因为它们会促进自由基的产生，而自由基会损害生产能量的线粒体。霉菌毒素不仅会导致疲劳，还会引起其他问题，如过敏、流鼻涕、流泪、瘙痒、哮喘、嗅觉及味觉异常、头痛、记忆力下降、高血压、易感染、关节疼痛等。有时，霉菌毒素只会使胃肠道出现一些非特异性症状，其症状与食物不耐受的类似。许多人吃了某种食物后出现症状并非因为他们对这种食物不耐受，而是因为食物被霉菌污染了。鲜有人知的是，面包、柑橘类水果、核果类水果、浆果、坚果（如杏仁、开心果）、香料、乳制品、植物油和人造黄油中都含有霉菌毒素。

人们对看不到的事物总是缺乏了解。霉菌往往潜伏在墙后、缝隙中或地板下。在德国的学校和办公楼里，霉菌污染的情况被严重低估了，霉菌往往没有被完全消除，而这会对健康造成巨大的威胁。在德国，至少1/4的人受到霉菌的影响。当患者向我描述他们那些少见的并且没有指向性的症状时，或者当患者已经努力调整了饮食结构并实行了微量营养素疗法，但疲劳等症状仍不见减轻时，又或者当患者在描述中提到老旧潮湿的房子时，我都会怀疑他们的问题是霉菌毒素在作祟。然后，我就会安排一些有针对性的检测，如抗体检测。确诊后，建议请专业人士来清除住宅里的霉菌。

实用小建议：如果在外出度假时，你感觉身体状况好多了，但只要一回家，你就又出现了疲劳等症状，那么你周围很可能存在未被发现的霉菌。（当然，其他因素也可能使你有同样的感觉。）你如果怀疑是霉菌夺走了自己的能量和健康，那么请你一定要采纳本书的建议并付诸行动，这样就能将自己的身体"武装"起来，更好地应对来自环境中的毒素了。如果你对此有疑问，建议做一些有针对性的检测。

◆ 氟

氟化物是食盐的成分，在自然界中随处可见。几十年来，美国和其他一些工业国家的饮用水中都添加了氟化物，因为人们希望更好地保护牙齿，避免龋齿。出于同样的原因，氟化物存在于牙膏、漱口水或氟化物片剂中。使用适量的氟化物（如用于日常的牙齿保护）一般没有急性中毒的风险。诚然，不少牙医认为，龋齿并非氟化物缺乏所致，而是高碳水饮食造成营养不均衡和喝过量含糖苏打水所致。近年来，龋齿越来越少了。我们首先应该感谢用母乳喂养的母亲和注重健康的父亲，他们为孩子选择了营养丰富的食物和无糖饮料，而非含糖的婴儿粥和婴儿茶，并在孩子长出第一颗牙齿的时候就帮助他们清洁牙齿。1～7岁的孩子从牙膏、含氟的食盐、氟化物片剂中摄入过量的氟化物是很危险的，这会导致严重的后果。在德国，大约15%的儿童和青少年患有慢性氟中毒，这抑制了他们的牙釉质发育，使他们的骨骼变得脆弱而多孔。然而，儿童和青少年的氟中毒程度通常较轻，严重的氟中毒往往不会由局部氟化物暴露引起。尽管如此，有关氟化物的批评声音仍然有许多，原因有以下5点。

· 氟化物会阻碍线粒体生产能量。

· 氟化物会取代体内的碘（以及溴、氯），而甲状腺离不开碘。人们猜测，氟化物的过度暴露会引发甲状腺功能减退和甲状腺自身免疫病。

· 氟化物会抑制褪黑素的合成，而褪黑素是保证睡眠安稳最重要的激素。

· 氟化物可以将汞从汞合金填充物中释放出来，促进器官对其他有毒金属（如铝）的吸收。

· 氟化物会引发胰岛素抵抗和2型糖尿病（疲劳常常是身体发出的警报）。

实用小建议：请注意自己日常生活中的氟化物来源，尽可能减少氟化物暴露，从而减少身体的毒素负荷。生活中的氟化物来源包括含氟的食盐和药物，含氟化物的牙膏、漱口水和餐具，以及某些类型的茶（绿茶的含氟量明显少于红茶）。

口腔中引起疲劳的因素

病从口入。如果你总感觉非常疲劳，那可能与你的口腔健康（如牙齿、牙龈、唾液和口腔细菌的状况）受到威胁有关。牙齿与心脏、肺、肝脏和肠道一样，是敏感的器官，有自己的血液供应系统和神经网络。从解剖学来看，口腔距离大脑很近，这就是为什么口腔中的毒素更容易转移到大脑。

遗憾的是，人类的牙齿并不像鲨鱼的那样很容易重新长出来。因此，我们更应该从小就好好保养它们。你是不是认为好好刷牙、勤用牙线和牙缝刷、少吃糖、有良好的基因就够了？实际上并不是这样的。除了汞合金填充物外，口腔中还存在其他隐患，如龋齿和牙周炎。尽管一些人没有典型的牙痛症状，但他们口腔中的隐患仍可能使曾接受过根管治疗的牙齿或颌骨中的慢性炎症病灶发炎，这种情况并不少见。如果口腔中的隐患未被发现，它就可能随时发展成棘手的问题。大多数时候，在牙痛之前，炎症已经潜伏了很长一段时间。是时候去发现并且解决有毒的"遗留物"和病灶造成的问题了。

◆ 有毒的"遗留物"：口腔中的金属

身体中的异物会刺激免疫系统并且可能导致过敏。金属，特别是口腔中的金属会对健康造成严重影响，因为金属很容易通过咀嚼和唾液进入人体。人每日会吞咽大约2L唾液，牙齿填充物中的金属会溶解在唾液中，随后进入胃肠道。在最近的研究中，科学家甚至认为金属的牙齿填充物对肠道菌群和肠黏膜有不利影响。

作为牙齿填充物，黄金合金的毒性远没有汞合金的强，但根据动物实验结果，黄金合金填充物长时间存在于口腔中会影响线粒体产生能量，从而降低人的能量水平。不少有疲劳、（关节、肌肉和神经）疼痛、抑郁以及对多种化学物质不耐受问题的患者都会在深思熟虑后找牙医去除他们口腔中的所有金属填充物，以提高自己的能量水平、改善自己的身体状况。

多年来，钛种植体一直被认为具有良好的耐受性和持久性。然而，根据牙医的报告，当移除口腔中的钛种植体后，肉眼可以看到其周围的牙龈组织变成了灰色；而在显微镜下可以看到，灰色区域是吸收并储存了钛的免疫细胞。

植入口腔的金属填充物需要得到重视，因为填充物含有的金属很容易通过唾液进入人体。金属钛能作为牙科材料进入我们的身体，而二氧化钛（E171）则常存在于药物、营养素补充剂、口香糖、牙膏等日用品中。在工作中我了解到，在口腔中植入钛种植体或摄入大量二氧化钛（如经常嚼口香糖）会导致能量水平大幅下降。根据美国食品药品监督管理局的一份令人震惊的报告，从2019年起，人体中的金属，尤其是口腔中的金属填充物，日益成为致病因素。自那之后，各种金属牙科材料遭到人们的批判。

从整体医学的角度看，汞合金是有剧毒的危险品，使用汞合金填充物会导致人体汞负荷过多。我建议，无论是否有疲劳问题，你都要避免使用汞合金填充物，已经患病的人尤其应该避免。在移除汞合金填充物时，你要做好必要的保护措施，否则很可能出现严重的问题。

实用小建议：移除汞合金填充物应当由经验丰富的牙医进行，事先要做好必要的保护措施，措施具体包括使用橡胶隔离罩罩住患齿以防碎片和钻屑进入患者体内、低速钻孔以减少汞蒸气的产生，以及使用有黄金涂层的口鼻防护装置以防吸入汞蒸气（医生和其他工作人员也需要佩戴有黄金涂层的口鼻防护装置）。

◆ 牙齿坏死

对长期感到疲劳的人来说，牙齿坏死往往是"万恶之源"。然而，在一般情况下，谁会把精力不足与一颗坏死的牙齿联系起来呢？

每颗牙齿都是由许多细小的管子（即牙本质小管）交织而成的，这些管子形成了一座"迷宫"。每平方毫米牙齿中有30 ~ 75000根牙本质小管，如果将它们连起来，长度可超过2 km。要想保持牙齿健康，就要确保这些牙本质小管始终洁净，这意味着牙齿中不能积聚任何毒素、细胞碎片或细菌。坏死的牙齿中存在腐烂的神经和血管，患者很难保证牙本质小管始终洁净，这就为细菌的滋生创造了条件。分叉交错的牙本质小管对细菌来说是舒适的生存环境，细菌会将有毒的硫化合物（如硫醇和硫醚）释放到血液中。即使对坏死的牙齿进行根管治疗，也只能清除主要的坏死组织、从表面上消毒，免疫系统迟早会被细菌激活，引发炎症反应。慢性炎症可能在数年内不断发展，这会阻碍线粒体生产能量。久而久之，人就感到疲劳、无精打采。如果你极度缺乏能量、有炎症反应和（或）免疫力下降，还进行过根管治疗，那么我建议你向牙科专家求助。

◆ 颌骨慢性炎症

颌骨发炎引发的问题与牙齿坏死引发的相似——有毒物质（如硫醇和硫醚）进入血液，引发炎症反应。根据我个人的经验以及环境医学专家和牙医的经验，颌骨发炎会引发身体其他部位的炎症反应，比如导致神经系统或关节疾病（如风湿病）。颌骨炎症可能悄无声息地发展，它不易被发现，除非医生有针对性地进行检查。

建议按照以下步骤找到口腔中引起疲劳的因素。

⊙检测硫醚和硫醇水平。

⊙通过做磁共振成像检测与趋化因子配体5（RANTES）水平检测确定自己
是否患有颌骨炎症。RANTES是颌骨炎症患者体内的一种炎症信号分子。
顺便提一句，许多炎性疾病（如多发性硬化症、类风湿关节炎）患者的
RANTES水平也偏高。磁共振成像检测结果对诊断口腔中引起疲劳的因素
至关重要。

⊙通过口腔科计算机断层扫描（DCT）显示牙根尖端周围的情况，通过数字体
积断层扫描（DVT）获取颌骨的3D图像。

即使对专家来说，从口腔中找到引起疲劳的因素也很不容易——这需要丰富的
诊断经验。如对诊断结果有疑问，患者可以向多位医生咨询。

令我一次次感到惊讶的是，许多有长期疲劳或慢性病（如风湿病或多发性
硬化症）的患者都深受口腔问题的折磨，他们在发现问题并且进行有针对性的、
谨慎的治疗后极大地改善了自己的健康状况。你如果有严重的疲劳问题和（或）
有炎性自身免疫病史，那么在治疗牙齿时，应选择"无污染和无金属"的牙科
材料。我建议在治疗时选择使用陶瓷材料（如氧化硅种植体）。我并不建议你
轻率地去做一次昂贵的口腔清理，你可以先找一位经验丰富的医生，让他对你
的口腔问题进行评估，并且做出可靠的判断。事实上，在生物齿科中，所有易
被人体吸收的材料都必须事先经过全面的、反复的测试，确保有害材料不会大
量进入人体内刺激免疫系统并引发炎症反应。

约一年前，克努特开始感到极度疲劳和精神萎靡，于是他来找我咨询，并向我抱怨自己出现了注意力难以集中和记忆力下降的问题。此外，他睡眠质量很差，还经常手脚冰凉。他一直坚不可摧的免疫系统似乎突然变弱了。在出现以上问题之前，克努特一直是一个乐观开朗、极具幽默感的人，几乎一年到头都不生病。他喜欢做一只"早起的鸟儿"，每天早早起床为自己的文章搜集资料。他热爱自己的工作，已经在这个岗位上坚守了近30年。他不断挑战自我，努力寻找新话题。然而，他对突然丧失了生活热情、宁愿在床上写作的自己感到失望。

克努特不吸烟，很少喝酒，曾经喜欢慢跑，但现在由于太累就放弃了。白天，他的饮食非常不规律，而且吃的大多是高碳水食物。他有时会自带用塑料饭盒盛装的食物去公司，并用微波炉加热食物后食用；有时中午就买香肠卷或速食食品吃。他还喜欢吃零食，尤其是巧克力、口香糖和咸味花生。克努特很少运动，他的腹部脂肪堆积，腰围越来越大。他的妻子因此打趣他："你的预产期是什么时候？"说到这里，他哈哈大笑，在他张开嘴时，我看到他的口腔中有许多汞合金填充物和黄金合金填充物。于是，我问他关于填充物的事情。他告诉我，在很久以前他就移除了2个汞合金填充物，但在移除时医生并没为他采取什么特别的保护措施和排毒措施。我请他仔细回忆出现症状的时间。有趣的是，他的症状几乎都是在移除汞合金填充物的2个月后才开始出现的。

检测结果显示，克努特的线粒体存在问题，他还严重缺乏微量营养素（如维生素D、维生素B_{12}、辅酶Q_{10}以及对解毒很重要的 α–硫辛酸）。免疫耐受测试（即有关免疫细胞对环境毒素反应的血液测试）也反映他的汞负荷较多。

在移除汞合金填充物时没有采取保护措施导致克努特的汞负荷过多，从而造成其体内自由基过多，进而妨碍线粒体生产能量。这也解释了他为什么会出现手脚冰凉等症状。

为了减少自由基和汞负荷，我建议克努特先进行数月的肠道康复治疗，然后实行高强度的排毒计划。此外，我还让他服用多种营养素补充剂，如 B 族维生素、α-硫辛酸和辅酶 Q_{10} 补充剂。通过进行"能量饮食"和服用营养素补充剂，几周后，他感觉自己的精力恢复了。在 8 周内，他异常的血液指标水平恢复正常。4 个月后，克努特不仅没有了任何症状，还减重 15 kg——他重新开始运动。在接下来的 2 年里，克努特尽可能少接触毒素，比如不再使用塑料饭盒盛放食物，也不再食用经过微波炉加热的盛放在塑料饭盒内的食物。在专业牙医的适当保护下，他一个一个地移除了口腔中的所有金属填充物。在综合疗法的帮助下，时至 3 年后的今日，他依然感觉自己充满了力量。

在阅读这部分内容时，你可能感到忧虑，其实你大可以放轻松，因为本书中的建议可以增强你的排毒能力、缓解你的炎症、强化你的免疫系统，总之让你受益颇多。长远来看，在日常生活中做出明智的决定并尽可能少接触毒素，有利于保持或提升你的能量水平，以及改善你的健康状况。

感染——隐秘的寄生者

最重要的是不要停止发问。

精力不足可能是人体内发生感染的表现。慢性感染会刺激免疫系统。肠道菌群紊乱、长期处于精神压力过大的情况下、久坐、缺乏营养素以及毒素负荷过多都会导致免疫力变弱，从而使你容易受到感染。细菌、病毒和寄生虫是"能量小偷"。被蜱虫或蚊虫叮咬可能使人体感染数十种病原体（如疏螺旋体属细菌、无形体属细菌）。感染是使人疲劳的一大因素，而我们常常忽略这一点。

我们从寄生虫说起。主人会定期为宠物驱虫。宠物身上有寄生虫似乎是理所当然的事情，那我们人类呢？在大城市中，人们似乎已经忘记了寄生虫是人精力不足和患病的导火索。在出现疲劳等症状时，几乎没有人能联想到其诱因是寄生虫。现在，慢性感染绝不罕见，发生慢性感染的人也许远比我们想象的要多。

我们如果仔细查看相关数据就会发现，寄生虫感染者数量多且感染率高。根据世界卫生组织的报告，在世界范围内，有数十亿人受到慢性寄生虫感染的影响。以下为常见的寄生虫。

- 弓形虫：通过猫传播。世界范围内的感染率高达50%（德国的感染率与之相同），感染者大部分无症状。
- 蛔虫：感染者数超过12亿。
- 蛲虫：感染者数约12亿。
- 类圆线虫：感染者数约1亿。
- 绦虫：感染者数约8000万。
- 线虫（如旋毛虫）：感染者数约4000万。

寄生虫感染不仅多出现在热带或亚热带地区，也多出现在卫生条件差和饮用水受污染的地区。感染者会出现疲劳、胃肠道不适、免疫力下降、偏头痛或过敏等症状，但他们自己并不知道这些问题出现的原因。那么，这一切是怎么发生的呢？

其一，现代医学很少认为感染是导致健康状况不佳的原因。寄生虫感染在目前的医学教育中几乎不是什么重要内容。一个人如果无法掌握"症状的整体性"，通常难以发现寄生虫感染引发的疾病。

其二，针对寄生虫感染开具检测单需要医生在一定程度上了解病原体，敏锐地发觉症状指向什么病原体并且详尽了解患者的病史。光是详尽了解病史就很困难了，因为医生并不一定有足够的时间事无巨细地查问患者病史并对患者进行有针对性的检测。

其三，一些检测项目目前还不够成熟。未来，科学家还需要深入研究，以找到能更准确反映寄生虫感染情况的指标，从而使诊断更容易。

病原体无处不在。没有人能把自己与病原体完全隔离开来，我们也没必要那么做。我们必须学会与病原体共存，维护免疫系统，即保持肠道健康，并注意卫生，而不是歇斯底里地阴郁地度过一生。为什么有些人不得不与慢性感染苦苦斗争，而有些人却能幸免于难呢？易感染与遗传因素和免疫系统有密切关系，也就是说，是否易感染取决于你的身体对病原体的抵抗能力。精神压力越大，越经常吃富含添加糖、人工甜味剂和反式脂肪酸的食物（如比萨或快餐）的人，肠道菌群越紊乱，体质越差，免疫力也就越弱，越难以抵御入侵者（即病原体）的攻击。

掌握这些关于感染的知识至关重要。第二次世界大战后，为了对抗当时的"蛔虫流行病"，医生们做了许多工作。多亏了他们的经验，我们现在才对相关疾病的症状有了深入的了解。免疫系统较弱、食用受污染的食物或接触病原体后未洗手的人被感染的风险更大。

此外，医生如果接触的相关病例较少，缺乏临床经验，就无法做出准确的诊断，从而导致患者被误诊或治疗被耽误。这就是我在本书中特别介绍一些罕见而奇怪的"能量小偷"的原因，我希望人们能对一些被忽视的疾病产生新的认识，并向人们介绍新的科学研究成果、临床发现和我个人的治疗经验。在大学附属医院工作时，我接诊了一个非常奇怪的患者，从而对寄生虫有了更深刻的认识。

📝 **患者案例**
英格·63岁·职员

英格来到我们医院时已经63岁了，她拥有一头浅色短发。当时，我作为大学附属医院的一名医师专门照顾她。她告诉我，她患有皮疹，眼睑肿胀，总是感到筋疲力尽，还有肌肉疼痛和抗压能力减弱的问题。她住过两次院，但未能找到问题的根源。胃肠道疾病、过敏和癌症都被排除了，甚至粪便蠕虫卵检测结果也呈阴性。"在我身上，你找不到任何病因。"她失落地对我说。然而，我的直觉告诉我：这背后一定有什么原因。

起初，我费了很大的力气也没有得出什么可靠的结果。我知道，留给我的时间不多了，因为英格不久后就要出院。虽然检测结果一切正常，但她仍然感到疲劳和不适。于是，我去图书馆查找文献。我找到了一篇论文，它证明，通过血液检测寻找病原体是有意义的，因为粪便检测结果往往具有一定的误导性。我虽然觉得这是大海捞针，但还是为英格采集了几管血样，将其送到微生物学实验室进行寄生虫和蠕虫的检测。主任医师对我寻找旋毛虫和一种叫"类圆线虫"的寄生虫的做法进行了非常严厉的批评，他认为我沿着这个方向寻找线索是多余的，而且成本太高。我在度过了非常沮丧的几天后，突然接到了微生物学实验室负责人的电话。接起电话的那一刻，我以为自己可能又要因为诊断不当而接受新一轮的严厉批评，但是电话那头传来了实验室负责人激动的声音："这绝对能轰动医学界！"血液检测结果证明，英格感染了旋毛虫。这种寄生虫通常通过受到感染的肉类食物，尤其是未煮熟的肉类食物传播。

旋毛虫随着受到感染的肉类食物进入人体，并在小肠中发育成幼虫，然后通过肠道进入血液，到达全身各个部位。它们会在肌肉组织中"安家落户"，这也解释了患者为何会肌肉疼痛。在找到病因后，英格松了一口气，但她听说自己感染了寄生虫又有些不安。第二天，我询问了她的生活习惯、旅行经历等，这一切对我来说都很有趣。我的努力得到了回报：英格曾吃过一些自己宰杀的猪肉，这些肉没有经过质检。这就是我们寻找了很久的神秘病因！我立即为她"杀虫"，仅仅用了14天，英格的疲劳和其他所有症状就都消失了。

不可否认，上面提到的病例是非常奇特且罕见的。不过，我写这部分内容的目的正是引起人们对寄生虫的重视，并且让人们意识到个性化治疗和寻找病因的重要性。

自从遇到这个病例，再碰到有疲劳、不明原因的胃肠道不适、荨麻疹、哮喘和过敏等问题的患者，我都会进行严格的检查，以找到隐藏的病因。我相信只要有针对性地去寻找答案，就一定能有所发现。之后，我越来越多地"命中靶心"。我还鼓励我的学生们锻炼自己的眼力，了解更多关于寄生虫的病例。诚然，对大部分人来说，找到寄生虫并不是什么令人开心的体验，我从来不认为有人喜欢看到绦虫。

不过，请不要过于担忧，因为通常情况下，大多数寄生虫都存在于人之外的动物的体内。对某些寄生虫来说，人体并不是适合它们生存和繁殖的场所，只是它们歇脚的地方，即人只是寄生虫的中间宿主。大部分寄生虫生活在温暖的地方，如热带和亚热带地区，但由于人类社会的全球化和国际食品贸易的发展（有些国家对肉类的检测没那么严格），即使是生活在现代工业国家的人也应该在自己出现原因不明的疲劳和其他相关症状时提高警惕，考虑感染寄生虫的可能性。

如果你想知道自己是否感染了蠕虫等寄生虫，以下检测的结果较为可靠和准确。

⊙ **全血细胞计数**：如检测到白细胞和嗜酸性粒细胞增多（嗜酸性粒细胞增多症），就表明体内存在免疫反应。嗜酸性粒细胞增多的最常见的原因是过敏、寄生虫及真菌感染，以及体内存在异物；还有一种可能的原因是患有肥大细胞瘤等肿瘤性疾病，但这种可能性较小。

⊙ **粪便蠕虫卵检测**：如果检测结果呈阳性，则你的体内存在寄生虫感染；如果检测结果呈阴性，但你依然怀疑自己感染了寄生虫，那么你可以进行血液检测（血清检测）。血液检测可以提供更准确的结果。

如果确诊感染了寄生虫，可以进行药物治疗。然而，药物治疗通常有严重的副作用。生物治疗几乎没有副作用，并被证明效果显著，生物治疗应该与建立强大的免疫系统和进行有针对性的排毒相结合。你可以在本书的实践部分找到具体的建议。

重要提示：血液中嗜酸性粒细胞的增幅取决于寄生虫的类型，并不能说明感染的严重程度。

弓形虫病——潜在的流行性疾病

弓形虫病是由微小的寄生虫弓形虫引发的。弓形虫病是世界上最常见的传染病之一，发病率高达 40% ~ 50%，它本应得到人们的重视，但实际情况并非如此。疲劳、肌肉及关节疼痛、晨僵、盗汗、情绪低落、视力下降、头晕和睡眠质量差——每天都有相当多的人因为这些症状去看医生，但很少有医生联想到弓形虫病。原因很可能是：弓形虫很喜欢玩"捉迷藏"，它们是出色的"伪装者"，医生无法通过普通的检测准确捕获它们的身影。因此，实际的弓形虫病患者数要比确诊人数多得多。根据我的经验，经常出现上述症状的人更可能认为自己患有风湿病而非感染了寄生虫或病毒。很少有人怀疑自己患有弓形虫病，因此患者常陷入自我怀疑，以为所有症状都是自己的心理作用所致。如果人们重视弓形虫病，并且完善相关诊断方法，那么全世界将有许多深受疲劳和病痛折磨的人因此受益！

人类感染弓形虫的主要途径是饮食。在德国，引发弓形虫病的主要原因是食用生肉或未充分烹饪的肉类食物、含有寄生虫的水果及蔬菜，饮用含有寄生虫的饮用水，或在进行园艺工作时接触了含有寄生虫的土壤。弓形虫生活节奏复杂，还会变换宿主。它的主要宿主是猫。通常，猫只有在第一次感染弓形虫时会腹泻，其粪便中有大量病原体，即弓形虫的卵囊。初次感染后，猫就终身对弓形虫免疫了。弓形虫的卵囊的生存能力很强，在沙坑中、田野中、草地上、森林中和花园中，它们都可以连续多年保持活性。因此，弓形虫可以通过土壤或食物感染中间宿主，如农场动物、啮齿动物或人。卵囊寄生于中间宿主后不久，就会发育成速殖子。顾名思义，速殖就是繁殖速度非常快。

健康的人感染弓形虫后通常不会出现任何症状，只有少部分人会出现疲劳、肌肉及关节疼痛、头痛、颈部淋巴结肿大和低热等症状。如果患者发生急性感染，病原体就可能进入器官，或通过胎盘感染未出生的孩子。此外，弓形虫还可能进入患者的眼睛，引发眼弓形虫病。

只要发现速殖子，免疫系统就会释放能够消除速殖子的特异性抗体。在勤奋的免疫系统的持续对抗下，部分寄生虫可能转化为缓殖子，它们会在肌肉组织和神经系统中繁殖，然后缩在那里，就像蚕藏在茧中一样，进行完美的伪装。就这样，缓殖子在人体内"沉睡"了。这是非常令人担忧的情况，因为它们仍会伺机恢复活性。它们会在数年间不断繁殖并寻找新的更合适的宿主。越来越多的缓殖子一次又一次地刺激免疫系统，免疫系统艰难抵抗。这种持续发生的免疫反应会削弱人的体质，并引发慢性炎症。众所周知，慢性炎症和持续性免疫反应会使人疲劳。

目前，我们面临以下问题：医生主要根据生化检测（检测针对速殖子形成的抗体）结果进行诊断，而非依赖于患者的症状。此外，生化检测无法明确识别由缓殖子引起的病变，因为缓殖子可以将自身隐藏起来，进入休眠状态。

也许弓形虫一直寄生于体内，但患者没有出现任何症状，这种时候患者无须治疗。患者只要出现相关症状，就应及时治疗。在未来，我们需要深入研究针对缓殖子的有效诊断和治疗方法，并寻找能够识别缓殖子的检测项目，以准确地指示病程。此外，我们应该宣传避开弓形虫的方法，降低感染弓形虫的风险（德国就是弓形虫感染的高风险国家）。对民众进行相关的教育很重要，年轻女性和免疫缺陷病患者尤其要注意降低感染弓形虫的风险。在日常生活中，充分烹饪肉类、勤洗手、充分清洗水果及蔬菜等都有助于你降低感染的风险。

我们无法完全避开寄生虫，因为我们每天都需要进行饮食。因此，我们没有必要因为接触宠物而陷入对感染寄生虫的恐惧当中。会否患病取决于你的免疫系统是否有足够强的防御能力。本书中的知识和建议均经过实践检验，它们可以帮助你寻找影响肠道健康和削弱免疫系统的因素，改善你的肠道环境，有助于排毒、细胞再生、恢复你的正常生活。我们的确不可避免地会接触寄生虫，但不要担心，本书的知识能帮助你更好地抵御寄生虫的伤害。

爱泼斯坦—巴尔病毒——被低估的"能量小偷"

水痘—带状疱疹病毒、爱泼斯坦—巴尔病毒（EBV）、冠状病毒、流感病毒等都会在我们的身体上留下痕迹。通常情况下，大部分病毒不会引发任何症状。它们会像睡美人一样在人体内"沉睡"，而免疫系统可以抵御病毒，保持人体健康。

然而，如果免疫系统受到各种因素的影响，一些"沉睡"的病毒就可能被激活，从而引发各种各样令人痛苦的症状，尤其是疲劳。会削弱免疫系统的因素有：营养不良（如摄入大量添加糖、人工甜味剂、腐坏的油脂和反式脂肪酸）、服用药物（如抗生素）、吸烟、接触毒素（如杀虫剂、除草剂、油漆、地板涂层中的化学成分）、接触重金属（如汞）、感染霉菌和情绪波动幅度特别大等。

事实上，能"唤醒"病毒的不仅包括各种消极因素，还包括婚礼、求婚仪式、周年庆等美好的经历产生的积极情绪。不过不要担心，只要增强免疫力并缓解压力，"沉睡"的病毒就不会变得活跃。

病毒"复活"引发感染并不奇怪。临床上发现的相关案例很少，不是因为很少有人感染病毒，而是因为误诊现象太多。EBV复发经常被误诊为倦怠综合征、抑郁症或疑病症等。不幸的是，许多患者经历了漫长的求医过程，尝试了几乎所有的方法，仍然找不到解决问题的办法，从而越来越感到无助与绝望。

几乎所有30岁以下的人都会感染EBV。这就意味着，我们中的许多人体内都携带EBV。EBV感染率非常高，它是最常见的"能量小偷"之一。然而在大多数情况下，人们无法将感染EBV与精力不足联系在一起，这是因为根据一种已经过时的说法，EBV只有处于活跃期并且能被检测到时，才会引发症状。实际上，慢性EBV感染是造成疲劳的一大原因，只是我们常常将其他"能量小偷"

（如工作和生活的压力）与 EBV 混淆而已。是时候更深入地了解这种病毒了。

　　EBV 是疱疹病毒家族中的一员，是世界上第一个被确定为有致癌性的病毒（即肿瘤病毒）。由肿瘤病毒引发的癌症占所有癌症的 10% ~ 15%。EBV 还与自身免疫病（如多发性硬化症）有关。这种"善于钻营的病毒"一旦进入人体，就会严重影响人体健康。我们还需要更深入的研究来揭开它的秘密。

　　EBV 的感染途径很简单——通过飞沫传播，如触摸被携带 EBV 的飞沫污染了的玩具及餐具、与 EBV 携带者接吻，都会被感染（因此 EBV 感染又称"接吻病"）。EBV 与口腔、鼻子和咽部的黏膜细胞接触后，就会附着在有 EBV 受体的 B 淋巴细胞上。感染 EBV 的 B 淋巴细胞会被健康的免疫系统迅速破坏。EBV 感染可能发生在任何年龄，最常被感染的是儿童和青少年。大多数人在被 EBV 感染后不会出现任何症状，也不知道自己是怎样被感染的。年龄稍大的人在感染初期会感到轻微的疲劳，经过 4 ~ 7 周的潜伏期后，一半以上的患者会出现 EBV 感染的典型临床表现，即"菲佛腺热"或"传染性单核细胞增多症"——体温升高或发热、喉咙痛、淋巴结肿大，还可能出现皮疹、肝脏及脾脏肿大等症状。

✚ 小贴士

急性 EBV 感染的检测指标有：

⊙ 淋巴细胞比例；

⊙ 血液涂片在显微镜下可显示出的特征细胞（即菲佛细胞）数；

⊙ 肝脏相关检测数值；

⊙ EBV IgM 抗体水平（水平升高代表患者近期曾被感染）。

重要提示：急性 EBV 感染的患者使用氨苄西林和阿莫西林会引发药疹，因此不可用这两种抗生素治疗。

EVB 感染最常见的主要并发症有两种。

· 疲劳与力竭。急性 EBV 感染的症状通常会在 8 ～ 12 周后消退，但很多人会出现疲劳的问题。10% 的患者持续感到疲劳超过 6 个月。在此阶段，患者应避免过度劳累，否则存在脾脏破裂的风险，因为在急性 EBV 感染期脾脏通常会肿大。增强免疫系统功能可以缩短急性感染的持续时间和降低感染的严重程度。

· EBV 的再激活。如果 EBV 在体内潜伏多年，急性感染会逐渐转变成慢性感染。此时，患者可能出现并发症，如长期的疲劳和自身免疫病（如类风湿关节炎、多发性硬化症）。

◆ 再次被激活的EBV

由于人体的免疫系统有极其精妙的防御手段，病毒一般不会对我们造成伤害。可某些潜伏在人体内的病毒存在再次被激活的可能，EBV 就是一个典型的例子。许多人都知道，如果 1 型单纯疱疹病毒（HSV）再次被激活，"复活"后的它会使人嘴唇上起难看的水疱。有些病毒再次被激活时引起的症状与初次被激活时引起的不同。例如，患者如果第一次感染疱疹病毒，可能长水痘；而如果体内的疱疹病毒被再次激活，就可能长带状疱疹。

作为疱疹病毒家族的成员，EBV 也有巧妙的"复活"机制，慢性感染的症状与急性感染的症状不同。由于慢性感染的症状因人而异，因此患者通常很难被诊断出受到被再次激活的 EBV 的感染。在慢性感染的过程中，"好的阶段"和"坏的阶段"交替。在坏的阶段，所有患者都饱受疲劳的困扰，有些患者还经常出现非特异性症状（如体温升高、淋巴结肿胀、消化不良、睡眠质量差、关节疼痛、体重减轻、耳鸣和头痛）。通常，患者会反复感染。在临床中，这类患者被称为"问题患者"，他们很少有精力充沛的时候。正因为 EBV 会造成如此严重的后果，我们应该专门研究病因和如何防止 EBV 被再次激活。

EBV 被再次激活后引发的症状多种多样。因此，建议对以下 4 种抗体进行检测，以更准确地判断病毒的活性。

⊙ EBV-VCA-IgG 抗体（VCA 意为 EBV 衣壳抗原）；

⊙ EBV-VCA-IgM 抗体；

⊙ EBV-EA-IgG 抗体（EA 意为早期抗原）；

⊙ EBV-EBNA-IgG 抗体（NA 意为核抗原）。

重要提示：如果 EBV-VCA-IgG 抗体和 EBV-EBNA-IgG 抗体检测结果呈阳性，则表明患者曾经感染 EBV。如果与此同时 EBV-EA-IgG 抗体检测结果呈阳性，则表明 EBV 被再次激活，因为早期抗原可以提供判断患者是否患有慢性 EBV 感染的决定性信息。EBV-VCA-IgM 抗体检测结果可以反映患者近期是否感染、曾经是否感染，或患者体内的病毒是否被再次激活。

抗体的滴定度越高，病毒载量就越高。EBV-EBNA-IgG 抗体值还能反映病毒在 B 细胞中的活跃度。EBV-EBNA-IgG 抗体水平越高，体内病毒的活性就越强。EBV-EBNA-IgG 抗体水平高代表病毒已经潜伏了很长时间，且已经引起较为严重的问题，患者需要进行肠道修复以增强免疫系统功能。

EBV 经常被人们忽视。EBV 非常狡猾，它的活动难以被预测。医学研究应该更多地关注病毒感染，并找到更准确的病毒检测指标。没有人确切地知道病毒何时会变得活跃，病毒被再次激活引发的症状也不容易辨认。因此，疲劳和抗压能力减弱的真正原因往往难以被发现，患者经常被误诊，得不到正确的治疗。幸运的是，你可以使用创新疗法来强化免疫系统，帮助自己重新获得活力，变得更健康。

斯特拉之所以来到我的诊所，是因为在过去两年里她变得越来越没有精力了。她曾经精力充沛，仿佛可以"倒拔垂杨柳"。可这两年，她的生活彻底改变了，这使她感到十分痛苦，担忧得脸上都长了皱纹，那些皱纹仿佛是老天用铅笔在她晒得黝黑的脸上画出来的一样。她向我提起，在几年前，她和男友在越南度假时感染了EBV。当时她发高热，喉咙痛，颈部淋巴结肿大。斯特拉向我倾诉，从那时起，她再也不能像感染EBV前那样健康且精力充沛了。在她来看病前不久，她敬爱的父亲突然因心脏病发作而去世，斯特拉工作的公司也破产了。虽然她的新工作不错，但她现在几乎毫无抗压能力。她每天早上都挣扎着出门上班，晚上睡不好，整个白天都感觉"在受折磨"。在精神压力过大的状态下，她感染了唇疱疹，最近还被轻微的哮喘折磨。

有关腹部器官的常规检测结果和超声检测结果都显示斯特拉一切正常，因此医生推测她的症状是心理原因引起的，故而为斯特拉开了小剂量的精神类药物。可直到现在，她都不敢服用这些药物。曾经，她经常久坐不动、很少吸烟及饮酒、喜欢烹饪。可现在，她没有精力去做自己喜欢的事了。这就导致她的饮食变成了面包、意大利面、冷冻食品。她几乎不吃肉，只吃少量水果、坚果。由于常规检测（有关血细胞计数、肝脏、肾脏等检测）没有得出具有指向性的结果，因此我向斯特拉解释说，我需要对她进行进一步的检测来找出她精力不足的原因。最终，检测结果显示，她有慢性EBV感染、长期携带大量单纯疱疹病毒、极度缺乏微量营养素（如硒、镁、叶酸、维生素D、维生素B_{12}和$\omega-3$脂肪酸）以及肠道菌群轻微紊乱和线粒体损伤的问题。我告诉她，这些问题足以使她感到极度疲劳。令我感到疑惑的是，以上因素无法与她的哮喘问题联系起来。我查看了斯特拉曾做过的过敏原测试结果，测试项目包括各种花粉，但没有霉菌。因此，我对斯特拉血液中的霉菌进行了检测，终于找到了她哮喘的根源。检测结果显示，她的血液中有曲霉和枝孢菌。

我为她制订的治疗方案如下：

（1）通过修复肠道增强免疫系统功能；

（2）补充各种微量营养素；

（3）进行"能量饮食"和减压；

（4）健康地生活，找出并清除"能量小偷"。

斯特拉对上述方案的实施堪称模范。仅仅通过改善饮食、补充微量营养素以及呼吸练习，她在2周内就明显感觉自己的精力较之前更充沛了。斯特拉还为自己买了一个闹钟以改善睡眠质量。在多年饱受失眠的困扰后，她终于能睡个好觉了，而这进一步提高了她的能量水平。

斯特拉从物业经理那里得知，在几年前，她的浴室和厨房之间的水管爆裂了。在朋友的帮助下，她在厨房的橱柜后面发现了黑色的霉菌。她采纳了我的建议，彻底清除了家里的霉菌，在14天内，她的哮喘就消失了。为了优化肠道环境，斯特拉坚持实施我制订的治疗方案长达12个月。在最后一次问诊时，她带着灿烂的笑容自豪地向我展示了她手机中储存的用餐照片和最近度假拍摄的照片。翻阅照片时，我感到非常欣慰和满足。

你对一个人精力不足的原因和现代疗法了解得越多，就越能抵抗这些不受欢迎的狡猾的病原体，也越能提高你的能量水平。

现在你可以松一口气了，你已经找到了解决疲劳问题的方向。在本书的第2部分，你将找到合适的解决方案，它们能够帮助你彻底改善健康状况，解决疲劳问题。

2

疲倦、免疫力下降
和易生病？
走出迷宫的方法

MÜDE,
IMMUNSCHWACH
ODER KRANK?
DER AUSWEG AUS
DEM LABYRINTH

找到问题是治疗的第一步。

在本书的第 1 部分，你像一名优秀的侦探一样，收集了宝贵的信息，找到了一块块看似毫无联系的拼图。你已经了解了疲劳、免疫系统虚弱或过度活跃以及患有慢性病的原因。当你终于从重重迷雾中找到令自己痛苦的精力不足的原因时，你可以采取应对方法，走出这个你曾认为无法逃离的迷宫。

是时候采取本书中的治疗策略了。下面我就向你介绍一些策略，它们可以帮助你摆脱疲劳、恢复健康。这些策略涵盖饮食、睡眠质量、消化能力、营养吸收、环境毒素、精神压力等方面——所有这些来自内部或外部的因素都会影响你的健康和能量水平。

我们是健康的、充满活力的，还是虚弱的、筋疲力尽的，取决于我们的生活节奏是否与自然的节律相协调。自然有自己的节律：白天与黑夜、夏天与冬天、生与死。人类是自然的一部分，需要遵循自然法则和节律。如果我们在日常生活中关注节律，并使我们的生活节奏与之相协调，我们就可以在感到筋疲力尽或生病时，使陷入紊乱状态的器官重新按部就班地工作。

正确的生物节律有助于保持健康和产生能量

是什么让我们保持健康、充满生机活力？当我们按照自然的节律生活，即按时吃饭、喝水、运动和睡觉时，身体就可以保持最佳状态。时间生物学已经深刻地证明了这一点。这门相对"年轻"的学科旨在探索影响生物的节律与时间机制。关于时间生物学的研究结果表明：地球上的所有生物都服从一个既定的节律，即使是最微小的单细胞生物也有摄入营养和代谢的"正确时间点"。这个既定的节律被称为生物节律（也被称为"昼夜节律"），它对我们的能量水平的影响非常大。

生物节律控制着我们身体内部的"时钟"。这个"时钟"会受外部因素（如光照、运动和温度）的影响，它会悄悄改变你的能量水平，决定你体内所有生理反应的节律，使你的行为有一定的周期性，如你什么时候入睡和什么时候苏醒。一切生理反应都要遵循生物节律，特别是激素（如皮质醇）、血糖和矿物质水平的变化。此外，关于时间生物学的研究数据还表明，在一天中，我们的每个器官对药物成分和营养素的敏感性都在有规律地变化。我们了解了这些变化规律后，就可以选择正确的时间吃药或服用营养素补充剂，这可以提高药物成分和营养素在体内的利用率，甚至有助于节省金钱。

那么，我们体内神秘的"时钟"在哪里呢？说到这一点，大多数人只是笼统地谈论一个整体的内部"时钟"。事实上，在人体内，每一秒都有数十亿个内部"时钟"在嘀嗒作响，因为人体内的每个细胞都有自己的"时钟"。无数"时钟"要相互协调，才能使身体拥有最佳的生物节律。所有"时钟"的"指挥处"位于脑核，这个豌豆大小的区域由大约 20000 个脑神经元组成，被称为"视交叉上核"（SCN）。SCN 的位置具有战略意义，因为它的正上方是视觉神经的交会处，这使它能够最早接收到光信号。光信号能以极快的速度通过视神经，传入大脑的后部区域。然后，SCN 根据光信号不断调整身体的生物节律。作为指挥官，SCN 能如此灵巧地指挥这场复杂的生物节律"交响乐"，实在令人惊讶。

受到光信号刺激后，SCN 通过视神经向松果体发送特定命令，减少褪黑素的合成和分泌。褪黑素的分泌量决定了人体日常活动的节律，随着白天黑夜的交替，这种极其微妙的、经过精细调整的生物节律决定了你何时入睡、何时清醒以及你在睡觉时的体温。它甚至决定了你什么时候需要进食、喝水，某一刻你的感觉和心情，你的新陈代谢速度和你的激素水平。世界运动纪录等极限成绩的取得与生物节律息息相关，这一点绝对不是巧合。

▎器官的"生理时钟"

人体内的所有器官都在巧妙地按照自然决定的节律完成各自独特的工作。具有数千年历史的中医一直以来关注人体能量的流动和器官的"生理时钟"。虽然古老的中医观念时常被人们质疑，但依照我的经验来看，这些医学理论是非常有价值的。在中医学说中，器官的"生理时钟"可以显示我们的器官在哪个时间段处于活跃状态，即什么时候器官会更加"勤奋"地工作。中医学说的气血运行的通道，也就是经络，它们就像一条条贯穿全身的管道。能量，即气，通过这些管道流经人体。人体中有12条经络，每条经络连接着一个器官或系统。在一天中，每2小时就有一条经络处于最活跃的状态，与这条经络相连的器官或系统会被供应最多的能量（气）。针灸可以干预身体的能量流动，它是疏通堵塞经络、保持经络通畅的有效方法。

控制器官"生理时钟"的是松果体。众所周知，它会合成和分泌褪黑素。器官的"生理时钟"在嘀嗒作响，7:00 ～ 9:00 是胃的活跃时间，9:00 ～ 11:00 是脾的活跃时间，11:00 ～ 13:00 是心脏的活跃时间……在相应的时间段内，流入相连器官的气最多。

在中医学说中，器官的"生理时钟"可用于诊断疾病。如果你总在相同的时间感到身体不适，这就是一个警报，暗示相应的器官或系统可能出现了问题。例如，如果你经常在1:00 ~ 3:00突然醒来，这就是肝脏发出的警报。因为按照"生理时钟"，肝脏会在这个时间段活跃起来进行排毒。然而，有谁会想到失眠是肝脏在发出求救信号呢？这就是我在治疗那些容易在1:00 ~ 3:00醒来或有睡眠障碍的患者时，会采用肝脏治疗计划的原因。在工作中，我萌生了将中医学说中器官的"生理时钟"理论与时间生物学知识相结合的想法。这种创新的组合经常能够使我更容易做出正确的诊断并且进行成功的治疗。

你可以利用本书中的知识来帮助自己恢复精力。在本书的帮助下，你将了解生物节律，从而学会如何增强器官功能。你将了解自己在一天中何时工作效率最高、何时工作效率最低，以及状态为何会出现差异，你饮食和放松的最佳时间是什么时候。你还会知道自己慢跑或进行力量训练的理想时间是什么时候，以及自己在什么时候休息可以完全恢复活力。如果从现在开始你能够每天关注器官的"生理时钟"和自己的生物节律，那么随着时间的推移，你将从中受益并拥有更高的能量水平。时间生物学知识和器官的"生理时钟"理论相得益彰，它们是一对完美的搭档。在下页图中我将它们结合在一起。请你用心地研究这幅图，看看自己能否在某些方面作出改进。请相信，它能极大地帮助你解决疲劳问题、提高能量水平。现在就行动起来吧！

▎所有器官都有自己的工作时间

下面，你将了解各个器官的工作时间，通过深入了解人体的生理机制，你的健康状况可以得到明显的改善。如果你睡得特别晚或起得特别早，那么你的器官可能相应地较晚或提前工作。

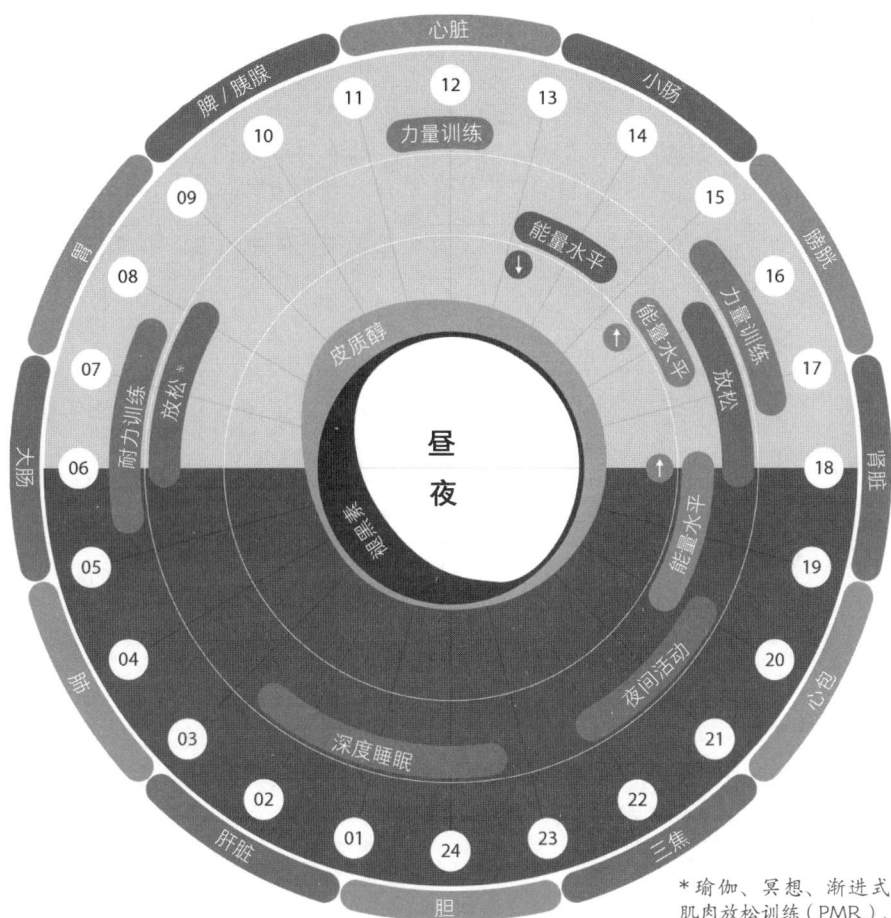

完美的生物节律和器官的"生理时钟"

◆ 5:00～11:00

　　从中医的角度来看，大肠在 5:00～7:00 处于最佳状态。它不仅负责排便，还可以吸收免疫系统所需的最后一点儿营养（如水和矿物质）。排便对身体和精神都很重要。通过排便，你可以将废物排出体外。排便应该是一件令人非常舒适的事情，但许多人至今都不能接受这样的看法。令人欣慰的是，越来越多的人开始重视排便。我的许多患者都通过进行富含膳食纤维的饮食以及多喝水，解决了恼人的便秘问题，能够规律地排便，并提高了能量水平。

让我们回到"生理时钟"这一话题。在 7:00 ~ 11:00，人体内的消化工作正如火如荼地进行，胃和脾进入最佳状态。在此期间，人体的交感神经系统也变得非常活跃，它使人体为自身活动和应对外界刺激做好准备，并刺激皮质醇和性激素等增强人体功能的激素的合成和分泌。阳光的刺激促进了血清素的合成和分泌，血清素不仅会使人情绪高涨，还会使血压水平、血糖水平和体温升高，使心率加快，使人体功能和免疫力增强。

一天中的第一个高效阶段出现在早晨，因此早晨是许多人学习、工作或训练的最佳时间。与此同时，使人疲倦的激素——褪黑素水平下降。在褪黑素水平降至最低之前，褪黑素还会使人陷入消极的情绪中。你或你的家人是否经常在早上感到心情不好？你是否在早上因为不知道穿哪双袜子而陷入纠结？不要感到失落，你并非唯一会在早上出现负面情绪的人。造成这个问题的因素很可能是褪黑素。

针对该时段的建议

安排好晨间活动。起床后，不要思考任何事情，无论是给上司的报告、孩子的生日、纳税申报表，还是刷牙、寻找袜子，先把一切交给你的消化系统，让自己的新的一天有一个完美的开始。起床后，小口喝 2 大杯温水（共 400 ~ 500 ml），但是要注意，在空腹状态下，喝水的速度要相对快一点儿。你如果一开始喝不了这么多水，可以先从喝 1 杯温水开始。

水可以唤醒你的胃，它通过胃—结肠反射对大肠喊道："伙计，胃要开始工作了，快腾出空间！"起床后喝水的另一个好处是：因为人会呼出大量水汽，所以一夜之间人体会失去约 500 ml 水。你如果不补充水分，就无法以最佳状态开始新的一天，并且可能感到疲劳。因此，我们就从现在起养成每天早上起床先喝水的习惯吧！

你如果不喜欢空腹喝白开水，可以尝试喝点儿柠檬汁或酸橙汁来唤醒消化系统（组胺不耐受者不要这么做），或者喝用柠檬、香草或薄荷叶调味的水，这也有利于激活消化系统和提升能量水平。

夜晚是人体进行自我修复并恢复能量水平的时间，此时人体需要能量来维持身体功能，以制造新的细胞（如红细胞）、合成激素等。这就是为什么人体的能量会在清晨耗尽，肝脏中储存的糖原几乎被消耗殆尽。夜晚，细胞自噬就会被激活，即人体开始对细胞碎片进行处理，同时多余的、容易引发炎症的脂肪会被分解。因此，空腹耐力训练（如起床喝水后不吃早餐，直接慢跑、进行北欧式健走或长距离快走）适合在清晨（5:30 ~ 7:30）进行，以促进细胞自噬。此外，在早上（5:45 ~ 8:30）进行放松（如短暂的冥想）也完全符合健康的生物节律。那么，饮食方面需要注意什么呢？

吃"早午餐"。在我的另一本书《弗莱克医生教你如何保持苗条与健康》（*Schlank*! *Undgesund mit der Doc Fleck Methode*）中，我详细介绍了饥饿的类型（如胃饥饿、眼饥饿、鼻饥饿和口饥饿）。你要知道，饥饿感不仅仅是提醒你需要进食的表现，它背后往往隐藏着更多信息，比如"心灵上的饥饿"，包括无聊、空虚、愤怒、失望、悲伤、忧虑、内疚等，这些感觉都会促使我们产生食欲。

从现在开始，你要遵循"现在我的胃真的空了！"的原则，养成只在真正饥饿的时候进食的习惯，不要因为感到无聊而去吃东西。在此，我想给必须早起的人们一条实用的建议：用喝水开启新的一天，准备健康的早餐，并经受住甜甜圈的诱惑。起初，这件事做起来有点儿难，但随着时间的推移，你的身体会因此获益。引发炎症的脂肪会因此消失，你的体重会减轻，你的能量水平也会不断提高。

等到真正饥饿时再享用早餐，时间越晚越好。如果早餐吃得比较晚，那么你可以把它当作吃得比较早的午餐，也就是"早午餐"。如果你的早午餐和晚餐的间隔时间足够长，你就相当于进行了一次间歇性断食，你体内的细胞自噬就会更强烈——细胞通过处理废物来清除身体中那些使人疲劳或生病的细胞碎片。早餐的英文单词是"breakfast"，我们可以将其分解成 break（破坏）和 fast（断食），这两个单词连起来有"打破断食"之意。为了激活细胞自噬，女性需要至少连续 12 小时（从晚餐后到第二天早餐之间）不进食，男性则至少需要连续 13 小时。通常来说，每天进行 13 ~ 16 小时的断食是比较可行且受到推荐的。

根据新近研究，含有亚精胺的营养素补充剂可以增强细胞自噬作用。亚精胺天然存在于我们的细胞中，对细胞自噬过程至关重要。人体内的亚精胺水平会随着年龄的增长而降低，营养不良也会使亚精胺水平降低。人体能产生的亚精胺量只能满足细胞在最佳自噬状态下所需的亚精胺量的 30% 左右。西蓝花、杧果、蘑菇和小麦胚芽等食物中含有亚精胺。

重要提示：在极度疲劳的状态下，盲目进行时间过长的断食可能达到完全相反的效果。其原因是，为了充分发挥身体各组织和器官的功能，肾上腺需要稳定的营养供给。在没有医生监督的情况下治疗性断食甚至会削弱肾上腺功能。这就是为什么我推荐吃早午餐。你如果长期感到疲劳，一定要试试吃早午餐。我十分推荐将富含蛋白质、ω-3 脂肪酸和膳食纤维的无谷物食物组合作为早午餐。

不要在清晨购物和做重要的决定。你要耐心一点儿，等 10:00 之后，褪黑素水平高和皮质醇水平低导致的昏昏欲睡和情绪低落等情况过去后，你会变得清醒，变得更勇敢、自信和有约束力。因此，事情越重要，就越不要在清晨做决定。

◆ 11:00 ~ 15:00

在这个时间段内，你的身体依然忙于消化。如果你已经在清晨享用了丰盛的早餐，但现在又产生了饥饿感，根据消化器官的"生理时钟"，我建议你午餐只吃少量食物。14:00 左右，核心体温和血糖水平会下降，这通常使人感到疲劳和情绪低落——"午后忧郁"出现了。一般来说，人在午后血压、注意力和工作效率下降，都是因为午餐后消化系统需要大量血液来运转。将高碳水食物作为午餐会加剧生理困倦。最好不要在午后处理会给身体和精神带来极大负荷的工作，如医生不适合在这个时间段做手术。你可以采纳以下建议，摆脱午后的困倦感。

针对该时段的建议

吃清淡的午餐。在真正感到饥饿时吃不容易提高血糖水平的食物，如含蛋白质的沙拉；少吃高碳水食物，如面包、意大利面、米饭、土豆、糖果。如果你在中午吃了很多高碳水食物，下午你的工作效率就会极其低下。

休息。如果条件允许，你应该睡午觉。午睡的理想时间是 14:00 ~ 15:00，时长在 15 ~ 30 分钟为宜。利用午休这段时间，即使只是在办公室里闭上眼睛、停止思考，或者出去透透气、做深呼吸，也能帮助你恢复能量水平。

运动。所有运动都非常适合在午后这段时间进行。运动能促进血液循环并缓解午后的困倦感。11:00 ~ 13:00 也特别适合进行有针对性的力量训练。

◆ 15:00 ~ 19:00

一天当中的第二个高效阶段出现在下午。你身体的新陈代谢在加快，体内的"引擎"在飞速运转；你的长期记忆力和精细运动能力处于最佳状态；你感觉精力充沛，午后的困倦感已经消失。吸取食物中的营养素并用它们来合成新的物质是人体此时最重要的任务。人体会调动储存的葡萄糖，以提高身体各组织和器官的工作效率。为努力工作的肾脏和膀胱供应充足的血液，有助于肝脏排毒并排出代谢终产物和污染物。你的肾脏会做出最终决定——什么物质可以留下，什么物质需要被排出。在中医理论中，膀胱经是人体内最长的经脉。这条重要的能量经络与所有器官、系统相连，甚至能影响情绪。因此，肾脏和膀胱对健康的作用不可小觑。

针对该时段的建议

多喝水。由于在这段时间内人体代谢的体液较多，所以喝足量的水是非常重要的，这能使你的身体以最佳状态排毒。身体缺乏水分会使人感到疲劳，因此我们应利用这一时段休息一下。例如，我们可以喝一杯茶，茶水有助于减轻肾脏的负担，其中的活性成分能够帮助肝脏和胆囊更好地完成消化工作。在拥有伟大茶文化的国家和地区（如英国、中国、日本、非洲西北部地区），喝茶被赋予丰富而美好的含义，比如主人会请客人喝一杯茶来表达热情、好感和欣赏。英国的青少年会在 16:00 ~ 17:00 喝下午茶，这样做非常符合生物节律。

活跃起来。15:00 ~ 18:00 是进行力量训练或需要脑力、创造力的工作的最佳时间段。无论你想要进行一场头脑风暴或参加一场面试，还是想通过骑自行车、打网球、举哑铃、打排球、划船、除草、冥想、做瑜伽或玩国际象棋等活动放松一下，15:00 ~ 18:00 都是最佳时间段！18:00 之后，你要逐渐切换到"下班模式"。傍晚是结束工作的理想时间，你的大脑需要休息。

◆ 19:00 ~ 23:00

在这个时间段你的身体会慢慢地从高性能模式切换到放松并重新积聚能量的模式。至此，你身体的组织和器官已经做了无数的工作。勤劳的肾脏已经净化了大量血液，小肠从食物中吸收了重要的营养素，净化后的血液充满了营养素。现在，你的循环系统要活跃起来了。

重要的营养素通过血液循环被送到位于身体各个部位的"饥饿"的细胞中。作为身体的最小单位，每个细胞都需要进行自我修复或再生。这项工作极其复杂，但在你的体内快速且井然有序地进行着：细胞碎片被处理掉，皮肤细胞和黏膜细胞得以更新，伤口开始高速愈合。此外，作为信号分子的生长激素大量合成和分泌，加快了体内的"安全检查"和自我修复过程。

身体的"高性能"模式大约在 21:00 结束。在 21:00 ~ 23:00，身体进入放松和休息模式。合成激素的腺体会稍作休息。天黑后，身体开始缓慢地合成并分泌褪黑素。它只负责让你感到疲倦、想休息，而非让你入睡。褪黑素被称为"黑暗激素"，这并不是因为它让人变得内心阴暗，而是因为松果体只有在夜幕降临后才将褪黑素注入血液。褪黑素随着血液循环来到你身体的各个部位，它就像一个有爱心的打更者，从一个器官移动到另一个器官，向你的身体发出信号："伙计，天黑了，是时候睡觉了！"释放到血液中的褪黑素的量取决于进入眼睛的光线的质和量。晚上你所处环境的光线越暗，光线越不偏蓝，你体内褪黑素的水平越高。

当许多器官进入休息状态时，三焦经开始活跃起来——三焦经的主要活动都发生在这段时间里。三焦经中的能量流动可以调节胸部、腹部的能量，并使所有经络的功能保持稳定。它就像一张看不见的安全网，在夜间确保人体的能量"收支平衡"，并为人体在接下来几小时内进行有效的细胞修复和再生创造最佳条件。

针对该时段的建议

呼吸新鲜空气。在这个时间段内，血液循环高度活跃，人体需要大量氧气。这就是为什么我建议你在傍晚时分外出散步。如果由于某种原因无法外出散步，你可以给房间彻底通风约10分钟，并在打开的窗户旁站几分钟、做深呼吸。

晚饭要早吃。由于胃从19:00开始进入被动活动状态，因此19:00后最好不要让胃进行繁重的消化工作。我建议，晚餐吃得清淡一点儿，并且最好在19:00之前吃晚餐。不过，胃的休息时间通常正好是人们下班回家或与家人、朋友共进晚餐的时间。别担心！不完美就是完美，晚餐的理想时间是睡前2～4小时，但根据对意大利、西班牙等南欧国家人民生活习惯的研究，晚点儿吃晚餐是没问题的，甚至可以吃个夜宵。精心挑选食物，享用地中海美食，保持积极乐观的生活态度，你可以精力充沛地活到100岁。尽管如此，你越早吃晚餐，你的生物节律就越容易进入正轨。

晚上少吃生食！生食（比如沙拉）很受人欢迎，它很适合作为晚间小吃，也被认为是健康的食物，但对人来说，生食相对难以消化。这是因为与反刍动物不同，人没有 4 个可以反刍和消化食物的胃。此外，人还缺乏纤维素酶。纤维素酶对分解水果和生蔬菜中的纤维素十分重要。

在傍晚前，你能够很好地消化生食——只要充分咀嚼即可。可到了晚上，你消化生食的能力就变差了。生食的残渣会留在肠道中并被肠道菌群分解、发酵。发酵产物就是众所周知的酒精，以及其他有毒的醇类，如丁醇、甲醇和丙醇。这些毒素必须在晚上依靠你体内不知疲倦的"排毒英雄"——肝脏来分解。肝脏在 1:00 ~ 3:00 会"加足马力"进行排毒，在这个时间段突然醒来的人并不少，原因就是他们的肝脏在进行繁重的工作，它必须消除对自己不利的毒素。

◆ 23:00 ~ 次日3:00

在 23:00 ~ 次日 3:00，胆汁是主角。胆汁由肝脏产生，可以分解脂肪。胆汁含有重要的消化酶，因此对消化过程十分重要，而良好的消化功能是身体充满能量的基础。除消化外，胆汁还积极参与肝脏的排毒工作。在 23:00 ~ 次日 1:00，胆处于高度活跃的状态。如果你晚餐吃得太晚，而且食物过于油腻，就可能引起胆的功能亢进。事实表明，胆绞痛在这个时间段内发生的频率比较高。

在 23:00 ～ 次日 1:00，压力激素——皮质醇的水平到达低谷，从而身体进入深度再生阶段。此外，皮质醇水平降低还会降低生命体征（如体温、血压和心率）。在生命体征降低的状态下，身体对寒冷很敏感，因此你在睡着后，很容易察觉到被子滑落。如果你的晚餐没有吃得太晚或太丰盛，你的消化系统就会在这个时间段休息，新陈代谢就会减缓。3:00 左右，你的身体进入功能减弱与深度疲劳的状态。因此，在深夜工作的人（如医生、IT 工作者、谈判专家）很可能注意力不集中。我要强调的是，重要的决策和工作应该尽量避免在半夜进行。

从 1:00 开始，身体功能陷入低谷。此时，肝脏作为“新陈代谢中枢”，展现出其压倒性的力量。你的身体几乎将所有的能量注入这个器官，以便它能够在寂静的夜晚完成重要的工作。

肝脏会清除代谢终产物、药物及食品添加剂中对身体有害的成分。因此，在 1:00 ～ 3:00 出现睡眠障碍或强烈头痛（尤其是右侧头部疼痛）可能是肝功能障碍的警报。肝功能障碍并不会引起急性疼痛，甚至不会引起痛感，但我们的一位“老朋友”——疲劳，却是肝脏明显出现问题的信号。深夜和凌晨应当用于休息，进行一些放松的、能促进睡眠的仪式有助于进入深度睡眠。

针对该时段的建议

加强肝、胆的功能。我们应在白天多多关注这两个器官。规律饮食、不喝冷饮，多吃蒲公英、水飞蓟、朝鲜蓟、艾草、菊苣等（尤其是富含苦味物质的食物），以及采取良好的措施缓解压力都能够滋养肝、胆。

保持平和的心态。肝、胆与愤怒等负面情绪有关，有句表示愤怒的俗语就叫大动肝火。从中医的角度看，自我怀疑、犹豫不决、难以拒绝、易怒、疲惫、冷漠等都是肝、胆出问题的征兆（即肝气郁结）。如果你发现自己经常出现上述情况，我建议你采纳本书的建议，实行"30天能量计划"，你会发现自己的情绪和精神状态变好了。

◆ 3:00 ~ 5:00

在3:00 ~ 5:00，肺会特别努力地工作，但其问题也会在这段时间内表现出来（如哮喘通常在清晨发作）。此外，在这段时间内，让你整夜保持平静的副交感神经系统逐渐变得不活跃，而交感神经系统活跃起来，让你为充满活力的一天做好准备。此时，血液中褪黑素的水平依然较高。在4:00左右，血液中褪黑素的水平达到峰值。在黎明时分，当阳光通过视网膜刺激大脑时，即使你还闭着眼睛，松果体也会停止产生褪黑素。褪黑素水平开始下降，正常情况下，到中午，褪黑素就无法在血液中被检测到了。

褪黑素作为一种重要的激素不仅能促使你入睡，还有"阴暗"的一面——只有你在半夜醒来时，才会意识到这一点。此时，褪黑素变成了"夸张激素"，它会让你感到忧郁和恐惧，让你将小事放大、过分忧虑。也许你对这种现象并不陌生——你在半夜醒来，无法入睡，大脑飞速运转，心事重重。你可以这样安慰自己，自己只是在错误的时间醒来，并受到了高水平褪黑素的负面影响罢了。

针对该时段的建议

使大脑放空。如果你在错误的时间醒来，并因为高水平褪黑素和低水平皮质醇的负面影响在床上辗转反侧、思绪万千，你可以练习使大脑放空。你要意识到自己在夜间突然醒来并产生负面情绪的原因是激素，等到黎明时分褪黑素水平下降后，你会感到世界非常美好。你如果产生了消极的想法，就应该立即停止在心中评价日常生活中的人、事、物，平静而坚定地对自己说："快停下！"即使是天大的事也不要在夜间思考它，褪黑素给你带来的负面情绪很快就会消失。

尝试冷浴疗法。如果你难以入睡和（或）容易在夜间醒来，克奈普疗法中的膝关节冷浴疗法能够帮助你。这种疗法是用冷水冲淋小腿和脚部，持续一段时间，这种疗法的效果非常明显。冷水可以加强下肢的血液循环，从而使大脑中的血液循环减弱，这相当于关闭了思考的能量开关。尝试每天用冷水冲淋小腿和脚部，还能增强你的免疫力。你可以在网络上找到更多关于该疗法的说明。不过，一定要注意脚部保暖。

在正确的时间饮食

不仅我们如何选择饮食以及如何饮食对能量水平很重要，而且饮食的时间也具有重要意义。原则上，我们不仅应当在固定的时间进食，还应该倾听身体的"声音"，养成只在自己真正饿了的时候进食的习惯。你可能认为自己如果想吃东西，那就一定是饿了，事实并非如此。你想进食不仅因为身体发出了饥饿信号，还可能因为其他因素（如心理作用）。进食时，大脑会释放信号分子以消除负面情绪。然而，通过进食来消除负面情绪不仅会影响体重，还会影响能量水平，因为食物中含有的碳水化合物越多，进食后血糖水平变化就越大，身体分泌的胰岛素就越多，血糖水平下降得就越多，而血糖水平大幅下降会消耗大量能量。因此我建议：你不仅要注意吃什么，还要注意分辨自己想进食的原因。

小贴士

要在真正饥饿的时候进食，并且只吃八分饱，因为饱腹感会延迟产生。

进食的时间间隔。根据近期的多项研究，人每天吃 2 顿正餐为宜，最多吃 3 顿正餐。两餐之间应间隔至少 3 小时，至多 6 小时。可以偶尔吃零食，但不要每天都吃。

饮水的规律。健康的人在不进食的情况下可以存活 50～60 天，但如果不喝水，人在几天内就会死亡。人体约 70% 都是由水构成的。从进化的角度看，水是人类理想的解渴工具。

如今，我们几乎无须担心缺水问题。我们可以外带咖啡，我们的书桌上总是摆着水杯，旅行时我们的背包里或者汽车驾驶座旁边都会放着瓶装水。这与过去的情况大不相同。有趣的是，口渴可以减弱动物的攻击性和减轻它们的恐惧感——口渴的动物之间不存在生存斗争。动物感到口渴时会释放催产素，它可以使动物放松下来从而避免斗争。催产素从动物出生起就一直存在。它可以促进分娩，刺激乳汁分泌，并加深母亲和孩子之间的联系，因此它又被称为"结合激素"。除此之外，有研究数据证明，这种激素对维持神经系统功能和调节精神压力都很重要，它还可以对抗潜在的慢性炎症并强化免疫细胞。令人兴奋的是，催产素可以抑制饥饿感和对碳水化合物的渴望。

如果你经常饮酒并且不易感到口渴，那么你体内催产素的水平可能较低，其抗炎、增强免疫力的效果就较弱。建议将全天饮水量平均分到全天的各个时段（全天饮水量可以按照每千克体重需要喝 30～40 ml 水计算），养成在饭前 15～20 分钟喝水的习惯，尽量不要在用餐时喝水。饭前多喝水，这样做能让你更容易产生饱腹感。在用餐时喝水会稀释胃液和消化酶，不利于消化。此外，由于老年人更不容易感到口渴，存在脱水的风险，因此他们更应该定时喝水。

总结：要在感到口渴时和在两餐之间喝水，这样做既可以保持身体健康，又可以防止精力不足。

| 睡个好觉

当然，你是时刻精力充沛，还是长期感到疲劳，也取决于睡眠质量。然而，睡眠并没有得到应有的重视。许多人经常开玩笑说"生前何必久睡，死后必定长眠"，这种观点是错误的。长期睡眠不足会导致精力严重不足。很明显，睡眠仍是一个未被充分研究的领域，而且是一个极其复杂的"黑匣子"。

到目前为止，我们了解到：在睡眠过程中，人体是高度敏感和活跃的。在这个过程中人体会自我修复、生长和解毒，并合成重要的激素。这些构成了人体再生的基础。不仅肌肉会在我们睡觉时修复，骨骼、椎间盘、大脑和皮肤也会修复，我们的"免疫部队"会在这段时间内"刻苦训练"。睡眠是人体最重要的"充电"过程，我们的心身能量在这个过程中恢复正常水平。睡眠还有助于提高记忆力，即使我们睡着了，我们的大脑也在继续学习。因此，"睡眠让我们变得更聪明"是有道理的。

睡眠中蕴藏着人体再生的秘诀

在睡眠过程中，大脑会清除细胞废物。这一惊人的发现来自美国罗彻斯特大学的研究人员。在大脑中，准确地说，在大脑的神经胶质细胞中，有一个出色的"垃圾处理系统"，即胶质淋巴系统，它负责局部防御和有针对性地清除大脑中的细胞废物，如淀粉样蛋白。只有在我们睡觉时，胶质淋巴系统才能在最大程度上发挥作用。胶质淋巴系统能将脑脊液泵入脑组织，并将细胞废物送入血液。细胞废物随血液循环进入肝脏，最后在肝脏中被清除。当你在早上醒来时，你的大脑能够高效地运转，这要归功于胶质淋巴系统彻底的排毒和清洁工作。

睡眠医学把睡眠的惊人效果称为"人体充电"。这就是为什么我不仅会建议患者实行个性化饮食、服用营养素补充剂和多运动，还会建议患者保证充足的睡眠。因此，不要再将睡眠视为麻烦和浪费时间，保证充足的睡眠对提升健康水平、能量水平和工作效率都大有裨益。

不幸的是，全世界有许多人存在睡眠障碍。在德国，有 20% ~ 25% 的人睡眠不足，只有 19% 的人在第二天醒来后感觉自己得到了充分的休息，约 31% 的人表示自己有严重的起床困难问题。那么合理的睡眠时间是多少呢？睡眠研究人员目前提倡每天应至少保证 7 ~ 8 小时的睡眠。实际上，在德国，成年人的平均睡眠时间甚至达不到 7 小时。在美国、日本和其他工业国家，成年人的平均睡眠时间只有约 6.5 小时。多年来，大部分成年人都存在睡眠不足的问题，长期睡眠不足会严重影响健康和能量水平。在影响睡眠的因素中，不得不提的就是人造光源。

◆ **蓝光——"睡眠窃贼"**

眼睛中的光感受器会向我们发出信号，告诉我们现在是白天还是黑夜，光感受器对蓝光（波长 460 ~ 480 nm）最为敏感。清晨阳光中的蓝光会亲切地将我们唤醒，而闹钟及台灯中的 LED 灯、手机及电脑的 LED 显示屏会发出大量蓝光，持续刺激我们眼睛中的光感受器。白天，在阳光中的蓝光的刺激与高水平皮质醇的作用下，我们能够一直保持清醒。然而，在晚上，人造光源发出的蓝光也会刺激光感受器，并误导 SCN，我们的大脑会认为太阳仍然高高悬挂在空中，从而阻止褪黑素的合成和分泌，进而影响睡眠质量。如果我们在夜晚受到蓝光的刺激，我们的生物节律就会推迟 2 ～ 3 小时，其结果就是：你可能无缘无故地在床上辗转反侧，无法睡个好觉。有些人会误认为自己的身体出了什么问题，导致入睡困难。为了提高睡眠质量，我推荐"光卫生疗法"，做法很简单：晚上尽可能少暴露在蓝光下，选择柔和的光源，如传统的白炽灯、暖白色的 LED 灯或使用暖色的灯罩。研究表明，镜片为橙色或红色的墨镜能够过滤蓝光。参与实验的患者都惊喜地发现，相比于不戴墨镜，他们在晚上戴上墨镜后，睡眠时间变长了且睡眠质量得到了改善，第二天更有活力了。如果你担心自己在晚上戴着有橙色或红色镜片的墨镜、像个外星人一样走来走去会吓到家人，那么现在有一个替代方案，你可以在电脑、智能手机和平板电脑中安装名为"蓝光过滤器"的应用程序，它们可以有效抑制蓝光。

◆ 按照生物节律睡觉

每个人都有由"自主时钟基因"控制的、独一无二的生物节律。有关人们的内部"时钟"的开创性研究成果来自研究人员杰弗里·C.霍尔、迈克尔·罗斯巴什和迈克尔·W.杨，他们因相关研究工作在 2017 年获得了诺贝尔生理学或医学奖。事实上，每个人的内部"时钟"并不相同，虽然我们每天都有 24 小时，但因为每个人的能量水平不同，而存在不同的睡眠类型。

一般来说，人们可以根据睡眠类型被分为 3 类人。

·晨型（云雀型）。晨型人起得都很早，他们通常不需要定闹钟就能早起，并且喜欢早睡。这类人约占总人口的 40%。对他们来说，在 0:00 之前入睡（最佳入睡时间为 22:00 左右）对保证较高的能量水平很重要。

·夜型（猫头鹰型）。夜型人在晚上生龙活虎，他们通常会晚睡，一般在 0:00 之后入睡。然而，晚上更活跃不一定代表他们是喜欢赖床的懒虫，他们只是晚睡。当然，如果工作和家庭条件允许，他们愿意从中午开始新的一天。夜型人约占总人口的30%。

· 中间型（普通型）。剩下30%的人属于中间型人，即介于晨型人和夜型人之间。不过，这类人中的大多数会偏向夜型。

猫头鹰是夜型人的象征

人们的睡眠类型具有一定的遗传性，但这不代表它不会发生变化。幼儿至青少年时期的人的睡眠类型多为晨型；在青春期，人们的睡眠类型逐渐趋向于夜型；从20岁开始，人们的睡眠类型趋于稳定；而老年人的往往倾向于晨型。

人们的睡眠类型在青春期从晨型转变为夜型与大脑发育有关，而和叛逆没有关系。夜型人都存在因睡眠不足而导致的精力不足的问题，因为他们通常很晚才能入睡，但必须早起去上学或去工作。因此，我一直认为，推迟上学时间对青少年的健康成长有很大帮助，比如会使他们的注意力更集中、学习效果更好、免疫力更强……可以说，现代社会是晨型社会，需要早起的不仅仅是孩子，因此夜型人每天都要"倒时差"。这是现代社会许多人精力不足的原因之一，也是引发糖尿病、肥胖症、动脉硬化、肌纤维疼痛综合征和癌症的危险因素。我希望，在未来，政府能够制定更负责任的、更有前瞻性的健康政策，充分考虑个人的睡眠类型，创造更灵活的工作环境，使用健康的照明设备。这有助于人们保持较高的能量水平和工作、学习效率。

◆ 健康睡眠的12条规则

以下12条规则可以帮助你睡个好觉。你要放轻松，因为睡眠是绝不能勉强的。保持放松的心态，良好的睡眠自然重归你的生活。只要按照这12条规则去做，你就能每天多睡至少10分钟，轻松改善睡眠质量，每天保持较高的能量水平，你的整体健康状况都将有巨大的改善。你如果没有睡眠问题，遵守这12条规则也有助于你预防睡眠障碍。

1. 制订睡眠计划

睡觉不是浪费生命，而是身体最重要的"充电"过程。因此，为自己制订一个睡眠计划吧！可能的话，按时上床睡觉，按时起床，即使在周末，你也要遵循这个规则（对你来说，这样做一开始可能很难）。你一定会从中获益，特别是如果你有长期的睡眠障碍，这条规则会对你产生持久的积极影响。

2. 午睡时间不要太晚

午睡时间太晚可能导致晚上难以入睡。我的建议是，可能的话，不要在下午 3 点后睡觉。在一天中，睡意会随着腺苷在大脑中的不断积聚而增强。白天我们保持清醒的时间越长，晚上腺苷浓度就越高，我们对睡眠的渴望就越强烈。

3. 检查卧室

环顾四周，仔细检查一下你的卧室。你觉得你的卧室看起来怎么样？是富有视觉冲击力的，还是能使人平静的？是装饰简单的、整洁的，还是装饰复杂的、凌乱的？你的卧室里是不是堆满了换洗衣物，熨衣板、纸箱、健身器具等随地乱放，卧室就像储藏室一样，让人看了就感到心烦意乱？你的卧室墙壁是什么颜色的？是能安抚人的绿色、灰色或蓝色，还是会刺激视觉的黄色、橙色、粉红色或红色？卧室风格要尽可能简约，让人能平静下来。

4. 在早晨沐浴阳光

你可以在早晨沐浴充足的阳光为自己"充电"，用"日光闹钟"代替会发出刺耳铃声的闹钟。"日光闹钟"可以提高你的皮质醇水平，帮助你开启精力充沛且放松的一天。你还可以在早晨进行光疗，即在 7000 ~ 10000 Lx 的光照度下用治疗性日光灯照射自己约 30 分钟。光疗可以稳定生物节律，甚至能够缓解轻度抑郁症，如季节性抑郁症（SAD，又称"季节性情感障碍"）。

5. 夜晚要保持黑暗

傍晚后，在家里使用柔和的暖色光源。最好检查一下自己的床头灯，换掉会发出蓝光的灯泡，避免蓝光在晚上刺激你眼睛中的光感受器。要想让卧室变得昏暗，安装卷帘是最完美和最简单的方法，安装百叶窗或厚窗帘也是不错的方法。除此之外，你还可以选择使用眼罩。

6. 远离电子设备，创造"无辐射睡眠区"

尽可能地减少你卧室中的电子设备。在入睡前，尽量不要看智能手机、平板电脑或电视，也不要使用电脑。这些设备不仅会分散你的注意力，它们发出的蓝光还会影响促进睡眠的褪黑素的合成和分泌。你如果想在卧室看电视或使用电脑，可以佩戴前面提到的墨镜来过滤蓝光。也许你觉得这样做有些夸张，但现代睡眠研究证明这样做是有意义的。因此，当你想在卧室里安装或摆放电子设备时，一定要谨慎。

7. 寒头暖足

为了拥有良好的睡眠，你需要新鲜的空气和适宜的室温。睡觉前，请打开窗户，让卧室通风。理想的睡眠环境温度为 17 ~ 19 ℃。卧室的温度最好让你感到稍微有点儿冷，因为促进睡眠的褪黑素水平不仅受到光照的控制，还受到温度的控制。有句谚语说"寒头暖足，医生会穷"，对此我深以为然。穿暖和的袜子、睡前用热水泡脚、准备热水袋等都是有用之举，还有一个窍门是准备一个清凉的枕头。

8. 保持安静

安静也是一种声音，一种动听的声音。不要让嘀嗒作响的闹钟、咕噜咕噜响的水管、轰鸣的洗衣机、嘈杂的街道、打鼾的狗狗或伴侣阻碍你入睡。请保持冷静，试着让自己放松下来，尽可能地创造安静的睡眠环境。耳塞对睡眠大有帮助，它有许多不同的样式，你可能需要花一点儿时间找到适合自己的耳塞。

9. 确保床上用品舒适、卫生

确保使用适合你的床垫（最好不含金属和过敏原）、枕头（最好是矩形的，并且使你的背部可以很好地贴在床垫上），干净的床上用品（最好每 2 周更换一次）。如果有需要，你可以给床上用品套上防螨罩或防尘罩。要及时换掉老旧的床垫。你如果需要购买新床，最好选择木质（如橡木或石松木）床。为了防止霉菌滋生，床下最好不要放物品，保持床下通风。

10. 跟"兴奋剂"说再见

睡前避免摄入强效"兴奋剂"，如咖啡、茶、可乐、功能饮料等。可可碱含量高的巧克力也同样要避免（可可碱对一些人来说具有兴奋作用）。有些人喝了咖啡后很难入睡，但很少有人清楚其中的原因，原因是：咖啡因的半衰期为 5 ~ 7 小时，这意味着它进入人体约 10 小时后才能被完全分解。

重要提示：脱因咖啡并不一定意味着其中不含咖啡因。一杯脱因咖啡的咖啡因含量为一杯普通咖啡的 10% ~ 30%。事实上，脱因咖啡含有的咖啡因也会影响睡眠。此外，尼古丁和剧烈运动会影响睡眠。当然，我们需要每天锻炼，但不要在睡前 3 小时内锻炼。

11. 实行促进健康睡眠的饮食

在睡前 2 ~ 4 小时内吃一顿清淡的晚餐有助于睡眠。避免吃过于丰盛的晚餐或在晚上吃生食，因为这样做会增加消化系统的负担，从而降低睡眠质量。在饭前或饭后（最好在饭前）饮水，注意不要在睡前过度饮水，这样做会影响睡眠，因为你在半夜肯定会醒来去洗手间。适度饮酒，但不要养成饮酒的习惯。虽然小酌一杯有助于放松身心，并且酒精能使人更容易入睡，但酒精也会阻碍你进入深度睡眠，并且会使肌肉松弛、阻碍呼吸，从而导致打鼾、睡眠呼吸暂停和第二天精神不振。此外，当酒精逐渐被代谢掉后，许多人会醒来。因此，一定要适度（甚至不）饮酒，尽量不要在睡前饮酒。

12. 进行固定的夜间仪式

给自己一些时间来关闭身心的"开关"。进行固定的夜间仪式有助于放松：听音乐、阅读、玩解谜游戏、编织、冥想、足浴、淋浴、在泡澡时使用有助于放松的沐浴产品……你可以选择最适合自己的夜间仪式。喝一杯有助于睡眠的天然药草茶也是极好的夜间仪式。缬草、啤酒花、柠檬香脂、西番莲和薰衣草都可做安神助眠的药草茶。

人们如果能更好地了解自己的生物节律并相应地调整日常生活节奏，就能打开通向更高能量水平的大门。无论是晨型人、夜型人，还是中间型人，都可以通过使日常生活节奏更适合自己的生物节律来获得更多能量，从而改善健康状况。此外，我们应该进行足够的运动，以便在晚上能够"疲惫"但满足地躺在床上安稳入眠，然后在第二天早上精神焕发地醒来。不要低估微小改变的力量，很多微小改变积累起来就会产生巨大的影响，一定要牢牢记住生物节律对你的整体健康和能量水平的重要性。

饮食的力量

你的食物就是你的良药。

在研究食物神奇的治愈能力之前，我们先来快速了解一下我们饮食中的"能量制造者"和"能量小偷"。吃什么、什么时候吃、怎么吃在很大程度上决定了我们是精力充沛还是疲惫不堪。如果你知道哪些食物可以为你提供能量并使你保持健康，哪些食物会损害你的健康，那么你将获益匪浅。接下来，我将向你介绍相关的研究，以及有利于肠道健康的抗炎饮食的基础知识。

能量小偷：麸质、动物奶和乳制品、添加糖和代糖、反式脂肪酸

精力不足、免疫力下降和患有慢性病都可能与以下因素有关：过度食用含麸质的精制面粉，喝大量动物奶或吃大量乳制品，食用过量添加糖或代糖，吃大量煎炸食物或半成品食物（这类食物中含有大量反式脂肪酸）。因此，你应该至少在短时间内避免这些"能量小偷"，从而有效且不费力地大幅度提高能量水平。我们一起来了解一下吧！

◆ 麸质

麸质本身并不坏。对大多数人来说，偶尔食用适量含麸质的食物是没有问题的。不过，麸质并没有任何特殊的营养价值或对健康有什么特别的益处。大多数人能将未消化的麸质排出来，但麸质会在进入人体的几小时内造成肠黏膜渗透性增加。虽然大多数人的肠黏膜渗透性通常能在几天内恢复正常，然而，

在麸质反复和长时间的刺激下，以及在其他因素（如服用药物，处于精神压力过大的状态下）的作用下，有些人的肠黏膜会受损，从而引发肠漏综合征。此外，摄入过量麸质可能引发食物不耐受、自身免疫病和长期能量水平过低。近年来，麸质引发的问题似乎越来越严重，部分原因是麸质已经悄悄"渗透"到许多食物当中，并且如今市面上谷物中的麸质含量也有所增加。我并非在开玩笑：对我们来说，实行无麸质饮食可能是巨大的挑战。麸质藏在早餐麦片、三明治、零食、调味酱和增稠剂中，并且在许多半成品食物中作为稳定剂。由于小麦的广泛种植，世界范围内的饥饿问题得到了一定的缓解。对此，我非常感动，因为在一些地区，"今天吃什么？"仍是一个奢侈的话题。从科学的角度看，谷物是重要的食物，但在提供膳食纤维方面，谷物远不能与蔬菜和水果媲美。在工业化国家，尽管人们每天食用大量谷物，但每天膳食纤维的人均摄入量仅 15 g。我十分欣赏中国的美食，因为其中包含种类繁多的高纤维的绿叶蔬菜。中国的美食是低麸质饮食的范例，通常搭配不含麸质的米饭，但食用米饭后，人体内的血糖含量相对较高。因此，多吃蔬菜、少吃米饭是很有必要的。

含麸质的食物（如可颂面包）为我们提供了美好的味觉感受，但它们的缺点是糖含量过高（用精制面粉制成的食物的糖含量通常过高）。因此，如果你长期处于低能量水平，那么在饮食上做出改变值得一试。你可以选择无麸质食物，甚至可以做得更简单，比如吃小米、荞麦（在植物学上，荞麦不是小麦，而是蓼科植物）、苋菜、藜麦、坚果、植物籽和用它们加工而成的食物。

这里，我要着重说一下燕麦。天然的燕麦不含麸质。然而，在超市货架上摆放的燕麦通常含有麸质，这是因为一些含麸质的谷物和燕麦会在同一条生产线上进行加工。著名的《新英格兰医学杂志》上刊登的一项研究表明，在研究人员收集的 12 种燕麦样品中，只有 2 种不含麸质。因此，在购买时，你一定要选择有"无麸质"标签的燕麦。

重要的是，你绝不应该天真地认为无麸质就代表健康。无麸质食物（如无麸质饼干等）通常含有添加糖或其他添加剂。要注意，实行无麸质（尤其是不含小麦的）饮食时，摄入充足且均衡的营养素是极其重要的，尤其要为身体提供铁和B族维生素。

◆ 动物奶和乳制品

对有些人来说，动物奶（如牛奶、绵羊奶、山羊奶等）和乳制品会带来健康问题，乳糖不耐受应该是人们最熟悉的与动物奶和乳制品有关的疾病。通常，健康的人的肠黏膜可以合成并分泌足量的乳糖酶，使动物奶和乳制品中的乳糖被完全消化。乳糖不耐受者的肠黏膜无法合成并分泌足量的乳糖酶，因此他们在喝动物奶和食用乳制品后就会出现疲劳、胃肠道胀气或腹泻等症状。与乳糖不耐受有关的另一种物质是酪蛋白，这是一种来自动物奶和乳制品的蛋白质。动物奶中的蛋白质组成与母乳中的大不相同，这也是动物奶和乳制品很难被人消化的原因。

遗憾的是，动物奶、乳制品，以及备受运动员和运动爱好者欢迎的含有人工甜味剂的乳清蛋白奶昔都含有大量酪蛋白，这会导致人体产生免疫反应，从而消耗大量能量。可以说，免疫系统会因酪蛋白产生炎症反应。在免疫力弱的情况下，动物奶和乳制品会增大自身免疫病的患病风险。我的建议是，实行能量饮食，并连续14天避免吃含麸质、添加糖或代糖的食物和乳制品，避免喝动物奶。因为许多人并不了解自己对这些饮食的耐受情况，如果不采用这种饮食方法，你就无法将自己精力不足的问题与麸质和乳糖不耐受联系起来。

牛奶不仅难以消化，而且有可能引发问题。山羊奶和绵羊奶并不比牛奶好消化。不过，在这方面也存在一些不同的观点。根据《过敏及临床免疫学期刊》的一项有趣的研究，动物奶（乳制品）与人体组织的相似度超过62%，因此动物奶（乳制品）不太可能导致炎症，或引发免疫反应，即过敏。

最近，大米奶、杏仁奶、腰果奶、火麻籽奶、坚果奶和椰奶等植物奶作为动物奶的替代品越来越受欢迎。除此之外，发酵奶，如酸奶和奶酪也越来越受欢迎。

重要提示： 请选择无糖且不含添加剂的乳制品，如果有可能，请选择有机产品。因为加了添加剂的产品常常存在糖含量过高的问题，有些乳制品可能每杯含有 12～20 g（约 5 茶匙）糖。为了避免此类"糖分炸弹"，请在购买时仔细阅读产品标签。另外，请注意有关卡拉胶等添加剂的信息。

> ### ✚ 小贴士
>
> 要想快速且低成本地自制植物奶，将果仁与少许水放入料理机中粉碎、搅匀即可。
>
> 那么豆浆和其他豆制品呢？我个人并不是大豆的忠实粉丝，因为不仅仅是小麦，大豆在育种过程中也经过了大量改造，大豆蛋白对人来说也难以消化。正因为如此，吃大豆有可能导致消化问题和其他疾病，尤其是对患有自身免疫病的人来说。根据我的经验，甲状腺疾病（如桥本甲状腺炎）患者最好避免吃大豆及其制品。我的许多患者在食用豆制品后会关节肿胀并感到非常疲劳。

然而，每个人的情况不尽相同。适量食用大豆是没问题的（即每周一次或两次，最好食用发酵大豆制品）——除非你不耐受。这就是为什么我建议人们在实行"30 天能量计划"时暂时避免食用大豆。如果你一直都很喜欢吃大豆并且耐受性良好，那么请尽可能地选择有机产品。发酵大豆制品，如味噌（用发酵大豆制成的糊状物）、纳豆（发酵大豆）、天贝（一种用发酵大豆制成的点心）和用传统方法制作的酱油（溜酱油）更健康。此类产品在亚洲较常见。发酵大豆解决了大多数由非发酵大豆制成的豆制品引起的问题。发酵大豆更容易消化，并且植物雌激素含量较低。植物雌激素是一种在植物中发现的、结构与雌激素十分相似的激素，它与肾结石和记忆缺陷有关。

◆ 添加糖和代糖

现代饮食中含有大量添加糖和代糖。大多数加工食品，如早餐麦片、饼干、糖果、松饼、甜甜圈、即食酱汁、冰激凌、能量棒或奶昔都富含添加糖和代糖。科学已证明，过量食用添加糖和代糖会降低能量水平并损害健康。许多饮料，如可乐、果汁、功能饮料和一些乳制饮品（替代饮料）也是"糖分炸弹"。要注意的是，酒精饮料是液态糖。在工业国家，平均每人每天通过饮食摄入大约 22 茶匙的糖。过多的糖不仅会导致儿童蛀牙，还会产生有害的糖化终产物（AGEs）。AGEs 会附着在人体自身的蛋白质上并破坏它们。长期以来，这一过程被认为是导致人精力不足、衰老和患病的诱因。其他有害影响还包括：

· 干扰钙、镁和铬等矿物质的吸收，从而降低耐力（缺镁）、使血糖水平不稳定（缺铬）、导致骨质疏松（缺钙）；

· 消灭有利于健康和维持体重的肠道菌群——尤其是代糖（如阿斯巴甜、安赛蜜、糖精、三氯蔗糖等），肠道菌群紊乱会导致精力不足、肥胖、免疫力低下，并促进癌细胞的生长；

· 干扰细胞自噬过程；

· 引发食物不耐受，如组胺不耐受；

· 损害重要酶的功能并通过氧化应激（线粒体病）引起细胞损伤；

· 引发慢性炎症，从而导致心肌梗死、脑卒中、糖尿病、阿尔茨海默病、肥胖、癌症、高血脂等；

· 增大偏头痛、痛风、肾上腺衰竭和自身免疫病的患病风险。

代糖引发的问题非常值得注意。尽管代糖不提供任何能量，但它比糖更容易提高血糖水平。这就是为什么在摄入代糖后人会更饿和严重精力不足。此外，代糖会刺激有害的肠道菌群不受抑制地生长。

食物对血糖水平的影响越大，胰岛素反应越强烈，低血糖症状就越明显，人就越感觉精力不足。此时，许多人会易怒或注意力不集中。这种意想不到的、突然的精力下降和（或）情绪变化通常会诱使人们去吃高糖和高碳水食物，这些食物会以闪电般的速度提升能量水平并振奋精神。然而，甜蜜的幸福总是短暂的，血糖水平越频繁地受到影响，细胞表面的胰岛素受体就越迟钝。它们被淹没在"胰岛素洪水"中，随着时间的推移产生了抗性（胰岛素抵抗），这意味着它不再"倾听"胰岛素敲击细胞"门"的声音。也就是说，胰岛素受体对正常浓度的胰岛素反应不足，于是人体就需要更多胰岛素来降低血糖水平。如果过多的糖和胰岛素同时涌入你的身体，压力激素就会将多余的糖以腹部脂肪的形式储存起来。腹部脂肪会将炎症信号因子释放到血液中——这一过程我们已经从前文中有所了解。你可以通过实行"30天能量计划"来破坏这个过程。通过有利于肠道健康和抗炎的饮食，你可以向体内贪婪的"糖分怪物"告别。由我精心挑选的对血糖水平影响较小的食物能够帮助你防止血糖水平大幅度波动和精力不足。

◆ 反式脂肪酸

来自工业生产的可怕的反式脂肪酸会给你的健康和工作效率带来很严重的问题。这些多不饱和脂肪酸十分有害，因为人体无法从结构上将它们与有益的脂肪酸区分开来。因此，人体会错误地将食物中的反式脂肪酸用于身体细胞的细胞膜的修复和重建。反式脂肪酸一旦在细胞中"扩散"，就会破坏细胞新陈代谢和细胞间的有效交流。于是，整个人体会因为反式脂肪酸而陷入混乱。

一提起反式脂肪酸，大多数人会想到薯片、饼干等零食，以及炸薯条、甜甜圈等油炸食品。"我家里可没有这么不健康的东西。"大概有不少人如此喃喃自语。然而，并非每个人都知道煎锅中就可以产生反式脂肪酸，产生的过程很迅速。例如，在处理不能高温加热的食用油时就很容易产生反式脂肪酸。这就是为什么我明确建议只使用能够进行高温加热的食用油。现在，我们已经知道了，过度加热油脂会产生有害的副产品——二次氧化产物，这些物质对健康极为有害。脂肪酸的构成决定了食用油在加热时的稳定性。这意味着食用油的选择会影响人们的健康和能量水平。我将在后文告诉大家如何更健康地煎炸食物。

能够提高能量水平的能量饮食

我们总是无法确切地认识到，吃什么、进食方式及频率、进食时间都会影响我们的健康和能量水平。食物是人体最小单位——细胞的能量基石，也是生命活动的燃料。

因此，我们需要制订合理的饮食计划，它应该：

- 以富含营养、抗炎且有利于肠道健康的食物为基础；
- 避免食用会消耗大量能量的食物；
- 不会使血糖水平大幅度波动，并能防止胰岛素抵抗；
- 能够让用餐变得轻松、愉快和充满乐趣。

实行这样的饮食计划并提高能量水平并不困难。我总结了健康饮食的 7 条基本原则。

◆ 健康饮食的7条基本原则

1. 尽可能地选择天然的食物。避开反式脂肪酸、添加糖、人工甜味剂、柠檬酸和卡拉胶等添加剂，它们会导致肠黏膜发炎。食物越天然、越"纯粹"，就越好！

2. 只在真正饥饿的时候吃东西。避免情绪化饮食，千万不要"化悲愤为食量"，不要将食物作为情感慰藉。

3. 细嚼慢咽。充分咀嚼，直到食物在嘴里被嚼碎后再吞咽。

4. 在用餐时多停下来"休息"。因为胃需要一定的时间才能将"饱了"的信号传递给大脑，所以要在自己感到"非常饱"之前就停止进食，防止过度饮食。

5. 在饭前或两餐之间饮水。注意自己"真实"的干渴感。

6. 坚持每天只吃 1 ~ 3 餐。非饭点时，只有在真正感到饿的时候少量进食。因为每吃一餐都会使血糖水平波动，在体内引发轻微的炎症，即"餐后炎症"，通常很快就会消退。若有必要，可以吃不会使血糖水平大幅提升的零食，如一把果仁。

7. 在夜间禁食。理想情况下，在 24 小时内女性应至少禁食 12 小时，男性应至少禁食 13 小时。这样做能激活细胞自噬。建议吃早午餐，而非早餐。可以吃本书中的"弗莱克医生早餐"或喝绿色奶昔作为开启新一天的方式。

◆ 我们需要吃什么来获得能量

现在开始制订你的能量饮食计划，它不应该受流行趋势的影响。在制订计划时，你要将恼人的过时的热量计算法抛开，能量饮食不应让你感到难以坚持，你的能量水平和整体健康状况将在轻松愉快的过程中得到改善。

能量饮食的基础

能量饮食的主角是大量蔬菜。没错，就是蔬菜！你会发现，富含营养素和水分并且能让你产生饱腹感的蔬菜并非寡淡无味。你可以用蔬菜制作美味的沙拉：向蔬菜中加入药草、香料、低糖水果、优质脂肪以及适量的优质蛋白质（如果仁、蘑菇、有机鸡蛋、有机的肉或鱼）。加入适量碳水化合物也很好。相较于每天久坐的"低头族"，运动量较大的人可以多摄入一点儿碳水化合物。我希望这本书不仅能让你体会到能量饮食的快乐，还能唤起久坐不动的人对运动的兴趣。

能量制造者：绿叶蔬菜

深绿色的蔬菜在能量饮食中占有特殊的位置。它们是地球母亲为我们提供的最有价值的食物之一。绿色的植物色素——叶绿素充满了阳光的能量，它可以帮助你维持能量水平。由于叶绿素的结构类似于血红素和氧气载体——血红蛋白的结构，所以饮食中的叶绿素可以加速人体内红细胞的再生，进而有助于将氧气及时输送到全身，从而使人体处于较高的能量水平。绿叶蔬菜还能提供许多重要的矿物质，如镁和钾。在孩提时，我们的父母总是试图将一两片绿叶蔬菜塞进我们嘴里，他们这么做是对的。以下食物特别适合加入你的"30 天能量计划"：

· 甘蓝（如西蓝花、羽衣甘蓝、球芽甘蓝）、甜菜、小白菜、青豆、菠菜、野莴苣、芝麻菜、结球莴苣等；

· 香草（如罗勒、欧芹、香菜、迷迭香、百里香、墨角兰）；

· 海菜（如海带、阿拉米藻、豚草）。

绿叶蔬菜是保持健康和能量充足的理想食物

最好吃生的蔬菜

生的蔬菜含有大量水分、纤维素和其他营养物质，并能提供大量支持消化和新陈代谢的酶。酶能够加速人体的修复过程，但是对温度很敏感，所以我们可以尝试吃一些生的蔬菜。不喜欢吃生蔬菜的人可以将其榨成汁，但不要过滤，饮用时要咀嚼蔬菜汁中的纤维。不过，生的蔬菜并不适合所有人。要倾听你身体的诉求，毕竟身体从不撒谎。

奢侈的能量来源：优质脂肪

遗憾的是，脂肪被妖魔化了。根据目前的研究，适量的优质脂肪是细胞活动极好的燃料。好的脂肪不仅有益于健康，能够提供重要的维生素（脂溶性维生素 E、维生素 D、维生素 K、维生素 A），还拥有极佳的口感并给人带来愉悦的饱腹感。虽然脂肪是单位重量含热量最高的营养素之一，但脂肪、碳水化合物和蛋白质在体内的代谢方式并不相同，并且代谢方式和营养所含热量无关。盲目地计算热量是片面的不符合实际的做法，因为对能量水平和健康起决定性作用的并非摄入和消耗的热量能否保持平衡，而是食物会否使血糖水平大幅度波动。这就是你开始少吃面条、米饭、白面包、土豆或玉米，选择摄入优质脂肪并搭配摄入大量膳食纤维（从绿叶蔬菜中）和适量蛋白质时，并不会发胖的原因。这样的饮食有利于减肥和保持健康。

我对脂肪很严格，但并非对脂肪本身很严格，而是对脂肪的质量以及处理脂肪的方式很严格。这两点会影响细胞的健康状况，从而决定你的能量水平。你的身体缺乏能量并非因为衰老，而是因为身体自愈力差。然而，你可以通过优质脂肪获得强大的自愈力，从而提高你的生活质量和能量水平。

什么是优质脂肪呢？我们来简单地回顾一下。除了反式脂肪酸，其他脂肪酸对身体的恢复都是有利的。无论是饱和脂肪酸、单不饱和脂肪酸还是多不饱和脂肪酸，只要保证适量和质量，它们都可以在你的饮食中占有一席之地。即使是长期饱受诟病的饱和脂肪酸如今也不再被认为对心血管系统有害。各种脂肪酸在饮食中的比例对健康至关重要，其中关键的是要保持 ω-3 脂肪酸和 ω-6 脂肪酸的最佳平衡。ω-3 脂肪酸具有抗炎作用，可以保护血管，并且是身体的能量来源之一。大多数人都严重缺乏这种脂肪酸。其主要原因有：经常食用过多谷物或加工食品，摄入劣质、精制和（或）富含 ω-6 脂肪酸的食用油（如红花籽油、玉米油）。ω-6 脂肪酸会导致炎症反应，并破坏人体内脂肪酸的平衡。

选择健康的油

人体内脂肪酸的比例很容易恢复平衡，最简单的方法就是换掉厨房里的食用油。也许你会得到和我的患者一样惊人的体验：在短时间内，你的能量水平、生活质量和情绪都会得到改善。原理很简单：由于优质脂肪会自行参与所有细胞的修复和重建，你的身体会顺利地进行自我更新。此外，定期摄入足量的优质 ω-3 脂肪酸不仅可以抑制炎症，还可以缓解焦虑和抑郁。以下是选择健康的食用油的秘诀。

· 为了使体内脂肪酸的比例达到平衡，要少食用富含 ω-6 脂肪酸的植物油（如红花籽油、玉米油、葵花籽油），少吃加工食品。

· 确保每天摄入适量 ω-3 脂肪酸。亚麻籽油、核桃油，野生三文鱼等多脂鱼类或人工养殖的鲱鱼等都是优质 ω-3 脂肪酸的来源。藻油对素食者和非素食者来说都是聪明的选择，最好是添加了 ω-3 脂肪酸——DHA 和 EPA 的有机藻油。此外，混合了小麦胚芽油的优质藻油也很好，因为小麦胚芽油中的维生素 E 可以防止 ω-3 脂肪酸氧化。

· 标有"植物油"和"ω-3"并不代表该产品一定对身体有利。请仔细阅读产品标签并寻找诸如"在无光、隔热和无氧环境下压榨而成"或"omega-safe"之类的文字。由于 ω-3 脂肪酸容易氧化并因此变得容易引发炎症，上述生产环境能够保障油在压榨过程中不易被氧化。最好的选择是直接从生产商那里获得新鲜的优质油。除此之外，请选择保质期更短的食用油。食用油的质量也可以通过品尝来鉴定：优质的亚麻籽油或藻油略带坚果味，不可能带有苦涩的味道。

· 根据自己的喜好和耐受性，用果仁来为你的饮食增添趣味。这样，你不仅可以摄入优质脂肪，还可以摄入优质的蛋白质和膳食纤维。

· 确保以健康的方式使用煎锅！你无须扔掉煎锅，但要更小心、谨慎地使用它。含有大量饱和脂肪酸的食用油，如椰子油或酥油，在高温下能保持稳定。你喜欢菜籽油的味道吗？它更适合冷盘。即使与亚麻籽油相比，菜籽油含有更少的 $\omega-3$ 脂肪酸，但其含量仍有 9%。根据新近研究，特级初榨橄榄油更适合高温加热。

· 根据最新标准，特级初榨橄榄油已经成为在味道和健康方面均具有重要价值的厨房通用油。

· 避开加工食品或油炸食品中的反式脂肪酸。作为一名经验丰富的"侦探"，我相信你一定可以认出标签上有害的反式脂肪酸："部分氢化脂肪""氢化""植物脂肪"和"部分氢化"这些词代表食物中含有反式脂肪酸。

◆ **能量食品**

下面的清单展示了一些优质的能量饮食，我希望这份清单能激励你健康饮食。对肥大细胞活化综合征患者、组胺不耐受者以及素食者，我进行了深入的研究。你将在后文找到更完善的建议。

蔬菜
· 每日至少吃 300 g；
· 最好吃颜色浓郁的深绿色蔬菜；
· 尽可能吃生的或半熟的，蒸的或烤的（非油炸的）蔬菜；
· 尽可能吃当地产的应季蔬菜。
能量小贴士：尽可能选择有机的黄瓜、芝麻菜、生菜、芹菜、菠菜。

合适的能量食品

优先选择：苦味的蔬菜

· 朝鲜蓟、花椰菜、西蓝花、菊苣、大白菜、苦苣、羽衣甘蓝、苦瓜、茴香、根芹菜、蒲公英、结球莴苣、球茎甘蓝、甜菜根、红甘蓝、芝麻菜、黑甘蓝、鸦葱、芦笋、尖头卷心菜、大头菜、红菊苣、圆白菜

> 能量小贴士：富含苦味物质的食物可以抑制食欲，通过刺激胆汁分泌来促进消化，有利于益生菌的生长，是帮助你保持健康的益生菌的完美养料。

不会出错的选择：其他的绿色蔬菜

· 菠菜、黄瓜、甜菜、橄榄、小白菜、欧洲防风草、欧芹根、芹菜、菊芋、西葫芦

根据个体耐受性选择（适量食用）：

· 新鲜的豆类：菜豆、新鲜豌豆、荷兰豆

· 富含淀粉的蔬菜：红薯、南瓜

不合适的食品

· 蔬菜罐头

根据个体耐受性选择：

· 茄科植物：西红柿、辣椒（皮难以消化）、茄子、土豆

· 干豆科植物：扁豆、菜豆、豌豆、鹰嘴豆（然而，用这些豆类磨成的粉制成的面条，如扁豆面条、豌豆面条、鹰嘴豆面条是可以食用的。）

> 能量小贴士：有些人对茄科植物和干豆科植物不耐受，建议慢慢建立耐受性。

水果

- 根据个体耐受性选择；

- 每日最佳摄入量为 150 ~ 200 g；

- 尽可能选择本地产的应季水果。

能量小贴士：尽可能地选择有机苹果、草莓、油桃、毛桃和葡萄。

合适的能量食品

优先选择：低糖苦味的水果

- 嘎拉苹果、葡萄柚、金橘、柚子、木梨、醋栗

不会出错的选择：微甜水果

- 苹果、杏、牛油果、梨、蓝莓、黑莓、克莱门氏小柑橘、青柠檬、橙子、木瓜、柠檬

可少量食用：含糖量高的水果

- 紫色的水果（如李子、葡萄、西梅）、菠萝、香蕉（不要选择过熟的）、火龙果、樱桃、柿子、猕猴桃、杧果、甜瓜、油桃、百香果、毛桃

不太合适或不合适的食品

- 加糖的水果罐头

能量小贴士：在实行"30 天能量计划"的前 2 周禁食水果，然后可少量食用果干（如杏干、香蕉干、无花果干、干枣、杧果干、枸杞干、葡萄干）。

香草和香料

合适的能量食品

优先选择：涩口、苦味的香草和香料

- 艾蒿、香薄荷、水田芥、蒲公英、月桂叶、牛至、迷迭香、鼠尾草、百里香、胡卢巴、锡兰肉桂、丁香、葛缕子、姜黄、肉豆蔻、多香果、藏红花、黑孜然

其他选择：

- 罗勒、莳萝、芫荽、薄荷、欧芹、茴芹、孜然、茴香、辣椒、胡椒、巴西胡椒木、香草、黑胡椒、海盐（不含抗结块剂）、芝麻盐（一种芝麻香料）

不太合适或不合适的食品

- 没有限制，取决于个体的耐受性

> 能量小贴士：你可以选择新鲜的香草（如从花园里采摘的蒲公英和宽叶羊角芹）和其他有机香料。

谷物

合适的能量食品

不含麸质的谷物

- 小米、棕色小米、竹芋粉、大蕉粉、红薯粉、杏仁粉、椰子粉、核桃粉

准谷物

- 荞麦、苋菜、藜麦等，还有膨化版和相应类型的面粉
- 大米和米粉、燕麦（**重要提示**：仅选择含"无麸质"标签的燕麦）

不太合适或不合适的食品

含麸质的谷物

- 小麦、二粒小麦、卡姆小麦、斯佩尔特小麦、黑麦、大麦、单粒小麦、未成熟的麦粒
- 未标记为"无麸质"的燕麦

糖和人工甜味剂

合适的能量食品

- 天然的水果糖分

不太合适或不合适的食品

- 所有类型的糖，尤其是精制糖、人工甜味剂（如阿斯巴甜、安赛蜜、糖精和三氯蔗糖）

> 能量小贴士：在实行"30 天能量计划"的前 2 周还要避免摄入蜂蜜、糖浆、浓缩果汁、赤藓糖醇、椰子糖、甜菊和木糖醇，因为它们很难被消化。通过这种方式，你可以快速有效地戒掉自己对糖的依赖，并使味觉神经适应天然糖分。

鸡蛋、动物奶和乳制品

合适的能量食品

- 有机鸡蛋（每周吃 2 ~ 5 个），根据个人耐受性和喜好进行调整
- 牛奶替代品，如杏仁奶、大米奶、腰果奶、椰奶等

不太合适或不合适的食品

· 牛奶、绵羊奶、山羊奶和相应的乳制品

· 含麸质的谷物或豆浆，以及由大豆制成的牛奶替代品

· 含有糖、人工甜味剂或卡拉胶的产品

海鲜

· 每周吃2次（每次125g）。

合适的能量食品

优先选择： 低汞负荷产品

· 凤尾鱼、蝴蝶鱼、鳟鱼（淡水）、鲱鱼、扇贝、蟹（本地产）、鲭鱼（北大西洋产）、沙丁鱼、鲽鱼、黑鳕、狭鳕、鳎鱼（太平洋产）、墨鱼、蛤蜊、鲇鱼、野生三文鱼

适量选择： 中等汞负荷产品

· 鲈鱼、鲤鱼、鳕鱼、龙虾、鳀鳅、鳐鱼、金枪鱼（鲣鱼）、鲷鱼、鮟鱇鱼

不太合适或不合适的食品

高汞负荷产品

· 大比目鱼（大西洋、太平洋产），金平鲉，欧洲鲈，金枪鱼（白色）

极高汞负荷产品

· 无线棕鲈、鲨鱼、鲭鱼（条斑马鲛）、箭鱼、金枪鱼（大目金枪鱼、黄鳍金枪鱼）、石斑鱼

· 用奶油或蛋黄酱腌制的鱼

肉类及其制品

- 每周最多食用 2 次（每次 125 g）。

能量小贴士：最好在晚上吃，因为这是消化动物蛋白的最佳时间。

合适的能量食品

优先选择：

- （有机）家禽、人工饲养的放牧食草动物的肉

适量选择：

- 羊肉、小牛肉、牛肉

- 骨头汤

能量小贴士：骨头汤对改善消化不良、肠漏综合征有效。

不太合适或不合适的食品

- 高度加工的香肠制品和肉制品

果仁

- 根据个人耐受性选择；

- 尽可能地每天摄入 20 ~ 30 g；

- 不同品种定期更换。

合适的能量食品

优先选择： 高纤维、高蛋白的品种

- 奇亚籽、洋车前子壳（磨碎的）、金合欢籽、亚麻籽、椰丝、南瓜子、芝麻以及相应类型的面粉和糊

不会出错的选择：

· 核桃、山核桃、杏仁、腰果、榛子、澳洲坚果、巴西坚果、松子、开心果以及相应的面粉和糊

能量小贴士：坚果糊和坚果粉可以用搅拌机简单且低成本地制作。

不太合适或不合适的食品

· 盐渍坚果、蜜饯坚果、花生和花生酱（因为它们富含 ω-6 脂肪酸）

脂肪

· 选择有机产品；

· 每日5～15茶匙，取决于个人身高、体重和耐受性。

合适的能量食品

· 藻油（满足"omega-safe"生产标准，即在无光、隔热和无氧的情况下压榨而成，并添加 DHA、EPA）、鳄梨油、特级初榨橄榄油、核桃油、小麦胚芽油

用于煎炸：

· 酥油、椰子油、特级初榨橄榄油、花生油

用于少量调味：

· 琉璃苣油、榛子油、南瓜子油、黑孜然油、芝麻油

不太合适或不合适的食品

· 黄油、液体黄油、红花籽油、蛋黄酱、棕榈油、菜籽油（尤其是非煎炸油）、动物油（猪肉和鹅油）

· 含有反式脂肪酸的油炸产品和工业烘焙产品

调味料

合适的能量食品

- 不含蜂蜜或糖的芥末，如第戎芥末酱或芥末粉

- 没有奶油、糖或添加剂的罐装辣根——新鲜磨碎的更好

- 醋、塔巴斯科辣椒酱、哈里萨辣酱和参巴酱

- 不含大豆的味噌，如大米味噌或羽扇豆味噌

- 黑可可粉或可可脆片

- 鳀酱、酵母片、烟熏盐

不太合适或不合适的食品

- 奶油辣根、甜芥末、番茄酱、辣椒酱、鱼露、酱油、甜酱油、酸辣酱

饮料

- 每千克体重可饮用 30 ~ 40 ml。

合适的能量饮品

- 水（依照个人口味添加柠檬香脂、薄荷等调味，或在水中浸泡柠檬、浆果或猕猴桃）

- 不加糖的茶，特别是绿茶，还有药草茶、基础碱性茶、姜茶、人参茶、蒲公英茶、荨麻茶

能量小贴士：空腹喝两大杯水以开启新的一天，并在两餐之间多喝水。

不太合适或不合适的饮品

- 果汁、软饮料或其他加糖饮料，如水果花蜜

- 含咖啡因的饮料和酒

哪些食物应该选择有机产品

现在几乎每个超市都可以找到有机产品。然而，它们的价格比非有机产品更贵。我们需要知道，并非每根胡萝卜丝都必须是有机的。以下食物清单就像导购员一样，可以让你全面了解哪些食物更适合购买有机产品，因为普通产品的农药含量可能更高；而哪些食品则适合购买传统种植的产品。

最好购买有机产品的食物

苹果、梨、草莓、黄瓜、羽衣甘蓝、柿子、樱桃、油桃、辣椒、毛桃、大米、萝卜、芝麻菜、生菜、芹菜、菠菜、西红柿、葡萄。

可以购买传统种植方式生产的食物

菠萝、茄子、牛油果、西蓝花、黑莓、豌豆、茴香、葡萄柚、蓝莓、胡萝卜、猕猴桃、卷心菜、橘子、杧果、木瓜、蘑菇、芦笋、红薯、甜瓜、柠檬、洋葱。

有些食物即使采用传统种植方式生产，其所含的毒性也比较低，因为它们不需要喷洒太多农药，可以去皮食用，或者有较厚的果皮保护果实免受杀虫剂的污染。一般来说，在有机产品和传统种植产品之间进行选择时，可以考虑这个问题：潜在的残留物是否容易被洗掉？一般来说，表面光滑的产品更容易清洁，例如油桃比毛桃好、茄子比覆盆子好。清洗后，你应该将蒂和芽周围的区域切掉，这些都是农药残留物可能积聚的地方。

> **小贴士**
>
> 如果你的预算有限，你可以每周到菜市场逛逛并从当地农民那里寻找便宜的产品。

◆ 能量饮食在路上

理想的一餐应包括约 50% 的绿叶蔬菜、少量蛋白质、固体形态（1 ~ 2 茶匙）的优质脂肪以及味美的香草和香料。碳水化合物应根据运动量灵活地加入食谱：想减肥的少运动者的饮食应该减少配菜；正常体重且保持正常运动量的人可以在饮食中加入少量碳水化合物；运动量大的人或竞技运动员可以用更多的碳水化合物和蛋白质来犒劳自己。每天摄入适量并明智地选择碳水化合物的人都会提高能量水平和工作效率，并能达到理想的体重。

◆ 组胺不耐受者的饮食

在组胺不耐受（HIT）的情况下，低组胺饮食、注意烹饪和储存食物的一些基本原则以及运用营养素补充剂可以使情况好转。我精心挑选的食物不仅组胺含量低，有些甚至具有降低组胺水平的能力。槲皮素含量高的食物被认为是降低组胺水平的天然物质，如苹果、石榴、茴香、甜菜根、红薯、蔓越莓、蓝莓、黑醋栗、沙棘、樱桃和葡萄。椰奶中所含的中链脂肪酸（MCT）也令人印象深刻：它们可以增加人体中 DAO 的释放，这种酶可以降低组胺水平。

以下食物清单将帮助你把食物变成朋友，并从容地享用美食。顺便一提，处理组胺不耐受问题时保持冷静非常重要，因为组胺也会被精神压力激活，并且症状可能升级。该清单还旨在减少你下次购物时的压力水平。

蔬菜

合适的食物（根据个人耐受性选择）

· 新鲜沙拉和煮熟的蔬菜

强烈推荐：

· 朝鲜蓟、生菜、花椰菜、西蓝花、菊苣、茴香、羊角芹、黄瓜、胡萝卜、大蒜、球茎甘蓝、蒲公英、意大利菊苣、甜菜根、芝麻菜、鸦葱、卷心菜、红薯、西葫芦、洋葱

不合适的食物

· 罐装蔬菜、二次加热的蔬菜（如豆类、南瓜、蘑菇）

水果

合适的食物（根据个人耐受性选择）

· 苹果、杏、香蕉（绿色）、黑莓、蔓越莓、枣、无花果、石榴、蓝莓、黑醋栗、杧果、甜瓜、荔枝、桃子、李子、小红莓、榅桲、沙棘、醋栗、葡萄

不合适的食物

· 加糖的水果罐头

· 熟香蕉、菠萝、草莓、牛油果、柑橘类水果

香草和香料

合适的食物（根据个人耐受性选择）

强烈推荐：

· 欧芹、罗勒、水田芥、香葱、百里香、芫荽、鼠尾草、椒薄荷、欧当归

不合适的食物

· 谨慎使用较辣的香料，如胡椒、辣椒、肉桂等。

糖和人工甜味剂

合适的食物（根据个人耐受性选择）

· 天然的水果糖分

不合适的食物

- 精制糖和人工甜味剂（包括阿斯巴甜、安赛蜜、糖精和三氯蔗糖）

鸡蛋、动物奶和乳制品

合适的食物（根据个人耐受性选择）

- 有机鸡蛋

- 杏仁、大米或椰奶制的牛奶替代品

不合适的食物

- 已证实不耐受的情况下，不适合摄入牛奶、绵羊奶、山羊奶及其乳制品

- 谷物或豆浆以及大豆所制的牛奶替代品

海鲜

合适的食物（根据个人耐受性选择）

- 新鲜鱼类（冷冻食品），加热时间尽可能短

不合适的食物

- 汞负荷极高的鱼肉罐头、箭鱼和金枪鱼

- 二次加热的鱼肉

肉类及其制品

合适的食物（根据个人耐受性选择）

- 适量的放牧食草动物的肉（每周 100 ~ 200 g），加热时间尽可能短

不合适的食物

- 所有的加工肉类产品

- 猪肉

- 二次加热的肉类

果仁

合适的食物（根据个人耐受性选择）

- 亚麻籽、奇亚籽、杏仁、南瓜子、松子、芝麻、澳洲坚果

不合适的食物

- 盐渍坚果

脂肪

合适的食物（根据个人耐受性选择）

- 藻油（或添加了 DHA、EPA 并且满足"omega-safe"生产标准的亚麻籽油）、小麦胚芽油、特级初榨橄榄油、核桃油和鳄梨油

用于煎炸：

- 特级初榨橄榄油、椰子油、芝麻油、酥油

不太适合或不适合的食物

- 猪肉和鹅油、液体黄油、棕榈油、蛋黄酱、红花籽油

- 含有反式脂肪酸的食物，如油炸食品、烘焙食品

·每千克体重可饮用 30 ~ 40 ml。

合适的食物（根据个人耐受性选择）

·水、不加糖的茶（尤其是蒲公英茶、图尔西茶、洋甘菊茶、绿茶）

不太合适或不合适的食物

·果汁、软饮料或其他加糖饮料，如花蜜

产品购买和食品处理的注意事项

·购买鱼时，请注意其来源和相关质量标签。虽然人工养殖的鱼通常不会被汞污染，但有可能被喂食富含组胺的大豆和谷物。因此，这类鱼不仅营养和脂肪酸含量较低，而且组胺含量高于野生鱼类。

·避免在冰箱冷藏室中解冻冷冻食品（如鱼类、畜肉类或豌豆），并避免将吃剩的鱼或肉存放在冰箱中。尽管处于低温环境，组胺也能在一夜之间积聚在食物中。

·在准备食材时，建议将冷冻的鱼或肉放在流动的温水中解冻。当食材脱离冷冻僵硬的状态时，你应该快速将其放进煎锅或烤箱中烹饪。

┃素食和纯素饮食（升级版）

关于素食或纯素饮食的益处和风险的讨论仍在继续。科学界一致认为：将植物性食物作为活力和纤维来源的饮食是健康和能量的来源。然而，这必须经过精心设计且适合个人，否则可能导致缺乏营养素和精力不足等问题。这就是为什么即使是素食者或纯素食者也需要有扎实的相关知识基础。

德国营养学会（DGE）将维生素 B_{12}、维生素 B_2、维生素 D、蛋白质、$\omega-3$ 脂肪酸、钙以及微量元素铁、碘、锌和硒列为易缺乏营养素。以下表格展示了各种营养素和相应的植物替代品。

◆ 食物表格：素食或纯素饮食中可能缺乏的营养素和植物性替代品

铁

存在于动物性食品中

· 肉类、含肉食品

该营养成分含量相对较高的植物性替代品

· 坚果、果仁（如芝麻、豆类）、蔬菜（如西蓝花、鸦葱、芝麻菜、野莴苣）、浆果、全麦谷物（如无麸质燕麦）

能量小贴士：某些水果（如浆果）中的维生素 C 可以促进铁元素的吸收。

蛋白质

存在于动物性食品中

· 鱼类、畜肉类、动物奶和乳制品

该营养成分含量相对较高的植物性替代品

· 果仁、豆类、蘑菇、西蓝花、菠菜、水田芥

碘

存在于动物性食品中

· 海鱼

该营养成分含量相对较高的植物性替代品

· 碘盐（不含抗结块剂的有机产品）、碘含量适中的海藻（如紫菜）

重要提示：藻类可能含有大量碘，如果大量食用藻类，则可能超过人体每天可耐受的最大碘摄入量。出于这个原因，含有大量碘的藻类（如裙带菜、海带、荒布藻或羊栖菜）只能偶尔食用或少量食用。

能量小贴士：注意，大豆、卷心菜、菠菜会阻碍碘元素的吸收。

维生素 B$_{12}$

存在于动物性食品中

· 鸡蛋、肉类、动物奶和乳制品

该营养成分含量相对较高的植物性替代品

· 缺乏适当的植物性替代品。在医生指导下有针对性地服用营养素补充剂是有必要的

维生素 B$_2$

存在于动物性食品中

· 乳制品

该营养成分含量相对较高的植物性替代品

- 果仁（如亚麻籽、杏仁、南瓜子、葵花籽、芝麻）、豆类、羽衣甘蓝、西蓝花、蘑菇、牛肝菌、全麦谷物的壳（注意麸质不耐受问题）

维生素 D

存在于动物性食品中

- 油性鱼类（如三文鱼或鲭鱼）、蛋黄、动物肝脏、乳制品

该营养成分含量相对较高的植物性替代品

- 蘑菇、牛油果

> 能量小贴士：仅靠食物吸收维生素 D 通常会吸收不足。维生素 D 的合成主要通过皮肤受到紫外线照射后在体内进行。

锌

重要提示：孕妇、哺乳期妇女、老年人、免疫系统功能较弱的人和患有自身免疫病的人应确保获得充足的营养。

存在于动物性食品中

- 油性鱼类、畜肉类（尤其是家禽的肉、牛肉）、内脏、贝类（如牡蛎）、鸡蛋、硬奶酪、凝乳

该营养成分含量相对较高的植物性替代品

- 果仁（尤其是山核桃、南瓜子和腰果）、野生稻、菠菜、西蓝花、浆果、

蘑菇、燕麦片、芸豆、鹰嘴豆

硒

存在于动物性食品中

· 畜肉类、油性鱼类（如鲱鱼、鲭鱼）、鸡蛋、硬奶酪

该营养成分含量相对较高的植物性替代品

· 巴西坚果、甘蓝（如西蓝花、卷心菜、羽衣甘蓝等）、大蒜、洋葱、芦笋、蘑菇、豆类

重要提示： 植物性食物中的硒含量取决于土壤中的硒含量。近几十年来，德国土地中的硒含量已经显著下降。

钙

存在于动物性食品中

· 动物奶和乳制品

该营养成分含量相对较高的植物性替代品

· 蔬菜（如西蓝花、羽衣甘蓝、尖头卷心菜、芝麻菜）、果仁（如芝麻、巴西坚果、榛子）、豆类、发酵豆制品、矿泉水（富含钙，钙含量高于 150 mg/L）

> 能量小贴士：高钙代乳制品的钙含量与牛奶相同（每 100 g 含 120 mg 钙）。为了更好地被人体吸收，果仁（如芝麻）最好磨成粉或做成糊状（如芝麻糊）。

很遗憾，多年来一直营养不良的素食者或纯素食者已经成为一个不容忽视的患者群体，他们经常因缺乏能量和免疫力下降而感到不适，最终陷入长期疲劳的状态中，并不断寻医问药。在人们不清楚自己患有麸质不耐受的情况下，饮食中的蔬菜太少、优质脂肪太少、蛋白质太少或是由于摄入过多含麸质的谷物而导致的肠黏膜受损，都会让人们付出代价。不过，依靠研究所得的应用知识可以成功地解决问题。

◆ 明智的素食者或纯素食者

每一位素食者，尤其是孕妇、哺乳期妇女、儿童、青少年、运动量大的人、老年人，都要确保易缺乏营养素的充足供应。最好让你信任的医生定期为你进行相关检查和护理，主要是为了预防缺乏碘（这在非素食者中也很常见）、ω-3脂肪酸、蛋白质和维生素 B_{12}。德国营养学会认为，纯素饮食对孕妇、哺乳期妇女、儿童及青少年来说是无法满足营养需求的。对这些人，有保障的个性化建议、营养素补充剂和精心设计的多样化饮食是保证健康的先决条件。下面，我将向你介绍几种极其重要的营养素：ω-3 脂肪酸、蛋白质和维生素 B_{12}。

ω-3脂肪酸

长链 ω-3 脂肪酸——DHA 和 EPA 是人体细胞的基本组成成分。如果缺乏这些脂肪酸，从长远来看，细胞将出现严重的功能损失。要保证最佳的长链 ω-3 脂肪酸的供应，仅依靠亚麻籽油是不够的。可以选择优质的藻油，最好是添加了小麦胚芽油作为抗氧化保护剂的藻油。这种食用油口感极佳，也绝不会有腐败味或鱼腥味。

蛋白质

素食者应对重要蛋白质的供应保持高度的敏感性。营养师的建议和纠正通常是必需的。为了获得与一块杏大小的家禽肉中蛋白质数量相当的蛋白质，素食者需要吃大约一棵生菜和一朵中等大小的西蓝花。为了保证摄入足量的蛋白质，素食者必须吃得更多。如果饮食中缺乏蛋白质，就会导致人体功能严重受损，如肠黏膜受损、伤口愈合缓慢、免疫力下降。最重要的是，素食者经常缺乏赖氨酸（一种必需氨基酸）。赖氨酸缺乏经常出现在反复的疱疹感染（如嘴唇、鼻子等处的疱疹）或免疫力下降的患者身上。植物性食物中几乎没有赖氨酸，只有豆类中含有少量赖氨酸。为了达到所需的量，素食者必须吃下的扁豆、菜豆和豌豆的数量是很大的，不少素食者根本无法做到。这就是我建议素食者有针对性地服用含有氨基酸的营养素补充剂的原因。

维生素B_{12}

这种维生素是素食者讨论最多的微量营养素。维生素 B_{12} 对神经系统的正常运转、血液的形成、细胞的分裂和维持我们的能量水平十分重要。维生素 B_{12} 仅天然存在于动物性食品中，并且含量充足。因此，对素食者来说，有针对性地服用营养素补充剂是必要的。现在，素食者的维生素 B_{12} 供应状况同以前相比已有了明显改善，因为大多数人都知道缺乏维生素 B_{12} 的风险。

为了评估自身需补充的维生素 B12 的剂量，建议定期让你的医生对你进行检查。相关的剂量建议通常是为了避免严重缺乏营养素而必须满足的最低需求量。然而，这些建议通常不符合个体的最佳营养需求量，例如有些人对 ω-3 脂肪酸的需求量可能很高。通过血液化验并相应调整剂量是一种创新的方法，也有助于提高你的能量水平。通常这样的例行检查每年做一次就足够了。当然，你也可以随时联系你的家庭医生。

如果维生素 B12 是通过静脉或肌内注射的，则要等到几周后才能检测血液，因为这会对血值产生影响。遗憾的是，我们目前的医疗技术无法充分支持相关的创新分析方法，如检测维生素 B12、碘和 ω-3 脂肪酸。希望在未来这种情况可以得到改善。

小贴士

确保维生素 B12 的供应很重要。然而，我们不应依赖血液检测结果呈现出的维生素 B12 的值。因为它无法提供有关当前维生素 B12 状态的任何可靠信息。我建议检测以下几项。

- **全运钴胺素 II（全反钴胺素，Holo-TC，"活性 B12"）**：Holo-TC 是将维生素 B12 运送至身体细胞的转运蛋白，其检测结果可以反映人体是否缺乏维生素 B12。

- **甲基丙二酸（MMA）**：MMA 水平升高表明身体缺乏维生素 B12。其值不必作为检测中的强制要求项。然而，在 Holo-TC 缺乏的情况下，它适合作为第二个血液检测项来确诊。在理想情况下，可以对 Holo-TC 和 MMA 两个值都加以检测。

- **同型半胱氨酸**：同型半胱氨酸水平升高表明维生素 B12（或叶酸）供应不足。因此，该值适合作为检测维生素 B12 缺乏症的附加标志物。

- **ω-3 指数**：作为可选项，可以通过 ω-3 指数确定血液中长链 ω-3 脂肪酸的供应情况，这也是一种有效的诊断工具。

请批判性地看待肉类替代品

如果你选择素食或纯素饮食，那么请批判性地看待汉堡包、香肠等肉类制品的替代品。这些产品通常给人一种"自然"的印象。然而，有不少商家为了模仿肉的味道，在生产过程中使用劣质的脂肪、糖、盐、人造香料、防腐剂和色素。在 2020 年 11 月的一项检测中，几乎一半的植物基汉堡包都检测出了矿物油的痕迹。这一点值得我们深思。

健康消化——治疗三部曲

良好的消化过程是保持健康和能量水平的基础。

本章是本书最重要的章节之一！其目标是强化和治疗你的消化系统。对消化系统，尤其是对肠道的研究可能在未来给我们带来一些意想不到的惊喜。让你的消化过程井然有序是你在恢复能量水平过程中最重要的步骤之一。将日常饮食与减少对肠道的负面影响、增强消化能力、促进肠道菌群的发展相结合是很必要的。

因此，治疗三部曲如下。

进入人体的每样东西都是由消化系统来处理的。然而，如果没有消化助手，人就无法好好消化食物。因此，你要学会强化你的消化助手。还记得吗？消化助手有唾液、胃液和胆汁等。

你要像一位建筑师一样学习如何修复消化系统这座"建筑"。例如，肠黏膜要用"砂浆"（如谷氨酰胺）密封，然后通过形成健康的黏膜细胞为肠黏膜贴上"墙纸"。维生素 A、B 族维生素、ω-3 脂肪酸和抗炎药草可以起到帮助的作用。

下一步，你将邀请友好的"客人"，如使人保持苗条和健康的益生菌进入你"日益美观"的胃肠道，实行能量饮食让这些"客人"感到舒适并在肠道中"定居"，每天用益生元等"美味佳肴"来喂养肠道益生菌。你还将学会接受苦味物质（如来自蒲公英、菊苣或苦味物质制剂），将其作为新的肠道益生菌的益生元（记得要充分咀嚼）。

治疗三部曲——强化你的消化助手

充分咀嚼食物，直到它们在你嘴里变成糊状。我知道我在重复自己在前文说过的话，但这太重要了——咀嚼已经成为一种轻松且免费的保持健康的方法。事实证明，咀嚼有助于消化食物，维持肠道环境稳定，从而源源不断地为人体提供能量。因此，每顿饭都应该好好"吃"，而你最好从下一顿饭开始，坚持充分咀嚼食物。

此外，能量食品和营养素补充剂也能助消化。

◆ 补充消化酶

生的蔬菜能够提供有助于消化的活菌和天然酶。"30天能量计划"中的消化功臣有：木瓜（含有木瓜蛋白酶）、菠萝（含有凤梨蛋白酶）。它们中含有的蛋白酶可用于消化蛋白质，所以我们可以把木瓜或菠萝作为餐后甜点，或者添加在午餐的沙拉中。

如果你感觉自己的消化能力较弱，并且通过自我测试发现缺乏消化酶，那么含有消化酶的营养素补充剂可以帮助你改善消化能力。营养素补充剂可以在药房或互联网上买到，但请选择不含添加剂的产品。

重要提示：根据我的经验，你如果患有胃灼热并且正在服药，但想尝试停药，那么服用消化酶可能对你有所帮助。

◆ 摄入苦味物质

食物中的苦味物质有利于消化，因为它能刺激肝脏分泌胆汁。能量食品中的苦味"英雄"有菊苣、红菊苣、蒲公英、芝麻菜，以及像朝鲜蓟和辣根这样的苦味蔬菜。

重要提示：作为消化脂肪的帮手，蒲公英茶是能量饮食中的必备品。我建议你定期喝蒲公英茶，最好在两餐之间喝。你可以在药店和超市找到这种茶。

它还可以与具有解毒功效的荨麻茶完美搭配（我更喜欢这种简单的组合，而不是纯蒲公英茶）。

你的消化系统每天都需要大量苦味物质。它们不仅可以帮助肝脏分泌胆汁，还可以作为益生元，保护使人保持健康和苗条的肠道细菌。此外，苦味物质能够抑制食欲，所以非常受欢迎。在日常生活中，苦味物质常添加在喷雾剂或药粉中。在选购时请注意选择不添加酒精或防腐剂的高品质产品。

◆ 保持胃的"平衡"

当胃处于"平衡"状态时，整个消化系统都会受益。你是否怀疑自己的胃液太少？自我测试会告诉你答案。如果你胃液不足，那么可以通过以下几条简单的建议来改善胃的消化能力。

· 空腹喝两大杯水来开启新的一天。可以在水中加入鲜榨柠檬汁（最好是整个柠檬的量）。当然，柠檬汁可以从少量开始，逐次慢慢增加。

· 空腹喝 1 ~ 2 杯鲜榨西芹汁也可以。虽然鲜榨西芹汁对味蕾不太友好，但它可以解决消化问题。

· 将生姜制成鲜泡茶。将一块生姜切成小块，放入 70℃左右的水中，待晾至适宜温度后饮用。喜欢吃生姜的人可以在喝之前嚼一小块新鲜的生姜。

▍治疗三部曲——修复肠黏膜

为了修复肠黏膜，你需要最佳的营养供应，避免引发由免疫反应导致的炎症，避开损害肠黏膜的因素，如过大的精神压力、酒精、尼古丁、止痛药、糖、人工甜味剂、反式脂肪酸、过多的含有麸质的谷物以及卡拉胶等添加剂。因此，在修复肠黏膜的最初几周，应少食用豆类和茄科植物（如西红柿、辣椒、茄子、土豆）。因为对某些人来说，这些食物会增加肠黏膜的渗透性，激活免疫系统并导致炎症反应。这是由皂苷引起的。皂苷是一种类似肥皂的泡沫物质。在烹饪豆类或土豆时，或者在下班后喝啤酒时，你可以观察到它的"起泡"特性。

◆ 微量营养素

现代微量营养素疗法是修复肠黏膜的重要基础疗法。为了修补肠黏膜的"缝隙"，你需要最好的"砂浆"——谷氨酰胺。它可以作为肠道免疫细胞的营养物质，促进锌的吸收，并有助于身体细胞再生。除了上述功能之外，谷氨酰胺还是修复保护肠黏膜的理想物质。虽然肌肉和肝细胞能合成部分谷氨酰胺，但人体对谷氨酰胺的需求主要通过饮食来满足。谷氨酰胺存在于家禽的肉、牛肉、鱼和乳制品等中。这就是我推荐大家喝优质的骨汤或慢熬鸡汤的原因。一些植物性食物，如菠菜、甜菜根、卷心菜、小扁豆及菜豆等豆类、核桃、燕麦片或欧芹也可以提供谷氨酰胺。完美的"砂浆"和理想的肠黏膜"壁纸"还需要锌和维生素 B_6 等微量营养素。

修复肠黏膜需要时间，但耐心等待是值得的。我推荐患者至少坚持3个月服用营养素补充剂并喝药草茶。为了有效清洁肠黏膜，我将推荐一些营养素补充剂，它们结合起来可以产生积极作用，同时不会产生副作用。此外，我还会推荐一些有效的药草茶。

·谷氨酰胺（粉末或胶囊）：在开始治疗的第1～4周，每日服用2～3次，每次将3g谷氨酰胺混入水或食物中服用；在第5～8周，每天服用1～3g。在咨询有经验的医生后，可以保持该剂量服用更长时间。8周后，暂停服用几周。

·锌（片剂或胶囊）：每日服用10～15mg（在晚上摄入可提高营养素利用率）。不要低估锌的作用，因为它可以维持肠黏膜的完整性，并对抗损害肠黏膜的促炎细胞因子。

·姜黄。其中的活性成分为姜黄素，具有抗炎、抗氧化的作用，并且对肠道细菌有益。研究表明，它可以促进肠黏膜的形成并降低肠黏膜的渗透性。每日服用1～3g，可作为饮食中的香料、加在水中或作为营养素补充剂直接服用。

此外，ω-3脂肪酸、B族维生素、维生素A、维生素C、维生素D、维生素 E、镁、硒和益生菌都有助于肠黏膜细胞的再生。

◆ 有效的药草茶

栎树皮、洋委陵菜、鹅绒委陵菜可以有效降低肠黏膜的渗透性。然而，由于其中单宁和苦味物质的含量很高，这些茶的味道并不那么好。对喝茶爱好者来说，绿茶更令人愉悦，其中含有的表没食子儿茶素没食子酸酯（EGCG，即绿茶茶多酚的主要组成成分）具有抗炎作用。此外，富含苦味物质的茶还可以充当肠道益生菌的养料。

重要提示：你可以在药房找到所需的药材，取栎树皮、洋委陵菜、鹅绒委陵菜和薄荷各 25 g，然后将这 100 g 药材混合起来。取 1 ~ 2 茶匙混合茶，倒入约 200 ml 水，浸泡 10 ~ 15 分钟。这种混合药草茶起效很快。我建议想要尝试的读者每天冲泡 1 ~ 2 杯新鲜的茶，如果感觉味道太苦了，可以往茶水里加一点儿蜂蜜，这样就不至于喝不下去了。为了产生足够的疗效，混合药草茶应坚持喝 2 ~ 4 周。

治疗三部曲——呵护新生的肠道益生菌

恢复肠道健康还需要新生的、兢兢业业的肠道"居民"——肠道益生菌的帮助。为了让肠道中的这些"好居民"感到舒适，你必须把肠道中的有害细菌、病毒、真菌和所有寄生虫都排出体外。这可以通过服用抗微生物的药草和药用精油来实现。如果粪便检测结果显示患者有消化系统的问题和病理性感染，根据我的经验，我建议患者结合服用以下营养素补充剂 2 ~ 3 周。特别是患有自身免疫病的患者，更应认真对待以下建议。

◆ 抗菌药草和药用精油

· 葡萄柚籽提取物（胶囊或片剂）：每日3次，每次250～500 mg。

· 大蒜素（胶囊或片剂）：每日2～3次，每次50mg。需要注意的是，大蒜素可增强降血压或抗凝药物的作用，使用前应咨询你的医生。手术前后一周，应避免大量摄入大蒜素。大蒜素具有极好的抑菌作用，也适用于治疗慢性幽门螺杆菌感染——这是使人精力不足的原因之一。将大蒜素以胶囊形式服用，是大众比较能接受的。

· 牛至油（胶囊或片剂）：每日3次，每次200～250 mg。

· 黑孜然油（最好是新鲜压榨的油，胶囊）：每日2次，每次取1茶匙，即每次250～500 mg。

你可以将服用上述营养素补充剂的时间延长4～6周，直到肠道问题彻底解决为止。最初你可能感到胃肠道胀气、疲劳或头痛。请不要气馁，这些症状仅表明营养素补充剂正在起效，并且许多有害的肠道"寄居者"正在被驱赶。在这种情况下，你可以适当减少上述药草和药用精油的剂量。几天后，这些症状通常会像乌云一样散去。如果症状持续存在，请向你的医生求助。

◆ 益生菌

当肠道驱赶不友好的"居民"并且对肠黏膜进行修复时，建立健康的肠道菌群显得尤为重要。这就是我们需要尽早"邀请"益生菌"入住"我们的身体并且让它们在身体中安置下来的原因。这些"新客人"是修复肠道的积极支持者，能帮助我们重新规划肠道环境，使人体健康且充满活力。它们卷起袖子，热火朝天地工作——指挥信号分子、酶和脂肪酸的生产。因此，有针对性地摄入益生菌（胶囊或粉末），并坚持至少3～6个月是很有意义的。

根据我的经验，在选择益生菌时，建议使用主要含有双歧杆菌和乳酸杆菌的组合制剂。每份制剂都有几种菌株，每粒胶囊或每份制剂的细菌含量应达到数十亿。

◆ 来自饮食的益生菌

新鲜酸菜、味噌（由发酵大豆制成的酱）等发酵食品能提供乳酸杆菌，但数量较少。无乳酸的乳制品中的益生菌是营养供应的小帮手。然而，目前需要讨论的是，这些食物中所含的益生菌能否到达最需要它们存活的肠道。由于体内较高的生物利用度，新鲜水果、西蓝花、小洋萝卜、扁豆等食物所携带的微生物似乎是更有效的益生菌来源。此处的关键在于生食的摄入。这里隐藏了一个你作为负责任和注重卫生的消费者必须考虑的问题：一定要吃高质量的产品，还应确保产品不受污染。当然，如果你非常幸运地拥有一个花园并能够自己种植优质的食品，那就更好了。不过，在种植过程中请注意土壤受污染和感染弓形虫病的潜在卫生风险。

◆ 益生元

益生菌是能量的制造者，如果营养供应充足，那么它们在肠道中就能保持良好的状态。益生元对此很有帮助，尤其是膳食纤维。德国营养学会建议人们每天摄入 30 g 膳食纤维。遗憾的是，只有少部分人达到了这个标准。我们来慢慢地改善饮食，摄入膳食纤维吧！

膳食纤维的来源是新鲜的生水果（尤其是有机浆果和苹果）、蔬菜（如茴香、胡萝卜、卷心菜）、坚果（如核桃、榛子、澳洲坚果、山核桃）和植物籽（如亚麻籽、奇亚籽）。抗性淀粉也是一种极好的膳食纤维。它存在于先加热后冷食的食物中，如冷食米饭（寿司）或土豆。由于冷食米饭或土豆对血糖的刺激性更强，建议在摄入后注意监测身体的反应和能量水平。此外，你还可以通过定期食用以下替代品来增加日常生活中膳食纤维的摄入量，这些替代品可以与摄入的益生菌相结合。

• 洋车前子壳（有机品质，需磨碎）。这是一种来自洋车前草的耐受性良好的膳食纤维。每日服用 1 ~ 3 茶匙即可。

• 金合欢纤维（活性成分为阿拉伯半乳聚糖）。每日服用 1 ~ 2 汤匙粉末即可。

· 柑橘果胶。每日服用 1 ~ 2 次，每次 1 茶匙。

重要提示： 在服用益生元时，确保喝足够多的水是很重要的。粉状益生元应溶解在液体中，并在饭前 15 ~ 30 分钟饮用。你也可以将它们搅拌成绿色果汁或当作早餐（早午餐）。在药房、保健食品商店或互联网上都可以买到相关的优质产品。

◆ 口腔护理

肠道健康始于口腔。肠道中的细菌过多通常源于可能致病的口腔菌群。你是否在刷牙或使用牙线时经常牙龈出血？如果是这样，那么你的口腔中可能存在伴随炎症反应的细菌过度繁殖现象。因此，要想修复作为能量来源的肠道，请牢记以下口腔护理技巧。

· 除了预防和控制病毒、细菌的繁殖，你还应该避免使用化学漱口水，因为它也可能杀死益生菌。

· 油拔法是一种健康的替代漱口水的方法。其做法是，最好在早上用一些芝麻油、椰子油或橄榄油漱口，将油用力吸过牙间区（至少漱口 3 分钟，最好是 10 分钟或更长时间）。油拔法不仅能去除口腔中的污物和恼人的细菌，还能缓解口腔炎症、自然美白牙齿，并在 1 周后使牙齿上的牙菌斑明显减少。你可以选择口感好的"漱口油"，但廉价的油也可以，因为你最终会把油吐出去。

重要提示： 切忌吞食受污染的油，正确做法是将其吐到卫生纸上，与生活垃圾一起处理掉。

· 牙齿和牙间区的护理方法。大约每 8 周需要更换一次牙刷，如果你患了感冒，治愈后请立即更换牙刷。过旧的牙刷像蓬乱的蒲公英一样，不仅无法再充分地去除牙菌斑，而且会导致细菌过度繁殖，还会导致龋齿和牙龈炎。请定期使用牙线和清洁刷，但不要刷得太用力，应选择刷毛柔软的牙刷，并且刷牙动作要轻柔。我的建议是，将牙刷停留在牙齿和牙龈之间的边界上。这一点非常重要。

• 用益生菌粉漱口。在服用粉末之前，你可以将益生菌粉溶解在水中并用溶液漱口约 1 分钟，让益生菌在口腔中发挥作用。然后，等待至少 15 分钟，最好是 30 分钟后再进食和饮水。经我的生活实践证明，在服用益生菌的同时漱口这个方法十分有效。

用正确的方式排毒

并非你偶尔做的事情，而是你每天的习惯会影响排毒。
毒性的关键在于剂量！

人体是迷人的奇迹殿堂。我们的身体能否保持健康和充满活力取决于体内的所有器官能否和谐高效地运转。身体的排毒系统是人类在进化过程中被精心设计出来的：自然技巧高超地将肝脏、胆囊、大肠、肾脏、皮肤、肺和呼吸道铸成了一条强大的"排毒流水线"，它可以去除人体自身的代谢废物和进入身体的有毒物质。

某些以"排毒"为卖点的"排毒疗法"可能对人体有害。另外，有一种普遍的观点认为，身体"可以自行完成排毒"。遗憾的是，从现代预防医学的角度看，这种观点有些片面。不是每个人都能很好地排毒。患有遗传性代谢疾病（如吉尔伯特综合征）的人排毒能力会下降，并且通常有一个共同点——如果排毒功能差的问题没有及时被发现并解决，患者就会长期缺乏精力。如果身体的排毒功能可以保持良好和稳定，我们每个人都会因此受益。我们每天都会通过水、食物、空气等摄入毒素，这些毒素来自细菌、真菌、塑料、重金属、药物、烟、酒等。我们的身体不仅需要将自身产生的毒素排出，还要清除这些外来的毒素。饮食中的营养素含量低会导致身休排毒不充分，因为充分排毒需要许多营养素。因此，深入研究身体的排毒过程是很有用处的。

身体是如何排毒的

人体的排毒过程会按照固定的周期进行，并且昼夜不停。人体内最重要的排毒器官是肝脏。你的生活方式、每天做出的所有大大小小的决定，比如你使用的面霜和香水、一切饮食，都会给肝脏带来压力。肝脏可以将有毒物质进行分类、储存或在酶的帮助下将其转化，从而将它们排出体外。人体内的营养素供应越充足，肝脏的排毒工作越轻松，你就越感到健康、有活力。身体的排毒过程可分为不同的阶段。每个阶段都有精确的流程，并且需要特定的营养素，以保证排毒过程顺利进行。

·阶段一：在这一阶段，毒素被肝脏合成并分泌的酶（主要是细胞色素P450）"活化"，即毒素被"激活"并产生反应。通过这种方式，毒素被酶转化为毒性较小的可排泄物质。当肝脏内的酶第一次遇到毒素时，两者反应会产生有剧毒的自由基。因此，排毒的第一阶段被称为"毒性阶段"。推荐以下营养素用于使排毒的第一阶段达到最佳效果——B族维生素和抗氧化剂（如维生素C、维生素E和谷胱甘肽）。谷胱甘肽是细胞最重要的安全卫士，它与其他抗氧化剂一起保护细胞和细胞器免受氧化应激反应可能造成的损害。

·阶段二：在这一阶段，肝脏开始进行真正的解毒。肝脏利用酶将毒素与特定物质，如氨基酸（半胱氨酸、甘氨酸和谷氨酰胺）、硫、硒和谷胱甘肽等结合在一起。因此，要使排毒的第二阶段达到最佳效果，饮食中需要富含微量营养素以及优质植物蛋白，同时还应该能提供大量硫和抗氧化剂。此类食物有洋葱、大蒜、甘蓝类蔬菜（如西蓝花、羽衣甘蓝、球茎甘蓝、尖头卷心菜和圆白菜）。

在肝脏、胆和肠道之间，有大量物质在循环。小肠和大肠的职责是确保食物中的水和重要营养物质被吸收到血液中，并通过循环系统将它们送至肝脏。然而有时候，本应立刻被排出体外的物质会通过肠壁被再吸收。如果你摄入的膳食纤维太少，这个问题就会变得很严重，因为膳食纤维可以阻止毒素被再吸收。

深入了解排毒过程会让你意识到简单粗暴的、有时限的和欠考虑的"排毒疗法"很荒谬。备受赞誉的"奶昔排毒法"往往会造成不必要的肾上腺素水平不稳定而非达到治疗效果。就像给房屋做大扫除一样，房屋内部的清洁工作应

排毒有益于健康

当小心谨慎地进行。例如，间歇性断食法在排毒疗法中占有一席之地，因为它可以促进细胞自噬，即身体的自我清洁，但断食也需要适度。排毒不应该像一场乘坐幽灵列车的无尽的恐怖之旅。当自身的排毒过程在没有事先考虑消化和有针对性的肠道修复的情况下被迫进行时，排毒过程会有戏剧性地结束。

因此，至关重要的一点是，促进身体进行正确排毒的第一步是增强消化系统功能，使排毒过程充分进行，避免毒素被肠道再吸收，从而为身体提供大量全新的能量。受损的肠黏膜会削弱身体的排毒功能，因此完整的肠黏膜是充分排毒和保持能量水平的关键。每座房子都需要一个坚实的基础来支撑，排毒过程也是如此。我希望读者可以坚持以下简单的黄金法则，呵护自身排毒系统，使其能够一直发挥最佳效用。

▌排毒饮食的7条黄金法则

1. 加强消化系统功能并保护肠黏膜

加强消化系统功能是成功排毒的第一步。通过支持"排毒流水线"（肝脏、胆、肾脏、皮肤等）的工作，可以有效地促进排毒。

2. 坚持排毒饮食

能量饮食充分利用了有利于肠道健康的食物的治疗能力，还利用特定的食材加强身体解毒能力。以下食物可以提供大量植物次生物质并刺激解毒酶的释放：西蓝花、羽衣甘蓝、球茎甘蓝、紫甘蓝、尖头卷心菜、圆白菜、辣根、甜菜、萝卜、洋葱、大蒜、浆果、核桃、鳄梨、水田芥、罗勒、欧芹、小茴香、姜黄、迷迭香、黑胡椒等富含谷胱甘肽；螺旋藻、小球藻以及芫荽是极好的解毒剂，它们具有强大的抗氧化作用，并且能提高谷胱甘肽水平。如果在饮食中加入这些天然解毒剂和生素食，那么你无须付出太多努力就可以使身体的排毒过程更高效。

3. 促进肝胆排毒

任何能减少有害物质吸收的事都有助于肝胆的排毒工作。请确保自己的睡眠充足且安稳，养成良好的睡眠习惯并保持良好的床上卫生，因为肝脏在深夜处于最佳状态。

重要提示：所有苦味的食物（如蒲公英、芝麻菜、菊苣、红菊苣）都能刺激肝胆功能。你应定期从食物、茶（如蒲公英茶）和苦味物质制剂（如不含酒精和防腐剂的喷雾或粉末）中摄取苦味物质。由朝鲜蓟、蒲公英和水飞蓟制成的组合制剂是一种经过实践检验的营养素补充剂，它通过为肝脏提供营养素而促进整个消化和解毒过程。

4. 帮助肾脏排毒

你可以通过喝水来帮助肾脏排毒，尤其是纯净的矿泉水或过滤水。每天早上喝两大杯水（共约 400 ml），可以帮助肾脏将肝脏在夜间排出的毒素尽快排出体外。荨麻茶等茶具有利尿作用。每日的饮水量应为每千克体重 30 ~ 40 ml。请进行如下自我测试：尝试尽可能多地喝水，使尿液的颜色在一天中至少有一次变得非常浅——这说明尿路足够通畅并且能有效地排毒。

5. 关注自己的皮肤和呼吸

请确保自己每天尽可能多次（至少每天一次）大量出汗。保持运动或增加运动量。除了定期锻炼，如爬楼梯、跳舞、骑自行车和进行其他运动外，还可以去蒸桑拿。这些活动为你提供了通过皮肤排毒的绝佳机会。我个人特别推荐促进排毒和放松的红外线桑拿，这适合运动量有限的人。现在甚至还有适用于小型公寓的可折叠桑拿舱。

此外，请尝试每天至少用 15 ~ 30 分钟，最好是 1 小时，在户外呼吸新鲜空气，以促进身体排毒、提高能量水平，同时学会正确地呼吸。

6. 帮助肠道排毒

将毒素有效地排出体外非常重要。因此，我们必须防止肠道对有毒物质的再吸收。为身体供应充足的膳食纤维可以防止便秘、粪便结块和粪石。粪石会堆积在肠道中，导致肠黏膜将粪便中的有毒废物转移到血液中。在修复肠道之初就服用有机小球藻是非常有用的。这种淡水藻的叶绿素含量在植物界中是最高的。叶绿素能与重金属结合，并提供甲基与毒素结合，因此是一种极好的解毒剂。小球藻的蛋白质含量非常高（高达60%），它含有人体必需的8种氨基酸、维生素A、维生素C、维生素B_6、叶酸、维生素B_{12}以及微量营养素（如铁、锌）。这使它成为素食者或纯素食者的好伙伴。建议通过颗粒、胶囊或片剂摄入有机品质的小球藻。为了达到促进排毒的效果，推荐摄入小球藻的起始剂量为500 mg，之后可缓慢增至每日1～7 g。

如果对有机小球藻不耐受，洋车前子壳粉是一种更便宜的替代品。不过，需要注意的是，最好选择有机产品。因为洋车前子壳可能受到严重污染，它们的高纤维含量（超过80%）和黏液使它们很容易吸附有毒物质。除了促进排毒的作用，洋车前子壳还有为肠黏膜提供益生元和抗炎的作用。服用时，请确保喝足量的水。推荐在饭前将1茶匙洋车前子壳粉混入250～300 ml水中，并快速饮用，每日2～3次。

7. 吸烟和饮酒时要深思熟虑

烟和酒是排毒系统最大的敌人，因为尼古丁和酒精对排毒过程有巨大的影响。吸烟、饮酒时，人体内会产生大量自由基。酒精还会导致皮质醇过量释放，从而刺激体重增加并最大限度地降低能量水平。由于这些严重的影响，我们应该限制或停止吸烟和饮酒。

什么有助于排毒，什么不利于排毒

特色排毒茶

请勇于尝试排毒茶，因为这些茶能促进肝脏和肾脏的排毒工作，还具有抗炎（如橄榄叶）和解毒（如牛蒡根）的作用。你可以去药房购买以下药草茶，并以如下推荐配方或根据自己的喜好混合冲泡饮用。

·蒲公英、荨麻（配方简单，是我的最爱）；

·薯草、蒲公英、薄荷叶、水飞蓟、洋甘菊（这种混合茶可以使情绪变得平静，所以我叫它"放松配方"）；

·芙蓉花、野蔷薇、黑莓叶、覆盆子叶、柠檬马鞭草；

·橄榄叶、柠檬香脂、胡卢巴；

·牛蒡根、生姜、柠檬马鞭草。

做法：取 1 ~ 2 茶匙你最喜欢的混合茶置于杯中，倒入 200 ~ 250 ml 热水，浸泡 10 ~ 15 分钟后饮用。这些混合茶交替饮用效果最佳。

蹦床

可以尝试在蹦床上踩踩蹦蹦。这可以缓解骨质疏松、刺激血液循环及淋巴流动，而淋巴流动对清除体内毒素很重要。

热敷

热敷可以让你的肝脏进行短暂的休息。这个久经实践的方法对肝脏很有好处。你需要准备一条小毛巾、一条大毛巾以及一个热水袋。首先，在热水袋中装满不再沸腾的热水，然后将小毛巾浸泡在温水中并拧干，将不烫的小湿毛巾小心地放在右肋骨下方的肝脏区域；接着，将热水袋放在小毛巾上，用大毛巾包裹住热敷的部位，把热水袋和小毛巾固定住。热敷的最佳时间是中午 12 点到下午 3 点，持续时间应为 30 分钟左右。在晚上这样做可以促进睡眠。

重要提示：患有脂肪肝、胃溃疡或小肠溃疡的人请勿使用此法。

谨慎使用果汁和乳清蛋白疗法

仅饮用果汁或蛋白质奶昔就能促进肝脏排毒的观点听起来很吸引人。然而，以下理由可以反驳这种观点：果汁虽然能够提供有价值的抗氧化剂，从而促进排毒的第一阶段，但其中缺乏重要的氨基酸；相反地，许多蛋白质奶昔缺乏抗氧化剂、维生素和膳食纤维，而且奶昔的主要成分是乳清蛋白和人工甜味剂，会刺激免疫系统产生不良反应并损害健康的肠道菌群。因此，仅饮用果汁或蛋白质奶昔无法有效地促进排毒。有不少人使用该疗法后感觉自己的身体状况很糟糕，并伴有头痛和疲劳的症状。这说明，使用这种疗法后，不仅没有促进肝脏解毒，反而使肝脏超负荷工作。

咖啡是一把双刃剑

咖啡因对人的作用，尤其是对人体排毒的影响是因人而异的。凭借特殊的酶，肝脏能转化咖啡因和其他毒素。在喝完咖啡后能够长时间保持清醒的人，他们体内的酶活性水平较低，因此排毒能力相对较差。这就是咖啡因对这类人的作用时间更长的原因。在这种情况下，这类人应该避免喝咖啡或明显减少咖啡因的摄入量。不过，摄入咖啡因并不只有坏处，它对身体也有好处。咖啡因可以使血液加速流向肾脏并激活肝脏中的酶，甚至可以促进排毒过程，使身体排出更多有毒物质。因此，咖啡是朋友，也是敌人。咖啡因对长期缺乏精力，同时患有严重焦虑或肾上腺疲劳的人有负面影响。如果长期避免摄入咖啡因，这类人就会变得精力更加充沛。这就是你需要在"30天能量计划"中了解咖啡因对身体的好处和坏处的原因。

其他注意事项

你可以遵循本书中的建议，倾听自己身体的声音，找到提高能量水平的方法。增强排毒系统功能不是你在"健康工作室""专家""健康顾问"或昂贵的"排毒诊疗所"那里就能做到的事，它需要事先进行长达数周的肠道修复。如果有人建议你在没有彻底检查肠道健康状况和血液中微量营养素平衡状态的情况下进行排毒或输液治疗，请远离他。关于增强排毒系统功能，我推荐你去咨询在这个领域非常有经验的医生，并采用谨慎和专业的方法。

如何摆脱日常生活中有毒的 "能量小偷"？

习惯是很难打破的，谁也不能把它从窗户抛出去，
只能哄着它一步一步地从楼梯上走下来。

通过能量饮食，你的健康和能量水平将发生巨大的变化。你如果能清除日常生活中顽固的"能量小偷"并每天增强身体的排毒能力，就可以提高能量和健康水平。我的治疗方法遵循的原则是：预防就是最好的良药！因此，我的建议是：做你可以轻松实现的事，不要一开始就和不能改变的事较劲。我们每个人都能找到适合自己的方法。这也应该是我们的主张。

我自己也在走这条路：我在尝试越来越少地使用含有毒素或会对环境产生污染的产品。我主要使用天然化妆品（在我看来，化妆品应该能达到可食用级别），拒绝使用硅胶烘焙模具，少用塑料，用不锈钢制成的无涂层的健康炊具做饭。在做出任何购买决定之前，我会问自己这样的问题："我真的需要它吗？"我最喜欢的问题是："这是德尔菲公司（一个生产塑料制品的公司）生产的吗？"我的意思是，这个产品是否由对健康和环境有害的塑料制成并且理论上是否有可能进入人的口中。仅这两个问题就可以帮助我做出更健康的选择。在购买衣服时看衣服的标签也对我有帮助：我已经不再购买不能正常洗涤的衣服，比如那些必须被带到干洗店才能成功去除一块因享受用叉子转意大利面的乐趣而染上的污渍的衣服。

由于时间有限，我不能总是赶到很远的市场寻找健康食品，或者每周悠闲地在集市中漫步，好好挑选每个苹果和胡萝卜。妥协是可行的，也是必要的。然而，如果我们控制了我们可以控制的东西，并且从不忽视大局，那么就已经

收获了很多。我们每个人都会为生活中的各项事务排优先级。你如果采纳以下建议并付诸行动，你的健康和能量水平就会遥遥领先！

我们来玩一个侦探游戏吧，就像夏洛克·福尔摩斯、简·马普尔或赫拉克勒·波洛一样，开始一丝不苟地寻找线索。厨房、浴室和壁橱，都是有趣的宝库。你可以通过采纳以下建议实现很多目标。

◆ 喝纯净的水

尽管德国的《饮用水条例》提供了最佳的预防措施，但饮用水的质量还是取决于你的居住地的卫生条件。如果好奇，你可以在指定的实验室对饮用水进行残留物检测。一般来说，我建议将饮用水过滤后饮用或饮用纯净的矿泉水。你可以在互联网上查到最适合自己的方案。

在出行时，使用不锈钢或玻璃制成的容器装水。选择滤水器有一定的技巧。如果你使用的是带有可更换活性炭过滤器的台式水过滤器，请注意操作说明，不要忘记定期更换和清洁过滤器，以确保水质良好。否则，有害的化学物质会渗入过滤水，使过滤水变成"投毒工具"。水，无论是否经过过滤，都会很快被污染。建议将饮用水过滤器放在冰箱中，并每天过滤新鲜的水。

你如果想使用更高级的滤水器，可以考虑直接在水龙头上安装滤水器。你不仅可以在厨房里安装过滤系统，还可以在浴室里安装。如果你担心自己的时间，我可以向你保证，购买、安装和定期更换滤水器所花费的时间非常少。

你如果拥有自己的房子，则可以从长远考虑，为家里的整个供水系统安装过滤器。最强的过滤器是反渗透装置，安装这种装置需要付出高昂的费用。反渗透装置每天可以过滤大约25 L饮用水。然而，如此昂贵的"万能过滤器"有一个缺点——不仅能过滤毒素，而且能将镁、钙等重要矿物质一起过滤掉。然后，我们获得的是绝对干净但不含矿物质的水。就我个人而言，在对我家的饮用水进行了残留物检测后，到目前为止，我选择的是简单的活性炭过滤系统。

空腹喝 2 杯水可以弥补一夜过后身体缺乏的水分

◆ 呼吸干净新鲜的空气

至少每2小时给你所在的房间通风10～15分钟。我们常常意识不到家具、床垫、打印机和节能汞灯中的化学物质造成的室内污染对我们有多大的影响。大多数人一生中90%的时间都在室内度过。这就是为什么我们应该尽可能地保持在家或办公室内呼吸的空气是干净的。未来的房屋清洁不应该只专注于清理家具上的灰尘，还要照顾到我们呼吸的空气。由于病毒能够通过呼出空气中的颗粒（气溶胶）传播，对健康有益的空气过滤系统，如高效空气过滤器（HEPA）变得越来越受欢迎。

◆ 食用无污染无公害的食品

尽可能多购买新鲜的、无污染的、本地的、应季的食品。购物时应注意食品标签上标注的产地信息。当你购买动物产品时，请选择以适合物种的方式饲养的动物的产品；选择鱼类时，应选择人工饲养的、汞污染风险低的鱼。鱼的汞含量是一个需要我们严肃对待的问题，因为汞会对人体的排毒系统造成负担。即使你的孩子非常喜欢吃金枪鱼，在为孩子选择食品时也要注意这一点。

◆ 尽可能避免接触毒素

从熟悉的午餐容器到我们购物时收到的热敏纸收据，其中都存在塑料——塑料无处不在。轻轻一挥手就想摆脱日常生活中的塑料制品并不是一件容易的事。你可以从改变生活中的小事开始或直接进行"大刀阔斧"的"改革"——如何改变都由你来决定。在这件事上，我认为有两点特别重要：如果你想使用微波炉，加热时请使用玻璃容器盛放食物，而非塑料容器；如果你需要一个新的平底锅，请购买不锈钢平底锅。因为不粘锅中的涂层含有氟表面活性剂，这种有毒的化学物质也可能潜伏在一次性咖啡杯、快餐盒等容器中。在高温环境中，比如盛放很烫的食物或热饮时，这种化学物质很容易溶解并进入人体，长期摄入会影响人体的内分泌系统。放弃不粘锅和快餐盒可以让肝脏得到很好的休息，还能提高人体的能量水平！

重要提示：在喷漆或上漆、使用木材、在花园中使用吹叶机和汽车高压清洁器时，应戴好手套、呼吸面罩和护目镜。

◆ 使用纯天然化妆品和护肤品

皮肤总是和我们一起"吃吃喝喝"。我的建议是：把老旧的浴室用品换成有害物质含量较少的产品。需要注意的关键成分是对羟基苯甲酸酯、邻苯二甲酸酯（软化剂），它们会在人体内产生类似雌激素的作用；还需要注意的成分有人造香料和染料、三氯生（抗菌剂）、甲醛和微塑料。另外，我们不应依赖"有机产品"这个标签。对条形码进行解码的产品跟踪器已被证明在日常生活中是很有帮助的。我还兴奋地发现，香皂类产品已经扩展到固体的洗发膏或沐浴产品了。市场上的产品不断创新，例如明信片大小的片式全能洗衣粉，即使在较低温度下也能发挥强大的洗涤功效。请少用塑料和化学清洁剂，这可以在保护你的身体健康的同时保护环境。

抗菌肥皂通常含有三氯生，这是一种非常有争议的物质。它会扰乱人体激素平衡，并且被认为具有潜在致癌性。通常用作其替代品的苯扎氯铵也好不到哪儿去。因此，最好选择普通的肥皂，经常并且彻底地洗手。在对手部消毒时，请使用含有酒精的产品。

◆ 使用无毒清洁剂

我们在厨房、浴室中使用的传统清洁剂通常是化学制剂。你可以在保健品商店、卫生用品商店或互联网上找到清洁剂的无毒替代品，也可以花费一些时间自己制作简单的、纯天然的清洁剂。我们可以在互联网上找到许多相关信息。

◆ 使用无金属填充物

如果你或你的家人患有龋齿并且需要新的牙齿填充物，请提前向牙医说明你不想让自己和孩子使用汞合金填充物或黄金合金填充物。如有必要，应使用无金属填充物替换旧的黄金合金或汞合金填充物。在任何情况下，合成材料都比金属材料好，而陶瓷填充物则具有最佳生物相容性。

◆ 警惕霉菌污染

由于未检测到的霉菌污染是导致精力不足的原因之一，因此我建议，在发现周围环境中可能存在霉菌污染时保持警惕，如在年久的房屋、船的中层甲板、散发霉味的低矮地下室，或暴露在高湿度环境中的房屋中时。当你怀疑周围环境中有霉菌污染时，与其对周围环境进行检测，不如给自己的身体做一次检查更有效。唯一需要关注的霉菌类型是那些可以形成霉菌毒素的霉菌。各种霉菌毒素都有相应的血液或尿液检测项目。在环境医学、功能医学或预防医学方面经验丰富的医生可以在这方面为你提供帮助。

还有一点需要说明：遗憾的是，医疗保险公司暂不承担此类环境医学服务的检测费用。然而，如果有证据表明公寓中存在有害物质，则必要的检测费用通常由医疗保险公司承担。如果家庭医生怀疑症状是由不明原因的中毒造成的，医疗保险公司也有承保的义务。某些地区的医疗保险公司就此类检测费用的报销与客户签订了特殊协议。如有疑问，请咨询你的医疗保险公司。

你如果在周围环境中发现霉菌，应该立即对你的生活或工作环境进行专业消毒。你还应该注意有关肠道清洁和排毒的能量小贴士。

◆ 摆脱情绪的"毒药"

在所有困扰我们的毒素"幽灵"中，不仅有来自外部的毒素，还有情绪的"毒药"，如精神压力、违背自己价值观和信仰的生活、缺乏成就感的工作、缺失的归属感、家庭中的争吵、嫉妒心、疾病、对生活的恐惧与焦虑等等。所有这些"毒药"都可以叠加起来，这对我们产生的不利影响比来自外部的"毒素大军"所能导致的更强烈、更消耗能量。根据我的临床经验，这种不被察觉的、渗入内心深处的毒性负荷是不容忽视的。

负面情绪是最厉害的"能量小偷"。我们如果想变得健康并享受充满活力的生活直到老年，就必须面对它们。如果你发觉了这一点，请跟随自己的直觉——别再压抑，释放自己；敢于进行新的探险，成为隐藏的烦恼和内在毒素的猎手。同时，不要忘记处理已发现的毒素负荷，如有必要，请寻找专业医生帮助你进行"情绪排毒"。摆脱困扰你的事情，远离危险的"悬崖"，别让它们不断地剥夺你宝贵的生命能量。答应我，请立刻行动起来！

对大多数人来说，这些毒素防御技巧已经足够了。即使你只采纳其中一些关于日常排毒的建议，"30天能量计划"也会将你带入一条全新的轨道。我们可以调动惊人的力量来对付毒素。在这一点上，我回想起前总理赫尔穆特·施密特的名言——"对我来说，人生只有两种兴奋剂：工作和香烟！"赫尔穆特·施密特从16岁开始吸烟，一直吸到他去世。然而，他活到了96岁。假设他的吸烟量为平均每天40支，那么他一生中共吸了约40支/天×365天/年×80年＝1168000支香烟。也就是说，他一生中大约有700800小时是在有毒烟雾中度过的。这证明，我们可以在毒素的影响下保持长寿……

营养素补充剂——源自实践的最佳建议与技巧

我们无法改变风向，但可以调整风帆。

营养素补充剂不能取代健康饮食。有人说："我先吃一袋含有反式脂肪酸的薯片，再吞下一把药片。这样也是健康饮食！"不，这并不是。这样做无法达到促进健康、增添生活乐趣、增强免疫力和提高能量水平的目标。在早期干预代谢过程中，控制营养物质的摄入量，对增强免疫系统功能、预防或治疗疾病是有意义的。因此，营养素补充剂在本书的前文中就一直是重要的配角。

然而，营养素补充剂不能乱用。营养素相互作用以获得增强能量的最佳效果，就像在陡峭山壁上互相帮助的登山者一样。我们需要一个计划来避免你的身体摄入无法被吸收利用的物质。如果你想消除疲劳和患病的原因并保持健康，我建议你大胆尝试服用营养素补充剂。

人们常说服用营养素补充剂就是浪费时间和金钱。请不要因为这种说法感到不安，因为这种警告只适用于购买劣质产品和服用剂量过大的情况。新近研究表明，谨慎地摄入营养素补充剂是有意义的。它可以提高身体免疫力，降低病毒感染风险。由于服用营养素补充剂时通常需要每天摄入产品，因此你需要严格把控产品质量、认真研究产品标签。高质量的产品会遵循"纯净物质原则"，它们不含下列物质。

· 隐藏的食品添加剂，如氧化钛等着色剂、硬脂酸镁或二氧化硅等脱模剂；

· 卡拉胶等食品添加剂；

· 人工甜味剂，如阿斯巴甜或其他代糖；

· 过敏原或不能耐受的物质（如麸质、乳糖、果糖和组胺）。

你可以在药房或保健食品商店找到优质产品，也可以直接从根据"纯净物质原则"生产产品的制造商处购买它们。

◆ 营养素补充剂

为了让你尽可能轻松地了解营养素补充剂，我创建了以下表格，向你展示目前针对能量饮食的最佳伴随营养疗法。我希望你可以花点儿时间阅读表格，先关注最基本的适合所有人的建议，但不要被其中的细节吓到。

如果你已经实施消化疗法至少3个月，那么可以选择在必要时全身心地进行排毒。如果你患有组胺不耐受或肥大细胞活化综合征，我可以为你提供创新配方来缓解症状。请按照自己的节奏走，并且务必让家庭医生参与进来。

基础营养素

能量基本建议

下表适用于缺乏精力的任何人

ω-3 脂肪酸（DHA、EPA）

作用

+ 构成细胞膜；

+ 提高能量和活力水平；

+ 抗炎；

+ 改善体内微循环；

+ 增强身体及心理的压力耐受性。

摄入参考值

· DHA 和 EPA 的最低摄入量为 200 mg/ 天；

- 严重缺乏该营养素时的治疗摄入量为 1～4 g/ 天；

- 每天摄入量在 5 g 以下不会对身体造成负面影响。

能量小贴士：随餐服用，定期、长期服用。

含有该营养素的食物

- 高脂肪冷水鱼，如三文鱼、鲭鱼、鲱鱼、沙丁鱼；

- 藻类，如裂殖壶菌；

- 亚麻籽油、核桃油。

对该营养素需求更高的人

- 孕妇、哺乳期妇女；

- 素食者；

- 炎性疾病、过敏（食物不耐受）、多动症、抑郁症、黄斑病变患者。

注意

- 选择符合"omega-safe"生产标准的藻油或添加了 DHA、EPA 的亚麻籽油；推荐与用作抗氧化剂的小麦胚芽油组合使用。

能量小贴士：实验室检测的 ω-3 指数显示不足可作为早期个体剂量调整的基准。

镁

作用

+ 参与人体内的 300 多种反应；

+ 提高能量和活力水平；

+ 有助于维持神经系统、心血管系统、肌肉、骨骼和牙齿的正常功能；

+ 增强身体及心理的压力耐受性；

+ 平衡激素水平。

摄入参考值

· 350 mg/ 天。

> 能量小贴士：实际上，摄入量根据个人情况不同而不同，通常比参考值更高。最好在一天的不同时段，如早上和睡前摄入。

含有该营养素的食物

· 绿叶蔬菜、坚果、豆类、浆果、香蕉。

对该营养素需求更高的人

· 精神压力过大的人；

· 运动后大量出汗的人；

· 处于铝污染环境中的人；

· 酗酒的人；

· 甲状腺功能减退、糖尿病、炎性肠病患者。

注意

· 服用较高剂量的柠檬酸镁会导致腹泻，其替代品有甘氨酸镁、葡萄糖酸镁、镁氧化物等。

作用

+ 提高能量和活力水平；

+ 增加 ATP 的生成量；

+ 抗氧化；

+ 保护细胞；

+ 稳定细胞膜；

+ 增强细胞活力。

摄入参考值

·随餐摄入 100 ~ 500 mg/ 天。

含有该营养素的食物

·肉类；

·脂肪含量较高的鱼，如沙丁鱼、鲭鱼；

·小麦胚芽、核桃、杏仁、芝麻。

对该营养素需求更高的人

· 40 岁以上的人；

·低脂饮食的人；

·糖尿病、心血管疾病、偏头痛、肌纤维疼痛综合征患者；

·竞技体育运动员；

·服用他汀类药物的人。

注意

·辅酶 Q10 以 2 种生化形式存在，泛醇（即泛醌的活性形式）具有更高的
生物利用度。

维生素 C（抗坏血酸）

作用

+ 提高能量和活力水平；

+ 抗氧化；

+ 保护细胞；

+ 抗炎；

+ 增强免疫系统、心血管系统、结缔组织和牙齿功能；

+ 维持神经系统功能；

+ 促进维生素 E（抗氧化剂）产生。

摄入参考值

· 100 mg/ 天（如需增加剂量，需遵医嘱）；

· 缺乏该营养素时的治疗摄入量为 500 ~ 2000 mg/ 天。

含有该营养素的食物

· 水果和蔬菜，尤其是针叶樱桃、猕猴桃、沙棘、柑橘、西蓝花、辣椒。

对该营养素需求更高的人

· 经常运动的人；

· 精神压力过大的人；

· 慢性疾病、癌症、免疫缺陷病、关节炎、骨质疏松症、肾炎患者；

· 酗酒、吸烟的人。

注意

· 维生素 C 对高温（如烹饪时）、光、金属（如铜锅）敏感，即使小心准备，
也会流失 30% 左右。

维生素 D

作用

+ 调节骨代谢、心血管功能；

+ 调节胰岛素分泌量；

+ 维持免疫系统和肌肉的功能；

+ 抗炎；

+ 预防癌症和季节性缺光抑郁症。

摄入参考值

· 婴幼儿（0 ~ 12 个月）：10 μg/ 天；

· 儿童和青少年（1 ~ 18 岁）：20 μg/ 天；

· 成年人：20 μg/ 天。

> 能量小贴士：官方推荐的维生素 D 摄入量通常不足，我建议你根据年龄
> 等个体情况调整。一般情况下，维生素 D 的目标血值为 60 ~ 90 μg/ml。
> 1 μg 对应 40 IE（营养素国际单位）。每日最高摄入 4000 IE 被认为是安
> 全的长期摄入量。在大多数情况下，每天摄入 800 ~ 2000 IE 就足够了。

含有该营养素的食物

· 三文鱼或鲱鱼等脂肪含量较高的鱼类和鱼肝油中含有较高浓度的维生素 D；

· 蛋黄、动物奶、乳制品中含有少量维生素 D；

· 菠菜、羽衣甘蓝、酵母、蘑菇和牛油果中也发现有维生素 D。

对该营养素需求更高的人

· 婴儿、儿童、青少年、老年人或在疗养院疗养的人；

· 素食者或纯素食者；

· 乳糜泻、伴有吸收障碍的慢性肠道疾病、糖尿病、多发性硬化症、癌症

患者。

注意

- 维生素 D 主要通过 UV−B 辐射在皮肤中形成。从 10 月初到次年 3 月底，
  在北纬 42° 以北的地区，维生素 D 无法在皮肤中形成。即使在夏季，
  下午 4 点以后辐射也不再充足。这意味着，为了通过皮肤形成更多的维
  生素 D，你必须在午休期间外出晒太阳或服用营养素补充剂。

有助于胃肠道治疗的营养素

能量基本建议

适用于消化系统疾病、肠漏综合征、炎性疾病、自身免疫病、线粒体疾病
等的患者。

谷氨酰胺

作用

+ 是肠黏膜细胞的能量供应商、组成肠黏膜的"砂浆"；

+ 促进血细胞和蛋白质的形成；

+ 是谷胱甘肽（人体内主要的抗氧化剂）的前体；

+ 调节人体内的酸碱平衡；

+ 增强免疫系统功能。

摄入参考值

- 第 1 ~ 4 周：每天 1 ~ 3 次，每次 3 g；

- 第 5 ~ 8 周：1 ~ 3 g/ 天；

- 混入水或食物中服用。

含有该营养素的食物

- 肉类、花生、燕麦片（无麸质）。

对该营养素需求更高的人

- 肠漏综合征、炎性疾病、自身免疫病、肝肾疾病、肿瘤及创伤患者；

- 竞技体育运动员；

- 病毒感染者。

注意

- 建议竞技体育运动员在训练前或训练后服用谷氨酰胺补充剂。

锌

作用

+ 增强免疫系统功能、排毒功能和记忆力；

+ 促进胶原蛋白和细胞形成，促进伤口愈合；

+ 是抗氧化剂、解毒辅助因子；

+ 调节人体内的酸碱平衡；

+ 是合成甲状腺素和生长激素的辅助因子。

摄入参考值

- 女性：7 mg/ 天；

- 男性：10 mg/ 天；

- 缺乏该营养素时的治疗摄入量为 10 ~ 15 mg/ 天；

- 晚上随餐服用即可。

含有该营养素的食物

- 畜肉类、鱼类、牡蛎、蛋类、乳制品；

- 谷物的边缘层，因此锌的含量取决于谷物的研磨程度。

对该营养素需求更高的人

- 病毒（如流感病毒）感染者；

- 运动后大量出汗的人；

- 酗酒的人；

- 素食者和纯素食者；

- 慢性肠道疾病、乳糜泻患者；

- 做过肠道切除手术的人；

- 接触重金属（如汞）的人。

注意

- 不要与铁和镁一起服用！

- 对儿童和成人，尤其是素食者或纯素食者来说，为身体供应足量的锌至关重要。

硒

作用

+ 提高能量和活力水平；

+ 抗氧化；

+ 保护细胞；

+ 是合成甲状腺素的辅助因子；

+ 通过与重金属结合来促进肝脏解毒；

+ 维持免疫系统功能；

+ 强化皮肤、头发、指甲。

摄入参考值

· 最低摄入量为 70 μg/ 天；

· 缺乏该营养素时的治疗摄入量为 100 ~ 200 μg/ 天。

含有该营养素的食物

· 畜肉类、鱼类、蛋类、动物内脏、扁豆、芦笋、巴西坚果（每个坚果含硒 70 ~ 90 μg）、开心果、椰子。

对该营养素需求更高的人

· 素食者或纯素食者；

· 经常运动的人；

· 吸烟的人；

· 炎性疾病、自身免疫病（尤其是甲状腺疾病）、过敏、癌症患者。

注意

· 近几十年来，欧洲土壤中的硒含量一直在下降。

能量小贴士：你可以通过实验室检测获知自己是否缺硒。

B 族维生素（维生素 B_1、维生素 B_2、维生素 B_3、维生素 B_6、叶酸、维生素 B_{12}）

作用

+ 在维持能量代谢、神经系统功能和完整的黏膜屏障中起关键作用。

能量小贴士：在两餐之间服用或随餐服用。建议使用创新的复合制剂或具有 B 族维生素平衡的固体复合维生素制剂。

维生素 B_1（硫胺）

作用

+ 提高能量和活力水平；

+ 维持神经系统和心血管系统功能；

+ 增强心理的压力耐受性。

摄入参考值

· 女性：1 mg/ 天；

· 男性：1.2 mg/ 天。

含有该营养素的食物

· 全谷物、豆类、坚果。

能量小贴士：酒精和咖啡会对人体内维生素 B_1 的生物利用度造成不良影响。

对该营养素需求更高的人

· 老年人；

- 孕妇；

- 精神压力过大的人；

- 经常运动的人；

- 饮食中含有大量碳水化合物、咖啡、红茶的人；

- 酗酒的人；

- 抑郁症、糖尿病、阿尔茨海默病、疼痛综合征患者。

维生素 B₂（核黄素）

作用

+ 提高能量和活力水平；

+ 维持神经系统、皮肤、黏膜功能；

+ 促进铁代谢、脂肪代谢和血液形成；

+ 作为抗氧化剂增强排毒功能；

+ 增强免疫力。

摄入参考值

- 女性：1.2 mg/ 天；

- 男性：1.5 mg/ 天。

含有该营养素的食物

- 肉类、蛋类、动物奶、乳制品。

对该营养素需求更高的人

- 孕妇及哺乳期妇女；

- 素食者；

- 竞技体育运动员；

- 酗酒的人；

- 偏头痛患者。

注意

- 维生素 B_2 和维生素 B_6 通常被称为"生长素"。

- 营养素补充剂中的维生素 B_2 会导致尿液呈无害但强烈的黄色。

维生素 B_3（烟酸）

作用

+ 刺激能量代谢；

+ 缓解疲劳症状；

+ 维持神经系统、皮肤、黏膜功能。

摄入参考值

- 女性：11 ~ 13 mg/ 天；

- 男性：14 ~ 17 mg/ 天。

含有该营养素的食物

- 家禽的肉、牛肉、动物内脏、鱼类、蛋类、乳制品。

对该营养素需求更高的人

- 孕妇及哺乳期妇女；

- 素食者；

- 竞技体育运动员；

- 酗酒的人；

- 肠漏综合征患者。

注意

- 饮食不均衡会导致身体缺乏维生素 B_3。

- 身体因缺乏维生素 B_3 而发出第一个警告信号是食欲不振、精力不足。

维生素 B_6（吡哆醇）

作用

+ 提高能量和活力水平；

+ 促进血液形成，促进蛋白质和碳水化合物代谢；

+ 维持神经系统、内分泌系统、免疫系统的正常功能。

摄入参考值

- 女性：1.2 mg/ 天；

- 男性：1.6 mg/ 天。

> 能量小贴士：建议服用活化的维生素 B_6（5- 磷酸吡哆醛），因为身体对它的耐受性更好。

含有该营养素的食物

- 家禽的肉、牛肉、动物内脏、鱼类、豆类、坚果、土豆、含有外层的全麦食品。

对该营养素需求更高的人

- 青少年及老年人；

- 孕妇；

- 参与举重训练、有高蛋白饮食需求的人；

- 酗酒、吸烟的人；

- 慢性疾病（如糖尿病）、抑郁症、神经性疾病患者；

- 服用避孕药的人。

注意

- 缺乏维生素 B6 的症状通常为非特异性的神经系统疾病，如对梦境缺乏记忆。

叶酸

作用

+ 提高能量水平；

+ 调节同型半胱氨酸代谢；

+ 增强免疫系统功能；

+ 促进细胞更新、蛋白质及血液形成；

+ 维持神经系统的正常功能。

摄入参考值

- 400 ~ 800 μg/ 天。

能量小贴士：仅推荐使用活性叶酸（5-MTHF，即 5- 甲基四氢叶酸）。

含有该营养素的食物

- 深绿色叶的蔬菜、西蓝花、羽衣甘蓝、青豆、芦笋、萝卜、酵母、小麦胚芽、蛋黄。

对该营养素需求更高的人

- 未成年人；

- 孕妇及哺乳期妇女；

- 缺铁的人；

- 酗酒、吸烟的人；

- 慢性炎性肠道疾病、肠漏综合征、肝脏疾病、肾脏疾病、非酒精性脂肪
  肝、抑郁症患者。

注意

- 人们体内的叶酸含量普遍不足。

- 在烹饪食物时，有约 35% 的叶酸会因受热而流失。

- 缺乏叶酸的症状通常为非特异性症状，如精力不足、情绪低落。

维生素 B₁₂（钴胺素）

作用

- + 提高能量和活力水平；

- + 促进血液中的红细胞形成；

- + 调节细胞生长、神经递质代谢和同型半胱氨酸代谢。

摄入参考值

- 女性：3 μg/天；

- 男性：3 μg/天。

> 能量小贴士：推荐使用活化的维生素 B₁₂，因为氰钴胺素相对不易消化吸收。

含有该营养素的食物

· 畜肉类、鱼类、蛋类、动物内脏、动物奶和乳制品。

注意

· 研究表明，无有害影响的最大摄入量为 3000 μg/ 天。

能量小贴士：可以使用其他创新性产品来补充维生素 B_{12}，如使用苦味物质、添加维生素 B_{12} 的口腔喷雾及牙膏，因为口腔黏膜对维生素 B_{12} 的吸收效果非常好。

姜黄（主要活性成分是姜黄素）

作用

+ 抑制炎症；

+ 抗氧化；

+ 保护细胞；

+ 促进排毒；

+ 预防肿瘤和神经系统疾病；

+ 降低对心脏有害的胆固醇（氧化的低密度脂蛋白）水平；

+ 抗抑郁。

摄入参考值

· 500 ~ 1500 mg/ 天；

· 缺乏该营养素时的治疗摄入量为最多 3 g/ 天。

对该营养素需求更高的人

- 慢性疾病、炎性疾病、自身免疫病、抑郁症、心血管疾病、高胆固醇血症患者；
- 需要预防和治疗肿瘤疾病的人。

注意

- 注意个人耐受性；
- 姜黄素可以减少非甾体抗炎药（NSAIDs）在胃肠道中的不良反应。

益生菌

作用

+ 保护和发展有利于健康的肠道菌群；
+ 保护肠黏膜；
+ 增强免疫系统功能。

摄入参考值

- 每天摄入至少 100 亿个活益生菌，如双歧杆菌、乳酸杆菌；
- 饭前服用。

含有该营养素的食物

- 发酵食品，如未加热的新鲜酸菜；
- 新鲜水果、羽衣甘蓝、西蓝花、萝卜、扁豆。

对该营养素需求更高的人

- 过敏、炎性疾病、自身免疫病、肠漏综合征、癌症患者；

· 感染幽门螺杆菌且正在接受抗生素治疗的人。

益生元

作用

+ 加强健康的微生物组；

+ 是肠道益生菌的养料；

+ 保护肠黏膜；

+ 增强免疫系统功能；

+ 预防慢性疾病。

摄入参考值

· 苦味物质，每天 3 次，喷在舌下即可；

· 洋车前子壳，2 ~ 4g/ 天（即 1 ~ 3 茶匙）；

· 金合欢纤维（粉末），每天 1 ~ 2 汤匙；

· 柑橘果胶（粉末），每天 1 ~ 2 茶匙。

含有该营养素的食物

· 水果、蔬菜。

能量小贴士：每天吃一个新鲜的有机苹果，不仅能为身体提供益生元，还能提供其他重要的物质。

对该营养素需求更高的人

· 自身免疫病、慢性疾病、癌症患者。

注意

· 不要小看新鲜蔬菜和水果在提供益生元方面的作用!

苦味物质

作用

+ 刺激消化;

+ 促进胆汁生成;

+ 具有益生元作用,可作为肠道益生菌的养料;

+ 抑制食欲。

摄入参考值

· 每天1~3次;

· 两餐之间服用(最好用喷雾)。

含有该营养素的食物

· 朝鲜蓟、蒲公英、菊苣和菊苣根。

对该营养素需求更高的人

· 消化不良、肥胖、炎性疾病、自身免疫病、慢性疾病患者。

注意

· 可作为不含酒精和防腐剂的营养素补充剂保存(喷雾或粉末)。

洋车前子壳

作用

+ 可作为益生元；

+ 调节肠道活动；

+ 促进排毒。

摄入参考值

· 2 ~ 4g/ 天（1 ~ 3 茶匙）；

· 溶于水后在饭前服用（每次至少 300 ml）。

> 能量小贴士：建议将洋车前子壳加入早餐（早午餐），但注意选择有机产品。

对该营养素需求更高的人

· 肥胖、便秘、痔疮、高胆固醇血症患者。

注意

· 服用时需要摄入足量的水。

有助于肝脏治疗的营养素

蒲公英（被誉为"西方的人参"）

作用

+ 富含苦味物质，能够提高能量水平，促进消化；

+ 调节免疫系统功能；

+ 抗氧化；

+ 预防肿瘤（肝癌）。

摄入参考值

· 150 ～ 450 mg/ 天；

· 在两餐之间服用。

> 能量小贴士：在两餐之间喝 1 ～ 3 杯蒲公英茶作为苦味物质补充剂。

对该营养素需求更高的人

· 消化不良、肠漏综合征、慢性疾病、炎性疾病、自身免疫病患者。

注意

· 暂时没有已知的相关不良反应。

水飞蓟

作用

+ 活性成分复合物——水飞蓟素具有很强的护肝、抗炎和调节免疫系统功能的作用；

+ 刺激肝脏中的蛋白质合成和自我修复。

摄入参考值

· 300 ～ 400 mg/ 天。

含有该营养素的食物

· 水飞蓟提取物。

对该营养素需求更高的人

· 消化不良、肠漏综合征、慢性疾病、炎性疾病、自身免疫病、肝脏疾病患者。

注意

- 暂时没有已知的相关不良反应。

朝鲜蓟

作用

+ 促进肝脏细胞再生和代谢；

+ 刺激胆汁生成；

+ 抗氧化；

+ 保护细胞。

摄入参考值

- 300（预防）~ 900（治疗）mg/ 天；

- 在两餐之间、饭前约 1 小时服用。

含有该营养素的食物

- 朝鲜蓟萃取物。

对该营养素需求更高的人

- 消化不良、肠漏综合征患者。

注意

- 暂时没有已知的相关不良反应。

能量基本建议

适用于接受过胃肠道治疗的人，或高毒性负荷、炎性疾病、自身免疫病患者。

能量小贴士：解毒的最佳辅助营养素是活化叶酸和 B 族维生素。

硫辛酸

作用

+ 促进 ATP 生成；

+ 抗氧化；

+ 保护细胞；

+ 促进排毒；

+ 促进谷胱甘肽合成；

+ 保护肝脏血管。

摄入参考值

· 200 ～ 600 mg/ 天；

· 进食前约 30 分钟前服用，无须考虑其他微量元素和维生素。

含有该营养素的食物

· 菠菜，西蓝花。

能量小贴士：在实验室可以检测出相关营养素缺乏症。

对该营养素需求更高的人

· 糖尿病、高毒性负荷（如重金属负荷）、慢性肝病（如脂肪肝）患者。

注意

· 正常情况下，人体可以产生足量的 α－硫辛酸。

· 硫辛酸可以增强抗糖尿病药的效果。

L－谷胱甘肽（还原型）

作用

+ 是最重要的抗氧化剂；

+ 保护细胞；

+ 促进细胞中的硫化合物代谢；

+ 促进排毒。

摄入参考值

· 100 ～ 400 mg/ 天。

可以通过服用一定剂量的 L－谷氨酰胺、牛磺酸、甘氨酸来获得 L－谷胱甘肽。

· L－谷氨酰胺：2x1 g；

· 牛磺酸：2x2 g；

· 甘氨酸：2x2 g；

· 将其溶于水后饮用。

含有该营养素的食物

· 芦笋、鳄梨、核桃、菠菜、西蓝花。

对该营养素需求更高的人

- 纯素食者（可能缺乏作为谷胱甘肽前体的谷氨酰胺和牛磺酸）。

> 能量小贴士：在实验室可以检测出相关营养素缺乏症。

小球藻（有机产品）

作用

+ 抗氧化；

+ 提高能量水平；

+ 抑制毒素的再吸收；

+ 作为螯合剂，有助于身体排出重金属。

摄入参考值

- 起始摄入量为 500 mg/ 天；

- 在两餐之间摄入，剂量逐渐增加；

- 用于去除体内的重金属时，根据个人耐受性，摄入量为 1 ~ 7 g/ 天，

  至少坚持 4 周。

含有该营养素的食物

- 淡水藻类。

对该营养素需求更高的人

- 素食者或纯素食者；

- 慢性疾病、炎性疾病、癌症患者。

二甲基砜（MSM）

作用

+ 在硫代谢中起核心作用，是合成谷胱甘肽和牛磺酸的原料；

+ 具有强大的抗氧化作用；

+ 具有强大的抗炎作用。

摄入参考值

· 2 ~ 3 g/ 天；

· 随餐摄入。

含有该营养素的食物

· 畜肉类、鱼类、乳制品。

对该营养素需求更高的人

· 慢性炎性疾病（特别是风湿病）、疼痛综合征（如背痛）、运动损伤再生、肌纤维疼痛综合征患者。

注意

· 硫是食物的天然成分，但非常不稳定（由烹饪过程中的温度不同导致）。

· 即使在较高剂量下也被认为是安全的。

能量基本建议

适用于精神压力过大的人。

人参（亚洲参）和西伯利亚人参（刺五加）

作用

+ 作为补品；

+ 通过下丘脑—垂体—肾上腺轴增加抗压能力；

+ 增强免疫系统功能，如促进淋巴细胞增殖；

+ 具有抗糖尿病的作用，调节胰岛素的分泌量。

摄入参考值

· 100 ~ 300 mg/ 天；

· 在两餐之间摄入。

能量小贴士：建议持续使用至少 3 个月。

含有该营养素的食物

· 人参根提取物。

对该营养素需求更高的人

· 身体及精神压力过大的人；

· 自身免疫病、炎性疾病、糖尿病患者。

注意

- 在中医学中适用于治疗多种症状。

红景天

作用

+ 作为补品；

+ 调节应激反应；

+ 提高抗压能力，有利于稳定情绪；

+ 有助于集中注意力；

+ 抑制炎症；

+ 抗菌。

摄入参考值

- 用于改善抗压能力：200 mg/ 天；

- 用于治疗失眠、焦虑症：200 ～ 1000 mg/ 天；

- 建议早上服用。

含有该营养素的食物

- 景天科植物。

对该营养素需求更高的人

- 心理压力过大的人；

- 焦虑症、睡眠障碍患者。

注意

·几个世纪以来，红景天作为传统补品，在斯堪的纳维亚半岛和俄罗斯流行。

睡茄（南非醉茄）

作用

+ 用作补品；

+ 提高抗压能力；

+ 调节应激反应。

摄入参考值

·500 mg/ 天。

对该营养素需求更高的人

·心理压力过大的人；

·睡眠障碍患者。

注意

·可以做成凉茶。

·有很长的使用历史。

能量基本建议

·适用于对抗肠道中的寄生虫。

葡萄柚

作用

+ 抗氧化；

+ 保护细胞；

+ 促进微循环；

+ 保护黏膜（如胃黏膜）；

+ 抗菌（如细菌、真菌）。

摄入参考值

· 500 ~ 1000 mg/ 天；

· 在两餐之间服用。

对该营养素需求更高的人

· 肠道微生物感染（如细菌、真菌、寄生虫）、肠道菌群紊乱、胃炎患者。

注意

· 应避免同时摄入药物；

· 建议坚持食用 4 ~ 8 周。

大蒜（大蒜素）

作用

+ 作为补品；

+ 提高能量水平和工作效率；

+ 抗菌（如幽门螺杆菌）；

+ 增强免疫系统功能。

摄入参考值

· 用于免疫防御：25 ~ 50 mg/ 天；

· 用于抗菌治疗：50 ~ 150 mg/ 天。

对该营养素需求更高的人

· 肠道菌群紊乱、肠道微生物感染（如细菌、真菌、寄生虫）患者。

注意

· 大蒜素胶囊不会引起口臭。

牛至

作用

+ 消除疲劳感、抗炎；

+ 抑制细菌、真菌生长；

+ 调节消化系统活动、呵护肠道菌群；

+ 增强免疫系统能力。

摄入参考值

· 大蒜提取物：100 ~ 300 g/ 天；

- 大蒜油：每日 3 次，每次 200 ~ 250 mg；
- 在两餐之间服用。

能量小贴士：特别适合作为地中海美食的香料（注意选择有机产品）。

对该营养素需求更高的人

- 肠道微生物感染（如细菌、真菌、寄生虫）、肠道菌群紊乱、消化不良的人。

注意

- 是自然疗法中备受推崇的良药。

其他

- 黑孜然油；
- 药用药草茶。

有助于治疗组胺不耐受和肥大细胞活化综合征的营养素

二胺氧化酶（DAO）

作用

+ 是一种天然存在于肠道、肝脏和肾脏中的酶，能够分解来自肥大细胞的信号分子——组胺。

摄入参考值

- 治疗时，在全天不同时段摄入，剂量为 0.9 mg/ 天，持续 4 周；
- 在富含组胺的饮食前服用，剂量为每天每 25 kg 体重服用 0.3 mg。

对该营养素需求更高的人

· 组胺不耐受、肥大细胞活化综合征患者。

能量小贴士：DAO 的活性可能在摄入一段时间后降低，也可能在摄入后立刻降低。建议与维生素 C（即肥大细胞稳定剂）、益生菌、益生元和槲皮素组合使用。

槲皮素（属于生物类黄酮，植物次生物质）

作用

+ 具有强大的抗氧化作用；

+ 保护细胞；

+ 抗炎；

+ 促进其他重要的抗氧化剂（如维生素 C、维生素 E）的作用。

摄入参考值

· 500 mg/ 天。

含有该营养素的食物

· 植物和水果的皮，如苹果皮、葡萄皮。

对该营养素需求更高的人

· 组胺不耐受、慢性炎性疾病患者。

能量小贴士：补充腐植酸有助于体内过量的组胺与之结合。

能量基本建议

适用于治疗病毒或寄生虫感染，如疱疹病毒、EBV、弓形虫。

赖氨酸（不能由自身合成的必需氨基酸）

作用

+ 对免疫系统功能有重要作用；

+ 支持结缔组织、骨骼、牙齿、肌腱和肌肉的发育。

摄入参考值

· 每日补充剂量为每千克体重摄入 0.5 ~ 1 g；

· 用于急性病毒感染治疗时，摄入量为 1.5 ~ 4 g/ 天。

对该营养素需求更高的人

· 素食者；

· 竞技体育运动员；

· 老年人。

能量小贴士：在慢性疱疹病毒感染或 EBV 感染的情况下，建议每日摄入量为 500 mg ~ 1 g。

来自大自然的温和兴奋剂

模仿自然的进程吧！它的秘密就是耐心！

我们都希望自己即使在晚年也能感到健康和强大，希望在日常生活中取得成功、在某一时刻超越自己。为了获得成功，我们应该利用自然的力量。自然为我们提供了化学工具和能量饮料的完美替代品。它可以帮助我们有效地利用离散的能量，并将其转化为真正的能量，而不再需要不断地刺激身体来维持能量产出。这可以作为额外的辅助方法，用以搭起连接健康的桥梁。这样做的目的是防止因摄入咖啡因过多而导致我们在"我好累"和"我真的很兴奋"的状态中循环。在接下来的几个月里，我希望你尝试至少一种令人兴奋的天然能量制造商。如果你需要定期服药，我建议你与医生讨论一下如何使用这些温和的来自自然的"药物"。

◆ 纯净水

你已经知道水是身体最重要的能量来源之一。你的身体，包括大脑，大约70%是由水组成的——水是有机体的基本组成部分。通过水，细胞的能量产生活动受到调节，营养素和氧气得以供应到身体各处，体内的毒素和污染物被清除。没有水就没有生命，它是能够真正解渴的天然液体。为了解渴，有机体需要一种不会引起血糖刺激的无能量液体。如果你想立即为你的健康和能量水平做点儿什么，那就去喝足量的清澈纯净的水。你越注意食物和饮用水的质量，你的身体就越会健康。特别推荐过滤自来水、矿泉水——我们不应低估纯净的过滤水对排毒和能量水平的影响。

然而，人的口渴感从65岁起就开始减少了，这就是为什么在这个年龄段每天定时喝几杯纯净水很重要。尿液的颜色是判断你是否喝了足够多的水的个人指标。你应该确保自己每天有一次饮水量充足，使得尿液呈浅黄色。如果你正在服用维生素 B_2 补充剂（大多数维生素组合补充剂都含有维生素 B_2），请不要焦虑，因为服用维生素 B_2 会使尿液呈深黄色。在这种情况下，我建议可以暂停补充维生素一天，并控制尿液的颜色。

如果你的尿液很少，而且很长时间都不需要上厕所，这通常是你没有喝足量的水的迹象。根据我的临床经验，没有比喝新鲜纯净的水更容易获得能量的方法了。

◆ 苹果

"每天一个苹果，医生远离我。"来自蔷薇科的苹果最早发现于中东地区。在古罗马时期，人们就发现了近 40 个苹果品种，如今我们发现了超 7500 个品种。苹果是含有重要营养素的聚宝盆，其水含量约为 85%，相当于一小杯饮料。苹果有助于提高能量水平，其中含有的钾等矿物质可以调节水分平衡，还能与镁、钙、磷、锰、维生素 C 和纤维素良好结合。苹果皮含有的丰富的纤维素可以"清洁"肠黏膜，并促进排毒。

不起眼的苹果是食物中真正的英雄

你应该把这个健康的源泉送给幼儿园里的孩子们，或者把它装在自己的挎包里以便随时享用它。苹果是"30天能量计划"中的"万能医生"，你需要在短时间内为身体注入能量时，可以将苹果作为"紧急零食"享用。你可以生食或略微蒸熟，配一些抗炎香料，如锡兰肉桂——最好选择有机产品。我最喜欢的食用方式是：将苹果和胡萝卜磨碎，配上一点儿柠檬，最好再加几个核桃或杏仁作为健康的"装饰品"。传统品种苹果的致敏性比新培育出来的品种低，所以即使是过敏体质的人也可能尝试食用，以摄入重要的营养物质和纤维素，从而为你的身体注入能量。

◆ 人参

人参是五加科植物，主要分布于中国、朝鲜和俄罗斯等国家。几千年来，人参在中医学和其他亚洲传统医学中被用作治疗药材，尤其是在承受高度压力的情况下——主要使用的是人参根提取物。与红参一样令人印象深刻的是西伯利亚人参。人参是一种适应原药草，有助于缓解压力。除此之外，它还含有有效成分——人参皂苷，这种成分可以通过调节下丘脑—垂体—肾上腺轴来增强身体的压力耐受性、支持免疫系统功能、改善血氧饱和度，甚至具有抗糖尿病的作用。如果为训练、学习或工作加强细胞功能，或是为下一场足球比赛增强肌肉而把人参作为补品，建议坚持服用至少3个月，这样可以最大限度发挥人参的功效。

重要提示：人参种植不易，因此高品质的产品价格更高。对极其便宜的产品，你应该持怀疑态度。你可以在保健食品商店和药店买到正规的产品。

◆ 红景天

红景天是景天科的植物，是天然兴奋剂中的"佼佼者""绝境求生的艺术家"。它喜欢极端环境，生长在岩缝、沼泽或北极地区。几个世纪以来，红景天在斯堪的纳维亚半岛和俄罗斯一直被用于自然疗法中；而在西伯利亚地区，这种植物被尊称为"金根"。像人参一样，红景天也是一种适应原药草。它可以提高身体的压力耐受性，使人集中注意力，并缓解精神上的疲劳。红景天还具有抗炎和增强免疫力的作用。

红景天的积极作用不仅限于增强心理承受能力和身体免疫系统功能，还能增强体力和耐力。像人参一样，建议坚持服用3个月以达到最佳效果。推荐摄入量为200 mg/天，分散在一天的不同时段服用。摄入后，短时间内能量水平和耐力就会有所增加。在治疗开始时，我建议在早上服用。目前没有已知的禁忌证，但如果你在孕期或服用后感到非常不安，我建议不要服用。在药房或互联网上可以买到红景天。

◆ 睡茄

睡茄，在德国也被称为冬樱桃或睡莓，几个世纪以来一直是阿育吠陀医学中最有价值的药用植物之一。睡茄是一种适应原药草，可以促进身心健康，并在人承受高压时支持肾上腺的功能。睡茄可以与镁和维生素 B_6 一起防止神经系统到达压力峰值并且促进神经细胞再生。睡茄已被证明可用于治疗肾上腺功能不全，并且治疗效果很好。睡茄的推荐摄入量为500 mg/天，不可连续服用超过4周，以免上瘾。在德国，你可以找到加入了睡茄提取物的美味混合茶，也可以在保健食品商店、药店或互联网上找到优质产品。

◆ 玛咖

玛咖属于十字花科。在其原产地秘鲁安第斯山脉，它是当地人的主食。玛咖可以煮、烤或晒干食用，叶子可以生吃或煮熟了吃。玛咖可提高能量水平、增强记忆力、使人集中注意力，还可以缓解成年人因压力过大导致的性欲降低，并且增强男性精子的质量和数量。玛咖的推荐摄入量为600 mg/天，建议坚持服用约3个月。孕妇、哺乳期妇女及高血压患者不建议使用更高的剂量。你可以在超市买到该产品。

◆ 罗勒

唇形科植物罗勒被称为"香草之王"。其次生物质，如鞣质、生物碱等都有很大的应用价值。研究表明，罗勒具有缓解压力和疼痛、增强免疫力和抗菌的作用。除此之外，罗勒还是我们的自然能量疗法中受欢迎的帮手。根据我的临床经验，这种药草对"疯狂"的肥大细胞有镇静作用。罗勒不仅因其令人信服的治疗效果在茶架上占有一席之地，还因其细腻、略带辛辣的味道颇受人们欢迎。罗勒可制成具有诱人味道的混合茶，如图尔西茶。泡茶时，取 1～2 茶匙罗勒置于杯中，倒入 200 ml 开水，浸泡 10 分钟后饮用。罗勒和其他茶一样，我建议大家注意选择有机产品，以降低污染风险。你可以在保健食品商店和一些药店买到图尔西茶。

减轻压力，增强免疫力并恢复能量水平

只知道连轴转地工作的人，会失去生活的乐趣。

积聚在心里的压力会消耗大量能量。同时，它也是让你感到疲劳、易感染（如慢性 EBV 感染等）的原因。这是因为过大的压力会削弱你的免疫力。你评估日常事物的方式、你对生活环境的看法、你的感受和反应……所有这些都会对你的内在压力水平产生巨大的影响，并且根据心理神经免疫学，这些因素对免疫细胞的强度也有很大的影响。

心理神经免疫学告诉我们，不快、愤怒和悲伤等情绪，以及生活压力和与我们亲近的人争吵，都会直接影响我们的免疫力。对生活环境的看法会产生压力。你的感觉是对思想的反应，但思想可能是错误的幻象。如果你想减轻压力并增强免疫系统功能，就应该意识到这一点。此外，识别和清除"能量小偷"也很重要。这可以改善你的身体健康状况和能量水平。

即时获得能量的好方法

压力是不可避免的。每个人的生活中都会发生令人沮丧、愤怒、悲伤和产生压力的事。如果我们无法以不同的方式思考和判断事物，也找不到有效的使内心平衡的方法，压力就会消耗能量、损害健康。你能否以及如何感知压力是重要的决定。克服压力的方法因人而异。有的人觉得跳伞是一种纯粹的放松，而有的人一想到它就会感到极度恐慌；有人喜欢重金属音乐、Lady Gaga 的歌或响亮的鼓点，有的人则喜欢在肖邦、阿尔比诺尼的柔和音乐或自然的声音中放松。我们每个人对待压力的方式都是不同的。然而，许多人已经迷失在日常的"仓鼠轮"中，忽视了内心平衡的必要性。如果不能找到保持内心平衡的方法，你每天的能量储备都会被消耗殆尽。

如何最好地缓解内心压力并维持肾上腺功能取决于你自己。以下方法已被证明是真正的能量助推器。请保持好奇心，找出适合你的方法。

◆ 正确地呼吸

在世界的每一个角落，在生活中的每分每秒，你都可以用最简单的方法直接为自己充能——呼吸！

生命以呼吸开始和结束。在 80 年的生命中，我们大约会呼吸 8.41 亿次（28800 次/天 ×365 天/年 ×80 年）。呼吸给予我们生存所需的氧气。然而，我们几乎没有注意过呼吸，因为它对我们来说是理所当然的事情。我们的呼吸控制着所有器官功能和身体的能量代谢。通过有意识地呼吸，我们可以使身体保持最佳状态并提高我们的能量水平。正确的呼吸不仅可以缓解疲劳，还可以防止"能量崩溃"。那么，正确的呼吸是什么？

我们常常蜷缩着身体坐在电脑前，将运动量减少到最低限度。不良姿势对能量水平有巨大的负面影响。许多人呼吸太"浅"，即仅用胸式呼吸法呼吸。用这种方法呼吸时，平均每次只能用到肺部约 7.5 亿个气囊中的 1/20。正确的呼吸是为身体提供更多氧气的唯一方法。事实上，相较于胸式呼吸，长时间进行腹式深呼吸，可以使你吸入 6 ~ 10 倍的空气。腹式深呼吸还可以调节自主神经系统，关闭内在的"警报信号"。这可以缓解肾上腺的压力并自动产生更多能量。平均而言，人每天的呼吸次数多达 28800 次。这意味着你有巨大的机会积极或消极地影响自己的能量水平。那么，我们开始行动吧！

下面我将向你介绍一种简单但高效的呼吸技巧。通过一些练习，你可以在几秒内深度放松并为自己充能。即使正在工作，你也可以这样做。就像有意识地咀嚼一样，你要好好利用呼吸。

能量练习：通过腹部呼吸

腹式呼吸作为一种呼吸技巧，可以有效地放松身心。请花点儿时间好好阅读能量练习，然后开始行动。

· 把手放在腹部，通过鼻子慢慢吸气 4 秒，同时以完全放松的方式，让你的腹部扩张。

· 屏住呼吸 4 秒。

· 通过嘴慢慢呼气 8 秒，同时你的腹部会收缩，你放在肚子上的手会轻轻地向你的脊椎方向移动。

· 屏住呼吸 4 秒。

通过呼吸的短暂停顿使身体处于被指挥的状态，就像指挥者举起指挥棒时管弦乐队的状态一样——身体高度警觉，为即将到来的一切做好了准备。如果你注意到在呼吸时依旧思绪万千，可以有意识地在脑海里想一句肯定的话，例如"我很平静"。如果你打瞌睡，那么一醒来就继续。

早上起床后和晚上睡觉前尝试这个简单的能量练习 5～10 分钟。你会惊讶于自己的能量水平和内心平衡在短时间内得到了巨大的改善。你可以在累人的视频会议中做几次腹式深呼吸，为自己的身体注入能量；也可以在户外散步时练习有意识的呼吸。

重要提示： 在练习呼吸之前要擤鼻子。这可以让你的身体从你呼吸的空气中吸收更多的氧气。如果你的鼻子长期阻塞，尤其在长途飞行过程中，我建议将鼻喷雾剂与海盐和芝麻油结合使用。这样，你就可以为氧气提供润滑且开放的"通道"。相关产品可以在药店找到。带有少许海盐的湿润黏膜会"赶走"鼻子和喉咙中的微生物。如果到目前为止你的免疫力很差，请在每天离开住所后立即在鼻子里喷一小口海盐。你也可以通过鼻腔冲洗来护理鼻黏膜。

◆ 针灸和穴位按摩

我将中医学的某些方法加入我的治疗方法中，例如针灸和穴位按摩。中医学的"气"就是能量，它可以流动，能提高我们的活力水平、增强免疫系统功能。针灸点，也就是穴位，是最小的能量点，它们分布在身体的不同经络上。通过穴位按摩，即用轻柔的按压或敲击刺激能量中心，将信号发送到大脑，从而上调能量水平、增强免疫力，使你立即感觉自己更健康并能更有效地工作。

以下是我推荐的穴位按摩点。

合谷穴（手阳明大肠经）

合谷穴是手阳明大肠经的原穴，是中医穴位按摩中最常用的穴位，它在拇指和食指中间皮褶处的肌肉突起上。如果你将拇指向手掌外侧伸开，另一只手的拇指可以很容易地触摸到该穴位。刺激这个穴位可以激活整个身体、抵消压力、缓解各种疼痛（如偏头痛、痛经或牙痛）、调节紧张情绪、提高睡眠质量。它被认为是激活免疫系统功能的最强穴位。正确的按摩手法是用另一只手的拇指用力均匀地按压刺激合谷穴。

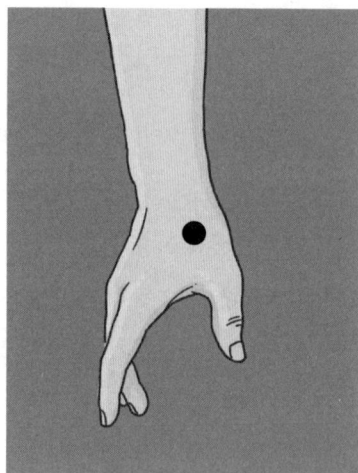

太冲穴（足厥阴肝经）

太冲穴的作用是调节和增强肝脏功能、缓解紧张情绪、降低血压。我将它称为"灵魂的柔顺剂"。太冲穴在大脚趾和第二脚趾的两块骨头相交的夹角处。

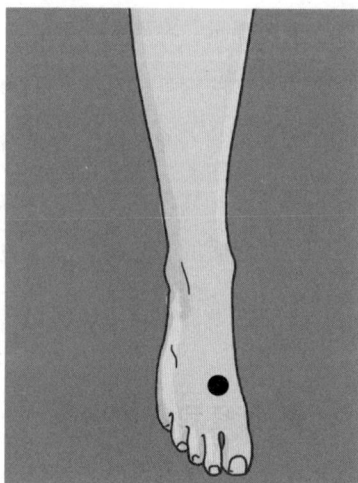

涌泉穴（足少阴肾经）

涌泉穴位于脚掌的下部中央。刺激该穴位可达到放松身心和平衡内心的效果。在赤脚行走时，它也会被激活。

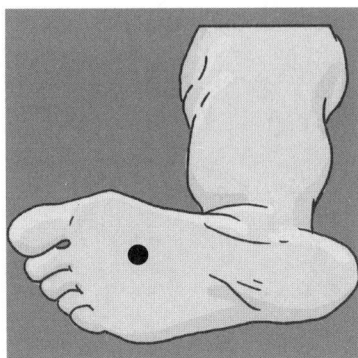

天突穴（任脉）

这是本书提到的穴位中最容易找到的穴位。请将一只手的手指放在位于胸骨中心的胸腺区域，然后握拳用力敲击2~3下，同时进行深呼吸。刺激该穴位能让人充满能量，并能增强免疫力。

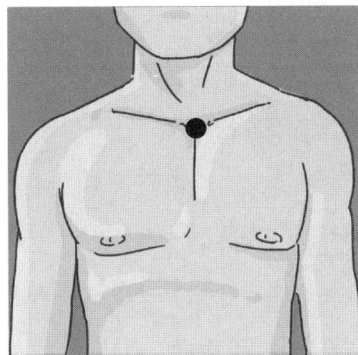

每当你感到疲劳、注意力不集中或情绪低落时，就刺激这些穴位。你会发现，即使是大约30秒的短时间指压按摩也会有明显的效果。寻找穴位时不要过度追求完美，只需用几根手指根据以上描述按压相关位置几分钟，就能激活能量点。

就个人而言，我也很喜欢耳穴按摩。包括所有器官在内的整个身体都可以通过对整只耳朵的简单指压来激活。要做到这一点很容易，从上到下揉捏双耳，同时用力按压耳郭内部，直至外耳道。大约1分钟后，你的耳朵会变成粉红色，并在几分钟内变得通红。你的能量水平会随之大大提高。特别推荐使用晾衣夹进行耳穴按摩！

◆ 森林——优秀的能量朋友

我们可以直观地感受到自然是如何对身体和思想产生良好的影响，并为我们提供能量的。在我的整个童年和青春期，我都有一个很棒的自然仪式：在下午放学后，我会和狗一起漫步或跑步至少半小时或更长时间，穿过附近的森林、田野和草地。不管天气如何，动物必须出门，而我也一样。有时，我希望自己能在大雨倾盆时待在室外，因为我知道自己可以从对自然的探索中汲取多少能量。在户外锻炼，在柔软的森林地面上行走，呼吸新鲜空气，嗅到木头、针叶、树皮和泥土的气味——所有这些对那时的我来说是纯粹的放松和休养。在那之后，我的血液中充满了氧气，我的头脑又清醒了。我感到自己大脑中的乱绪一扫而空，并准备好应对那些讨厌的数学问题了。直到今天，我仍有这种感觉，在户外长时间散步和深呼吸是我个人认为的最强的能量补充妙药。研究也证实了在户外散步对身体健康的有益影响。这比在城市中漫步或在家中舒适的躺椅上休息要放松得多。此外，在自然中漫步还可以减轻抑郁症状。

我为之奋斗的现代预防医学已经认识到自然，尤其是森林对人的健康的重要性。"森林浴"看似是近年风靡全球的新风尚，其实是我们对森林的热爱和全民健康理念的再发现。日本研究人员表明，森林浴对我们的健康和能量水平有许多积极的影响，并因此创立了"森林医学"这门科学。在森林中度过一天会使人体免疫系统中自然杀伤细胞（NK细胞）的数量在一周内增加近40%。所谓萜烯，即森林的"芳香物质"，就是这种免疫细胞的增强剂。树木会释放萜烯，以保护自己免受虫害，或向其他树木发出信号，表明它们也应该开启化学保护机制，因为该地区有捕食者。

由于治疗效果经过验证且令人信服，我将"森林医生"理论融入了我的治疗方法。你最后一次在森林里漫步是什么时候？你最后一次感受自然（如接受光照、聆听自然的声音）是什么时候？你最后一次吸入自然的芳香是什么时候？你最后一次停止思考，放空大脑，只是享受"存在"这个状态的经历是什么时候？在此，我邀请你充分利用自然力量的各个方面来放松身心并增强免疫力。

自然是你最好的能量伙伴。自然使人放松，为人提供新能量。我们应该尽可能地沉浸在自然中——如果可能的话，每天都在户外散步或慢跑；定期远足、

自然是我们最好的药物之一

骑自行车、滑雪、划船，或者去体验在海上航行；与你的伴侣、家人或朋友在自然中相聚，相约一起踢足球，等等。这些活动的好处不仅在于其本身，还在于我们对美好、感性时刻的期待和之后的回忆。恶劣的天气不是借口。我建议你参与其中，并且观察你的能量水平和健康状况的神奇变化。

缓解压力的能量制造者

你虽然不能立即消除能量水平低的问题或者摆脱高压的生活环境，但绝不会完全受它们摆布。因为你可以采取新态度来对待和处理问题，并找到摆脱压力的方法。摆脱压力以获得新能量的最佳方法因人而异。重要的是不要将放松视为浪费时间，而要将其视为能量的来源，例如睡眠。

重要提示：每天在日历上为自己设定时间。从早上和（或）晚上的5～10分钟的"碎片时间"开始，你可以慢慢增加时间的长度，但这不是必需的。在"碎片时间"里，你可以简单地放松自己，只享受"存在"的状态；或者尝试新事物，看看它们对你有什么好处。无论你是呼吸、遛狗、慢跑、阅读、冥想、演奏乐器、唱歌还是绘画，只要有效就可以。记住，将放松作为能量和健康的来源融入你的生活，随着时间的推移，你将在这方面变得越来越有经验并获得成功。

我建议你选择一种特别有效的能量制造活动，每周集中时间进行一次，例如定期针灸或按摩。能量制造活动通过平衡自主神经系统来提高人体的健康和活力水平，即加强放松的副交感神经系统功能。这就是你始终专注于减轻压力，但其他健康问题也会得到解决的原因。你要找到最适合自己，包括时间、预算等方面的方法，以下能量制造活动可以为你提供参考。

◆ 有效的能量制造活动

1. 执行晚间计划。晚上睡觉前按计划抽出一些时间来放松一下，比如喝促进睡眠的混合茶或写感恩日记。

2. 正念。正念是以放松但强烈的全神贯注的方式观察正在发生的一切，并且不做任何判断。活在当下，不要迷失在自己的思绪中。深切地体验这一刻会让你感觉不那么缺乏活力、疲劳和无力。每天练习正念是一个很棒的终身学习游戏，我鼓励大家都去尝试。你会因此变得放松，并认为压力不那么令人疲惫，恐惧、愤怒和担忧不那么具有威胁性。正念的其中一种方式是冥想。

3.针灸和穴位按摩。

4.正确地呼吸。

5.**进行自体训练**。这种方法与自我暗示相结合。其基础是一种认知，即人们只通过强烈的想象力就能放松。

6.**锻炼身体**。你喜欢锻炼身体吗？如果你很难回答这个问题，那么这里有一个好消息：如果你精力不足，那长时间的令人疲惫的锻炼无论如何都不会奏效。摆脱疲劳、为线粒体提供能量、促进血液流动以更好地提供氧气和营养素，以及促进排毒都需要一定的锻炼，并且你需要一种锻炼方法，让你无须疲劳、痛苦、气喘吁吁就能从精力不足的困境中解脱出来。快步走、练习气功、打太极拳、深蹲、轻哑铃练习、跆拳道、骑马、越野滑雪、瑜伽或游泳等都很适合缓解压力。如果疲惫的肾上腺是你能量不足的原因，请通过放松但有规律的锻炼来保护肾上腺免受过度释放的激素的伤害。

重要提示：每天锻炼大约30分钟是理想的。你可以遵循"如果—那么"原则——如果有电梯，那么我就坐，如果没有，那么我就走楼梯；如果我去过厕所，那么在这之后我会做17次深蹲；如果电话响起，那么我会站起来或走着打电话；如果喝了酒，那么我会伸伸胳膊，等等。你的想象力是无限的。

7.**放弃判断**。我们往往不是因为"外在"的实际问题给自己施加压力，而是因为通过"这是不是糟糕的判断"赋予了它们的强大意义。以不同的方式看待问题，不要因为它们而陷入疲劳无力的状态。在压力大的情况下，问自己以下问题："我能从中学到什么？"以及"从长远来看，这种情况对我有什么帮助？"通过这些问题，你可以打破"问题受害者模式"，缓解压力并找到安慰。

8.**感恩**。感恩作为一种仪式，是最有效的"能量制造者"之一。感恩能让你拥有更积极的感受：你有意识地为美好的经历感到高兴，对与同事一起工作充满热情，为你的伴侣、孩子感到自豪。请培养这种奇妙而治愈的惊奇感。一天有86400秒，那么从明天开始，你想投入多少时间在感恩上呢？

9.**数字排毒**。你每天盯着智能手机看多久？你的智能手机有多频繁地闪光、振动或发出尖锐的铃声？我们在办公室里、餐桌旁、公共汽车上总是想看看发生了什么事，于是经常条件反射性地掏出手机，看似每次只用了很短的时间，但最终却在这件事上花了极长的时间。一项实验表明，实验参与者平均每天触摸他们的智能手机2617次，大约1/10的实验对象平均触摸手机的次数多达5427次，主要用以解锁手机查看时间等。为了打破"永远在线"的循环，建议使用"数字排毒"的方法。这不是怀旧，也并非过去的一切都更好，只是作为"数字化人类"，我们必须批判性地质疑我们在数字宇宙中的能量和健康水平如何。

重要提示：将智能手机的服务"外包"出去，使用其他工具替代智能手机的功能，比如使用常规闹钟和手表。创建"自治岛"，并按小时将你的智能手机置于静音或飞行模式，禁用多余的推送通知，激活可以帮助你限制手机使用的数字排毒应用程序。给自己安排不玩手机的时间，如在街角散步或购物时。检查你的卧室并确保至少在睡眠期间有一个"无数字区"，以促进身体健康。

10. 享受园艺乐趣。无论是除草、甩铁锹还是种植蔬菜、药草，都可以使人放松并对心理健康有积极的作用，还能增强体质。在夏天，通过皮肤吸收紫外线可以获得维生素D，从而增强免疫系统功能。

11. 停止思考。思想是我们拥有的最强大的东西，同时也是最弱的东西！为了保持健康和能量水平，当你陷入消极的、会产生压力的想法时，请按下停止按钮，打破消极情绪的"旋转木马"。

12. 收集声音。收集声音并比较它们对我来说是一种有趣且高级的正念练习。例如，阿司匹林片剂溶解在水中的声音听起来就像孔雀开屏的声音，或者像夏天里的强风吹过树叶时的沙沙声。

13. 拥有信念。相信自己很快就会精力充沛，恢复健康！肯定自己，就像在心里种下一颗种子。相信你的价值、你的才能和一切可能。你值得被好好照顾。信念可以帮助你感到安全，减轻恐惧及内心的压力。

14. 养宠物。希尔德加德说："给一个人一条狗，他的灵魂就会痊愈。"

我曾给了很多患者"养一只狗或别的宠物"的建议。狗为生活带来了活力，我们再也没有不出门的蹩脚借口了。在时间和金钱方面允许的前提下，如果拥有宠物对你来说是一个可选项，那么你应该仔细考虑这件事。宠物还可以促进"拥抱激素"——催产素的释放，而催产素使人放松。

15. 自己动手做手工。修理旧汽车或轻型摩托车，修整旧船或房屋——所有这些都是缓解压力的好方法。手工不应该是逃避现实困难的手段，也不应该被当作未完成的项目去应付。我们应该学会享受手工，但在家做手工、喷漆、焊接或切割时，请注意防护。

16. 写日记。写日记可以明显降低你的压力水平。当忧虑、恐惧、沮丧和愤怒被"卸载"到日记本的空白页上时，你的大脑会喜欢上这项活动。这可以缓解压力并为更积极的想法和情绪创造空间。

17. 冷疗。冷疗具有抗炎、镇痛和调节免疫系统功能的作用。肌肉新陈代谢和关节功能将在冷疗过程中得到改善，活力水平和幸福感也随之增加。在你牙齿打战地暴露于寒冷中之前，你应该与医生讨论你的"耐寒性"。冷疗的禁忌证是严重的心血管疾病。

18. 烹饪。用简单、健康的食材制作新鲜的食物可以放松并增强免疫力。

19. 创造。画画、欣赏画作、听音乐、创作音乐、表演戏剧、做手工、编织、写作……创造性活动会降低皮质醇水平，促进正念和好心情。创造力是可以练习的。如果你愿意，即使在厨房洗碗的时间也可以成为一个专注的、有创意的、有趣的并且几乎是冥想的时刻。

20. 绽放笑容。爽朗的笑声是精力不足的完美解毒剂。"大笑瑜伽"是一种将大笑作为治疗方式的练习。笑容撕裂了问题，粉碎了沉重的思想，为你创造了片刻的轻松。每天抽出一部分时间给"额外的笑容"，作为日常生活中的喘息机会。用轻松的态度对待自己和他人，不要那么粗暴地对待事情。尽可能多地挂着微笑，仅此一项就足以降低心理压力水平。你如果不想笑，可以用铅笔做下面这个有效的练习：将铅笔横放在嘴边，使其接触到嘴角，这样嘴角就会不可避免地抬起，促进"幸福激素"的释放。

21. 找到适合自己的生活节奏。我们生活的节奏是高度个人化的。如果你以错误的节奏生活，就会剥夺自己过上健康生活所需的能量。有的人需要轻轻推动来为他的生活加速，有的人则需要大红色的停止按钮。你的生活节奏决定了你是否经常感到疲劳和易生病，也决定了你的身体是否精力充沛、足够支撑你发挥才能并体验生活乐趣。想一想，如果你是一只动物，你会是一头敏捷的瞪羚、一只不浪费精力的专注的狮子、一头悠闲的熊，还是一只在决定下一步行动之前能够等待很久的雄鹰？如果你是一个地方，你会是像纽约、里约、东京一样充满活力的大都市，还是像蒂罗尔这样安静的、风景如画的山村？你可以做一做相关的联想，探究你目前的生活节奏是否真的适合自己。

22. 阅读。良好的阅读是减轻压力、学习新事物和获得灵感的绝佳敲门砖。

23. 按摩。定期按摩可以降低压力水平、提高睡眠质量，从而提高你的能量水平、增强免疫力。按摩还可以促进淋巴流动，有助于身体排毒。

24. 冥想。冥想能减轻内心压力，并且通过正念练习使思绪汇集、情绪恢复平稳，从而缓解焦虑和抑郁。内心平静的人更自信，其心血管系统和免疫系统也更健康。

25. 听音乐。音乐是每个家庭药箱中的必备品，因为我们难以摆脱它的魔力。音乐以闪电般的速度穿透人体控制思想和情绪的大脑区域，并调节人的自主神经系统。可以说，一段你真正喜爱的音乐会拂去你大脑中的灰尘，释放血清素和内啡肽，驱散你的疲劳感。

重要提示：在你的"药箱"里，不能只有膏药、消毒剂、维生素C、温度计、止痛药、药用炭片等，还要有能调节你能量水平的音乐。创建与你的情绪和能量水平相匹配的播放列表。早上选择能够"让你动起来"的音乐，晚上选择能够促进睡眠的音乐。在我的音乐"药箱"里有一个组合，包括大卫·鲍伊、皇后乐队、斯汀、U2乐团、艾米·怀恩豪斯等人的音乐作品，这些都是为提升能量水平而准备的；而钢琴爵士、莫扎特、拉威尔的音乐或其他轻松的音乐则用于放松。不知道你喜欢哪种音乐呢？

26. 亲近自然。如进行森林浴、日光浴。

27. 保持乐观。乐观就像一块肌肉，随着我们使用的次数越多，它会变得越来越强壮。养成乐观的习惯可以极大地帮助你减轻内心压力。能够更多地看到生活积极的一面对人来说是一种解放。

28. 渐进式肌肉放松法。这种疗法通过有针对性地使全身肌肉紧张和放松来达到深度放松心灵的目的。具体做法是一个接一个地绷紧身体的肌肉群（如手、手臂、脸、脖子、背部、腹部、腿、脚），每个部分绷紧约10秒，然后放松约30秒。

29. 蒸桑拿。热、冷之类的强烈刺激可以促进身体新陈代谢并增强免疫力。每周进行1～2次桑拿浴，每次桑拿浴中间进行3次休息，每次约15分钟。这种蒸桑拿的方式被认为是对健康有益的。不过，你如果有发热或血栓形成的倾向，则应避免蒸桑拿。

30. 睡眠。充足优质的睡眠可以保持健康并维持免疫系统的正常功能，还能促进身体细胞再生和修复，促进至关重要的肝脏排毒功能。

31. 性生活。性交是生物在进化过程中设计出来的一种巧妙又有趣的减压方式，它还能增强免疫系统功能、刺激新陈代谢、促进深度睡眠，被认为是理想的健身训练。性交时身体释放的苯乙胺和内啡肽可以振奋精神、提高催产素水平、平衡皮质醇水平，从而缓解压力。除此之外，性交还可以提高睡眠质量，从而提高能量水平。

32. 参加体育活动。选择你真正喜欢参加的体育活动来提高你的生活质量，而不是选择让你厌烦的"汗流浃背的马拉松"。活动结束后，请注意你的健康情况、能量水平和免疫系统功能的反应。如果你在活动后感到筋疲力尽或易感染——这是一个明确的信号，表明你的身体，尤其是肾上腺已经超负荷了，细胞再生能力不足，免疫系统功能减弱。这就是为什么从感染学角度看，只有"普通"细菌和病毒比较容易被感染。因此，以后请务必多加小心，并改变参加体育活动的时长和强度。另外，在活动后一定要进行充分的放松。轻松的锻炼方式适合用来平衡高强度的体育活动，例如跳绳。跳绳是同样适合成人的"儿童游戏"，是一种完美的减压和耐力训练。不论天气如何，你都可以随时随地地跳绳。你只需要一根跳绳和一双运动鞋，甚至赤脚跳也可以。当你跳跃时，脚掌上的能量点会受到刺激，负责排毒的淋巴系统也会受益。通过这种方式，我们还可以减掉多余的脂肪。然而，由于潜在的刺激作用，最好不要在睡前3小时内进行剧烈的体育活动。

33. 玩耍。与家人、朋友或宠物一起玩耍可以拂去心灵的尘埃，使自己恢复活力。我们不应该只考虑儿童生日派对上的游戏，记忆游戏、德国十字戏、大富翁、直棋、国际象棋、拼字游戏、滑板、公园里的寻宝游戏或在森林里收集自然的声音……你的选择是无穷无尽的。拿出你的玩具盒并在互联网上寻找灵感，和关系亲密的人一起放松和充能吧。

34. 跳舞。即使没有舞伴，你也可以在家里伴着自己最喜欢的歌曲起舞。对顽固的运动厌恶者来说，跳舞是最好的入门方式。它展示了以愉快的方式调动整个身体是多么有趣。跳舞对我们来说永远不会太晚，它是老少皆宜的活动。

35. 心理治疗。在长期疲劳和持续抱怨的状态下，自尊心通常会跌入谷底。为了减少精神压力，增强自尊心，让心理医生参与进来可能非常有用。

36. 蹦床。与跳绳类似，蹦床是一种有效的全身锻炼方式。它通过肌肉的紧张和放松的交替作用来减轻压力，被认为有益于保护关节，并且可以增强骨骼。蹦床还能促进淋巴流动，从而促进身体排毒。那些不喜欢运动的人可以通过蹦床找到一个"失重"运动的入口，它会带来很多快乐。

37. 停止比较。停止将自己与他人进行比较，因为比较会提升你的压力水平，同时会对你的能量水平造成负面影响。

38. 盆浴。睡前1小时在浴缸里泡个澡是一种有益的减压仪式。泡澡时水温不应过高，以免影响血液循环（38 ~ 39 ℃为宜）。无论选择什么沐浴添加物，都不应长时间地泡澡，以免皮肤变干，最佳时间大约为20分钟。缬草、啤酒花、西番莲、橙子、香蜂草和茉莉的混合精油是合适的沐浴添加物，它们具有可靠的抗压效果。

重要提示： 对急性发热或患传染病以及慢性心血管疾病的人，不建议进行盆浴。

39. 瑜伽。 瑜伽是一种全面的方法，通过培养练习者的正念和知觉，使身体和精神恢复或保持健康。瑜伽已被证明是筋疲力尽后放松和恢复活力的好方法。瑜伽能增强力量、协调性、柔韧性和耐力，同时刺激身体排毒。

40. 与家人和朋友共度时间。 我们的生命是有限的。这就是它们如此珍贵的原因。请明智地利用你的时间和精力。与你关心的人、关心你的人、对你有益的人以及激励你的人共度更多时刻。忠诚从来不是一条单行道，所以你要守护自己的精力和时间，不要浪费在人型"能量小偷"上，即不要和那些散播怨恨情绪的、自恋的或对他人产生负面影响的人在一起。世界上到处都是可爱的人，他们和你一样，正在追寻健康、充实的生活，并期待着充满互相尊重和欣赏的相遇。

41. 是时候做些有意义的事情了。 最后但并非最不重要的一点是：花时间去做你热爱的并且对你很重要的事情。当你在做自己热爱的事情时，你会立即感到充满活力，因为你不必克服内心深处的抗拒等内部阻力。

现在，你已经拥有了足够多的灵感，我很好奇，你会为自己举行什么样的放松仪式。

我为你站上通往能量巅峰的道路而感到兴奋。你已经对精力不足的隐秘原因有了更多了解，也知道了改善自己和周围人健康状况的方法。现在，你可以将自己获得的知识应用到为期30天的能量计划中。"奇迹并不违背自然，而只违背我们对自然的了解。"奥古斯丁如是说。那么，你准备好用能量来创造属于自己的奇迹了吗？

你到达更高的能量水平时，会深刻体会到健康和充满活力的快乐

3

30天
能量计划

DAS
30-TAGE-ENERGY!-
PROGRAMM

『未知生，焉知死？』

你想要做出改变、把健康掌握在自己手中、提高自己的能量水平的动力把你带到了这本书的这一页。现在，激动人心的时刻来了！我相信许多人一直在艰苦的"登山之旅"中等待。从现在开始行动起来！为期30天的能量计划不仅能让你更有活力、提高免疫力及抗压能力，而且能让你很快恢复健康。我在这里提前祝贺你取得成功，因为根据我的经验，"30天能量计划"一定可以帮你实现目标。

　　在30天内，你将怀着轻松愉悦的心情改变你的生活习惯。我将带你深入调查，寻找你精力不足的原因。只要坚持实行"30天能量计划"，并多多放松，你一定能感到自己比以前更有活力。你所取得的每个成就都会激励你继续坚持下去，给自己创造一个充满能量的健康的生活。现在，你的手里就有一个能够让你立刻开始行动的有效工具，你可以选择任何一个合适的时间点开始实行"30天能量计划"，并凭感觉选择一个合适的时间结束。

"30天能量计划"——第1周

实行"30天能量计划"的第1周是"热身"时间，你可以在这段时间里做准备，既不要急于切入正题，也不要设置会让你产生压力的目标。如果你想再多准备1周也没问题，毕竟你是最了解自己的人。根据我的经验，即使你非常忙碌，7天也足够你为实行"30天能量计划"做好准备。改变需要时间、耐心和计划，所以你要先调整你的饮食、运动量和睡眠质量，并养成一些新习惯，比如放松和保持乐观。在实行"30天能量计划"的一开始做这些调整很重要，因为这样你在后面就不会为这些琐碎的小事花费太多精力。这也是第1周的微小变化如此有效的原因。第1周的准备工作不仅为了让你调整自己的身体，还为你提供了一个完美的开始。你可以通过每天重复新习惯来重新"设置"大脑，通过简单的改变（如将吃早餐改为吃早午餐、在两餐之间只喝水）一点一点地为大脑安装新"程序"。成功的关键在于坚持，所以请坚持实行"30天能量计划"。

为自己寻找一个真实的迫切的动机。它不仅能够支持你实行"30天能量计划"，而且能够激励你在30天结束后继续坚持健康的生活习惯。动机可以是"我想保持健康并拥有更多精力，以便尽可能长时间地陪伴我的伴侣和孩子。""我想实现我所有的愿望，所以我需要充足的能量和健康的身体"。认真对待"30天能量计划"，你可以慢慢来。现在，请你拿起笔和纸，写下你的动机。这不仅能帮助你更好地理解它，而且能让它在你的记忆中停留更长时间。

| 5条能量规则助你成功

能量规则1：保持放松的心态。

我相信你在阅读前文时已经将这条规则牢记于心了。

能量规则 2：每天复习你的动机。

每天尽可能生动地讲述你的新习惯给你和周围的人带来的好处，也就是将你的动机"可视化"。你如果每天为此腾出时间，像训练肌肉一样训练你的乐观，就可以预防和克服每个人身上都会出现的懒惰和抗拒情绪。

能量规则 3：进行积极的自我暗示。

在我的另一本书《弗莱克医生教你如何保持苗条与健康》中，我展示了自我暗示的力量。自我暗示法是法国药剂师埃米尔·库埃提出的。自我暗示基于这样的假设——"你就是你所想的那样"。建议每天想一句积极的话，并重复20次左右，比如"我每天都在变得更加健康""我每天都感觉更健康""我现在就开始行动"……你是否相信这句话、你在重复这些话时内心是否有其他想法，这些都不重要。重要的是，你要大声说出来，并多次重复。早上在浴室里、在上下班途中、在散步时或在睡前都是理想的进行自我暗示的时间。

能量规则 4：停止比较。

反复将自己与他人比较会使自己"摇摇欲坠"，没有精力，失去快乐，甚至易生病。消极情绪会削弱你的免疫力，让你的压力激素"喷涌而出"。你必须打破"比较的死循环"，摆脱类似"我如果有这个或那个会更好"的思考模式，避免变得精疲力竭、自信心受挫、形成否定自己的坏习惯。我的建议是：一旦发现自己有消极情绪或不自觉地与他人比较，就大声对自己说："停下，把无聊的比较扔进垃圾箱！"摆脱那些会破坏你的生活并降低你的能量水平的"如果"，专注于生活中的积极时刻，你会发现，不起眼的改变可以带来奇迹。

能量规则 5：保持感恩。

感恩是幸福的基础。真诚的感恩会让你更快乐、更满足，并且保持健康。扪心自问：你是否对你拥有的一切表示感激？你是否意识到了这一点？从现在开始，让感恩成为每天的仪式。每天临睡前写下 3 件值得感恩的事，并写明原因。即使在情绪低落的日子里也要坚持写"感恩日记"。

◆ 决定你的节奏

在实行"30 天能量计划"的第 1 周里，你需要注意你的生活节奏，因为你的生活节奏里有你个人的能量钥匙。

饮食

坚持每天只吃 2 ~ 3 顿饭，只在真的很饿时吃东西，并做到充分咀嚼，尽可能避免吃零食。例外情况是，你如果患有肾上腺衰竭、偏头痛或胆结石，那么在白天禁食不应超过 5 小时（最多 6 小时）。你可以在夜间禁食（12 ~ 13 小时为宜，最多不超过 16 小时），在这段时间内只喝水或不加糖的药草茶。你如果一开始无法坚持这么长的时间也没有关系，要对自己有耐心，相信自己的身体只需几周就可以成功重新焕发生机。

重要提示：晚点儿吃早餐。注意选择最适合自己的时间——对大部分人来说，上午 10 点后吃早餐才是最好的。

我推荐你进行下面两项测试：

1.早上 10 点之前不摄入脂肪。如果你在早上不摄入脂肪时感觉更好，这表明你在清晨消化脂肪有困难，你的消化能力较弱。解决办法是：如果不饿，那么早上 10 点前不要吃东西，只喝果蔬汁，或只吃水果、生的蔬菜。在上午 10 点后吃早餐或早午餐。

2.同时摄入碳水化合物（来自意大利面或面包等）和动物蛋白（来自畜肉类或鱼类）。这样做后，你容易在一天中感到疲劳吗？动物蛋白比植物蛋白更难以消化，特别是当你咀嚼食物不充分时。因此，摄入动物蛋白和引起血糖水平上升的碳水化合物往往会消耗大量能量，并让你感到疲劳。记录下你的发现，并将其应用在你未来的饮食中。

喝水

让饮用纯净水成为你的日常活动。从现在开始，每天起床后空腹至少喝一大杯水（也可以往里面加一点儿柠檬汁），最好喝两杯。要一口一口地喝，一次性把水喝光，这种方式可以促进消化和毒素的分解。另外，在饭前约15分钟和餐后喝水，不要随餐喝水，以免稀释胃酸和消化酶，引发消化不良。

运动

如果你一直缺乏运动，那么不用担心，我们慢慢开始，逐渐将运动带入你的日常生活。好消息是：任何一个好习惯只要固定下来，就可以成为另一个好习惯的"养料"。养成运动的习惯，任何地点都可以成为你的健身房。你可以在离目的地有一定距离的地方停车，然后走到目的地；可以走地下通道或过街天桥，而非在信号灯前等待；尽可能多地走路、骑自行车、深蹲（如在和孩子说话时蹲下）、做伸展运动、做体操或进行轻重量的举重。许多医疗保险公司会组织简单的运动课，在那里，你不仅能锻炼身体，而且能与他人交流。注意，不要在睡前运动，以免影响睡眠质量（运动应在睡前3小时前进行）。想出一种适合你的运动，并将其写在笔记本上。

睡眠

在实行"30天能量计划"的第1周检查你的卧室和睡眠习惯。设定起床和上床睡觉的时间，并将其写在笔记本上；确定一套能让你感到愉快和放松的夜间活动流程；白天使用明亮的日光，晚上使用较弱的光源；完成"数字排毒"，最好在傍晚就开始。如果你还没有养成良好的睡眠习惯，那就从现在开始吧！

◆ 清除体内的"能量小偷"

实行"30天能量计划"的第1周非常适合慢慢清除你体内的3种"能量小偷"——咖啡因、添加糖和人工甜味剂。添加糖和人工甜味剂是炎症的诱因，它们会导致肠道菌群紊乱。此外，血糖水平大幅上升会刺激胰腺迅速分泌大量胰岛素，抑制血糖上升，这一过程会"拔掉你身体的电源"。你如果有了食欲，可以先喝点儿水，因为我们往往会混淆饥饿和口渴。你可以使用不含酒精的口腔喷雾剂补充苦味物质，它能减轻你对甜食的渴望。

我要提前向你说一声对不起，因为接下来的建议很可能严重影响到你——你应该远离咖啡。我自己就是一个爱喝咖啡的人，咖啡对许多人来说具有提神醒脑的效果，所以他们会固定在早晨喝一杯咖啡，作为开启新一天的仪式。然而，并非每个人都能很好地耐受和代谢咖啡因，这就是为什么即使对你来说很困难，我依然明确建议你少喝甚至不喝咖啡。

尝试戒掉咖啡因、添加糖和人工甜味剂——至少试一试，看看你的身体是否出现变化。也许你在前几天会感到不舒服，但当你成功戒掉它们时，你会发现自己的能量水平大幅提高。就我个人的经历而言，戒掉咖啡因后，我的能量水平得到了大幅度的提升。不过，这并不意味着你要终生放弃喝咖啡以及摄入添加糖和人工甜味剂，而只是为了在接下来的几周内帮助你调整身体并使你恢复健康。

咖啡因戒断小贴士

如果你平时喝2～3杯甚至更多杯咖啡，或者饮用其他含咖啡因的饮料（如红茶、功能饮料等），那么你的身体已经习惯了这些"兴奋剂"。如果你担心自己会出现戒断反应，我建议你在周末减少咖啡因的摄入量，并将药草茶、新鲜姜茶等作为替代品。有2种戒掉咖啡因的方式：一种是"冷戒断"，需要你从第一天起就停止摄入咖啡因，这可能使你出现戒断反应，如头痛、疲劳、饥饿或心情不好，戒断反应通常在1～3天后消失；另一种是每天减少咖啡因的摄入量，并在第 7 天时完全不摄入咖啡因，这样可以最大限度地减轻戒断反应（参见示例）。

示例

第 1 天：4 杯咖啡；

第 2 天：3 杯咖啡；

第 3 天：2 杯咖啡；

第 4 天：1 杯咖啡；

第 5 天：1/2 杯咖啡；

第 6 天：1/4 杯咖啡；

第 7 天：完全不喝咖啡。

在接下来的一周里，你如果想喝咖啡，可以在早晨用绿茶代替咖啡。绿茶可以强健肠道，同时不会使肾上腺精疲力竭。从长远来看，是否要完全戒掉咖啡因取决于你自己。你要对自己负责，毕竟你是最了解自己的人。因为咖啡因会抑制重要营养素的吸收并干扰睡眠，所以我建议至少在实行"30 天能量计划"时远离咖啡因，这也是为了让你有更好的体验并获得有意义的结果。如果你想在未来继续保持喝咖啡的习惯，那也没有问题，你可以在工作时喝一两杯优质咖啡。在实行"30 天能量计划"的第 2 周里，你要关注牛奶（比如来自卡布奇诺）是否"偷走"了你的能量。至于戒掉添加糖和人工甜味剂的方法，你可以参考前面戒掉咖啡因的方法。

◆ 每天放松

压力是"能量杀手"，因此将放松仪式化是非常重要的。在实行"30 天能量计划"的第 1 周，不要只关注饮食，还要问问自己：你在日常生活中经常放松吗？一定要如实回答。也许你的答案能够将你从精力不足的状态中解救出来。在德国，许多人不得不做几份工作以维持生计，所以每天放松对他们来说是很重要的。

重要提示：每天尽可能地在固定的时间放松，并放慢生活节奏。

现在，你可以想一种能在第 1 周坚持的简单的放松活动。我推荐"正确地呼吸"，它是一种有效的能量来源。你也可以通过做手工、玩纸牌游戏、烹饪、玩填字游戏、绘画、唱歌、做按摩、骑马、蒸桑拿、参加帆船运动、跳舞、拉伸肌肉、泡澡、练习瑜伽等来放松。你可以选择适合自己的放松活动，但要保证坚持进行。写下你的选择，并多尝试其他放松活动。在日常计划中为此留出特定时间将有助于你牢记目标。

◆ 依赖仪式

仪式能提高我们的积极性，提升我们对自己和环境的信任。每天进行固定的仪式有助于降低大脑灰质的活跃度，从而让你更放松。仪式能节省做抉择所需的精力，并把这部分精力用于完成工作或其他任务。在实行"30 天能量计划"的一开始，你可以在日常生活中加入一些新的仪式，比如空腹喝水、清晨在窗边锻炼、练习呼吸、肯定自己、进行感恩仪式、举重或喝晚安茶。在你的笔记本上写下你想从现在开始进行的仪式。少即是多！然后，你需要全心全意地完成这些仪式，而且要坚持每一天都完成。

研究表明，一个新习惯在大约 66 天后就会成为你生活中不可或缺的一部分。反复练习可以训练你大脑中的前额叶皮层，也就是掌管你的意志力和自控力的区域，就像用哑铃锻炼肌肉一样，随着时间的推移，你大脑中的这一区域会明显变大。也就是说，通过健康的仪式，你可以训练自己的意志力，从而使自己变得更有效率。

▎尽可能少用营养素补充剂

从现代功能性营养医学和正分子医学的角度看，有针对性地使用营养素补充剂有利于我们在微量营养素层面为身体的基本功能提供极其出色的支持，如促进线粒体中的能量产生，并在生化微观层面上增强抵抗和预防疾病的能力。新近研究表明，营养素供应不足会导致机体易感染病毒，而稳定充足的营养素供应，如维生素 C、维生素 D，可有效支持免疫系统对抗病毒。因此，我的建议是：谨慎地决定是否要服用营养素补充剂，不推荐过量服用或服用劣质产品。从预防医学的角度看，这是有道理的。如果你决定服用营养素补充剂，那么我建议你服用以下营养素补充剂：ω-3 脂肪酸、维生素 D、维生素 C、B 族维生素和镁。如果年龄超过 40 岁，建议服用含有辅酶 Q_{10} 和亚精胺的营养素补充剂。此外，你还应该注意产品质量，比如检查产品标签，看产品是否无添加剂，以及藻油是否按照 "omega-safe" 生产标准生产。为了支持消化系统功能，你可以选择含有消化酶和苦味物质的喷雾剂。

◆ 让周围的人一起参与进来

在你周围的环境中寻找支持你实现能量目标的盟友。家人、伴侣和最好的朋友从一开始就属于我们的阵营。邀请你周围的人阅读本书或至少阅读本书中的患者案例，激发他们的好奇心，邀请他们参与"30 天能量计划"。你得提前给他们打个预防针，"特殊饮食"毫无乐趣。同时也请你说明，限时避免某些食品的摄入，如含麸质的食物和乳制品，只是为了最大可能地摆脱"能量小偷"。你还应该让家庭医生参与进来。在正确的时刻相信自己的直觉。通常，在实行"30 天能量计划"7 天后，你就会明显感觉自己的能量水平有所提升，你周围的人也会注意到你的改变。

◆ 其他需要注意的问题

在实行"30 天能量计划"的前几天检查冰箱和食品储藏室，清除那些阻碍你达成能量目标的东西。将含有添加糖及人工甜味剂、含麸质的食物和乳制品放在角落里。准备制作健康饮品的原料，如柠檬、生姜茶、蒲公英茶、荨麻茶、绿茶和安眠茶。要计划好采购的时间。

重要提示：切勿空腹购物，以免晕倒，并且拒绝购买"促炎"食品。这可以为你省钱，而省下来的钱可以投资你的生命能量。在接下来的两周内，美妙的食谱正等着你，你将获得全新的身体感受。

"30天能量计划"——第2~3周

在接下来的 14 天里，你将继续按照理想的节奏生活。你如果总是勇敢地尝试，努力接近最佳生活节奏，就会获得很多能量和活力。平衡家庭、工作、健康饮食、运动等各个方面是一项艰巨的任务，但是我们永远不应该停止为之奋斗。每一天都是全新的，都会给我们提供新的机会。

重要提示：尽量避免不必要的压力，尤其是在早晨。即使你期待着忙碌的一天，也要轻松地度过。不要给消极的想法和急躁的情绪产生的机会。要知道：它们会刺激身体产生压力激素，对肠道菌群造成不良影响，消耗你的能量。保持放松的状态，相信不完美就是完美！

┃ 充满能量的"完美"一日

起床后：给自己一段短暂的正念时刻，比如正确地呼吸，或回忆你实行"30天能量计划"的动机。

喝水：空腹喝下两大杯水（共 400 ~ 500 ml）。

运动：每天上完厕所或用油漱口后，打开窗户通通风、透透气，并抽空做 7 ~ 9 个深蹲。每次经过房门时，都向上伸展你的手臂。你还可以根据以下原则组合出新的仪式："如果我做了……那么之后就要……"

早午餐：在真正感到饥饿时，愉快地享受早午餐，可参照"弗莱克医生早餐食谱"做美食。

零食：避免吃零食！除非你患有肾上腺衰竭、胆结石、偏头痛或出现了真正的饥饿感。理想的救急零食是苹果、坚果、煮鸡蛋、橄榄、鳄梨、熏鱼、鹰嘴豆泥等。

喝水：在饭前和两餐之间喝水。

午餐和晚餐： 只在真正感到饥饿时吃东西，晚上避免食用生食。

工作期间和下班后： 你在任何时候都可以找机会行走或站立，比如打电话时。你不对事物做出评判。当电话铃声响起时，你可以保持冷静，并将其视为自我保健的机会，比如趁机喝点儿东西、深呼吸等。你可以计划在当天晚些时候锻炼身体。

下午晚些时候： 注意减少面对电脑和智能手机的时间，使用黄色的照明灯或橙色的太阳镜，这么做看起来也许有点儿傻但对提升能量水平很有效。

晚间： 你因为坚持充分咀嚼而成为最后一个吃完饭的人，花 10 ~ 30 分钟做一些你喜欢的事情。

睡前： 关闭电子设备，在卧室里创造一个完美的睡眠环境。遵循"头寒脚热"的原则，享受一天中最后的放松仪式。现在也是你进行感恩仪式的美妙时刻。

重要提示： 如果你患有糖尿病，请与医生讨论饮食问题。

▍用能量重置你的身体

本周你将开始实行能量饮食，选择健康的营养丰富的食物，并排除潜在的"能量小偷"。在未来的 14 天内，你将像侦探一样，敏锐地发现到底是哪些食物会"切断"你的能量"电源"。你需要对含有麸质的食物和乳制品说"不"，虽然一开始拒绝面包和奶酪很难，但只要你坚持下来，就一定会得到回报。期待你成功的时刻！请记住，一定要遵守原则，不要让快餐或肉桂卷之类的"失误"阻碍你成功。

以我的经验，在实行"30 天能量计划"的第 1 周结束后，你就会明显感觉到自己比以前更有活力。为自己设定实行"30 天能量计划"的时间段，即使期间受人邀请去聚餐也要遵守原则。两周时间过得比你想象的要快。我推荐的食谱将所有肠道修复和抗炎方面的问题都考虑在内，目的在于提高你的能量水平、免疫力和排毒能力。

为了简单易行，我会给你一个为期7天的食谱计划，你可以连续实行2次。这样，你可以节省购物和准备食物的时间。此外，食谱内的食物分量恰到好处，不会让你有大量剩菜——这方面对我来说很重要。你应该查看能量食品清单，看看可以用什么替代含有麸质的食物和乳制品。你如果是喜欢在没有食谱和复杂菜单计划的情况下自己做饭的类型，当然可以选择自己创建食谱。在这里，只有一点非常重要：坚持使用"30天能量计划"中推荐的食物。当然，还要考虑你的个人偏好和耐受性（如对组胺的耐受性）。

如果你在第1周就使用营养素补充剂，请继续保持，然后期待你的身体即将发生的变化。

◆ 你期待自己的身体发生怎样的变化？

· 你变得越来越容易养成新习惯。

· 你的消化能力得到改善，并且多余的脂肪会消失。

· 由于咖啡因和酒精的摄入量减少，你的睡眠会更加安宁。

· 你身体细胞的再生和修复能力得以提升，白天的疲劳感会减少。

· 食用蔬菜、水果、优质蛋白质及脂肪可增加营养素供应、优化细胞功能并促进依赖微量营养素的线粒体产生能量。

· 饮用纯净水和有机茶可以促进身体排毒，体内有害物质的比例降低。

· 味觉神经开始享用没有添加剂和过多甜味的"诚实"菜肴，你对甜食的欲望降低。

· 你感觉自己的身体越来越好，情绪越来越稳定，并且可以更好地集中注意力；你的幸福感和活力在增加，你的能量水平在不断提升。

| 能量食谱

食谱里的食物无一例外地无糖、无麸质、无乳制品、无大豆。无糖意味着不含任何类型的糖或代糖，如甜叶菊或赤藓糖醇。这些食物不仅蔬菜比例高，而且非常健康，还分量十足。药草因具有促进健康的作用而被大量使用，但使用量不必精确到克。顺便说一下，果汁中加入了薄荷和欧芹茎。

额外补充膳食纤维

只需一小片（约30 g）能量面包即可帮助你缓解膳食纤维缺乏症。你如果愿意，可以从保健食品商店、互联网或药房购买金合欢纤维、葡甘露聚糖、魔芋粉或抗性糊精。这些营养素补充剂每100 g能提供约90 g膳食纤维。3～5 g足以补充人体缺乏的膳食纤维。你可以简单地将它们混在果汁里。另外，金合欢纤维特别容易消化。

弗莱克医生能量面包

如果你的能量消耗很高，你可以吃1～2片弗莱克医生能量面包来补充你的膳食纤维。你可以提前烤好这种能量面包，因为它可以作为晚餐，尤其当你赶时间时。能量面包本身不能与普通面包相比，因为制作时没有使用传统的面粉，但它富含蛋白质和膳食纤维。

你的厨房设备

高性能的搅拌机可以让果汁变得格外柔滑，但它不是必需品。使用功率较小的搅拌器或手动搅拌器也能获得不错的效果。搅拌机是一种用于切碎香草、坚果和坚硬蔬菜的有用工具，还能用于制作肉末和蔬菜酱。

购物计划

在开始购物之前，请先检查你已有的食材，尤其是不易腐烂的食材，然后将它们与下页的购物清单比较。我推荐的食谱内食材的分量控制得非常精确，你几乎不会有剩菜。例如，苹果和梨切成两半，一半立即加工，另一半用保鲜膜或蜂蜡包裹后存放在冰箱中；肉类应尽可能买新鲜的；配料应尽可能地选择有机产品，尤其是鸡蛋、柠檬；另外，柠檬皮是很好的香料。

如果你能找到不含添加剂的优质有机无麸质蔬菜汤的蔬菜蓉或粉末，请放心大胆地使用它。你如果不确定这些产品的质量如何，可以自己制作香料和蔬菜酱。你可以在能量食谱中找到合适的食谱。

存货

- 金合欢纤维
- 苹果醋
- 发酵粉
- 奇亚籽
- 奇亚膨化籽
- 第戎芥末酱
- 有机蔬菜高汤
- 无麸质燕麦
- 纯素食营养酵母
- 椰奶（椰汁含量为 70%～90%）
- 有机椰子油
- 无糖椰子片
- 天然有机椰子水
- 南瓜子
- 杏仁粉
- 椰子粉
- 藻油
- 金亚麻籽
- 白杏仁泥
- 杏仁
- 橄榄油
- 山核桃
- 松子
- 绿色开心果
- 黑藜麦
- 白芝麻酱（芝麻酱）
- 冷冻菠菜叶
- 黑色或红色全谷物大米
- 全麦米粉
- 核桃油
- 核桃仁
- 白葡萄酒香醋

蔬菜和药草

- 125g 平菇
- 1棵中等大小的花椰菜
- 500 g 西蓝花
- 150 g 蘑菇
- 2棵小菊苣
- 1个红辣椒
- 1束葱
- 250 g 新鲜羽衣甘蓝或 100 g 冷冻羽衣甘蓝
- 2～3根小黄瓜
- 800 g 胡萝卜
- 1颗大蒜
- 300 g 芹菜
- 2～3束芫荽
- 1～2束薄荷
- 500 g 欧洲防风草
- 3大束欧芹
- 5～6棵小长叶莴苣
- 1片约150 g 的红卷心菜
- 100 g 芝麻菜
- 100 g 香菇
- 1束芹菜
- 250 g 西葫芦
- 3个红洋葱
- 3棵火葱
- 100 g 新鲜生姜

水果

- 1个大苹果
- 2个鳄梨
- 1个大梨
- 1碗蓝莓
- 1个小葡萄柚
- 1碗覆盆子
- 1个有机青柠檬
- 2个小木瓜
- 1个有机柠檬

储存在冰箱里的食材

- 6 个有机鸡蛋
- 1 包素食费塔羊乳酪
- 1 包素食鲜奶酪

必须随用随买的新鲜产品

- 150 g 鳕鱼片
- 125 g 有机鸡胸肉
- 150 g 有机大虾
- 150 g 有机野生三文鱼片
- 125 g 有机羊肉片

香料

- 辣椒
- 锡兰肉桂
- 辣椒片
- 孜然粉
- 咖喱粉
- 甜辣椒粉
- 盐片

- 小豆蔻
- 肉豆蔻
- 黑胡椒或黑胡椒粉
- 青胡椒或青胡椒粉
- 烟熏辣椒粉
- 盐
- 香草粉

能量食谱——第1天

早午餐

无糖、无麸质、无乳制品、无大豆、素食 🌿

胡萝卜木瓜沙拉搭配薄荷和南瓜子

· 2根胡萝卜（150 g，去皮），
  如果可能的话，选择深色原胡萝卜

· 盐

· 3茶匙添加了DHA和EPA的亚麻籽油

· 1/2个木瓜（175 g，去皮、去籽）

· 4茶匙青柠檬汁

· 青胡椒粉

· 辣椒片

· 5 g薄荷叶

· 20 g南瓜子

🍴 1 份

🕐 12 分钟

1 份的营养价值：399 千卡（kcal）[25 g脂肪（F），9 g蛋白质（E），21 g碳水化合物（KH），11 g膳食纤维（B）]

1. 将胡萝卜去皮，冲洗干净，擦干后放入搅拌机中切成米粒大小。倒入碗中，加盐调味，淋上油。

2. 木瓜去皮，去籽，切成约1 cm见方的丁。用青柠檬汁调味，与胡萝卜混合。用胡椒和辣椒片调味。

3. 将薄荷洗净，擦干，切碎并且与其他食材混合。在没放油的平底锅中烤南瓜子，直到它们开始噼啪作响，然后将其撒在沙拉上。

午餐

无糖、无麸质、无乳制品、无大豆、素食 🌿

牛油果碗配黄瓜和薄荷

- 1棵小长叶莴苣（75 g）
- 1茶匙特级初榨橄榄油
- 盐（盐片）
- 青胡椒粉
- 1棵青葱
- 10 g 薄荷
- 1~2根迷你黄瓜（100 g）
- 1个小牛油果（100 g，取果肉）
- 辣椒片
- 15 g 膨化藜麦
- 5 g 芫荽
- 10 g 绿色开心果

🍴 1 份

🕐 15 分钟

1 份的营养价值：

397 kcal（35 g F、7 g E、14 g KH、11 g B）

1. 将小长叶莴苣冲洗干净，擦干，横向切成条状，放入碗中。

2. 淋上油，用盐和胡椒调味。青葱洗净，切成圈。冲洗薄荷并简单撕开叶子。将两者与莴苣混合。黄瓜洗净，擦干，带皮切成薄片，铺在混合物上。

3. 将牛油果切成两半并去核，舀出果肉并用叉子捣碎，用辣椒片、盐和胡椒调味。将牛油果肉放在混合物中间，并撒上藜麦。将芫荽洗净，擦干，切碎，与开心果一起撒在混合物上。

晚餐

无糖、无麸质、无乳制品、无大豆🌿

西葫芦配烤野生三文鱼

- 150 g 野生三文鱼片（去皮去骨后即可烹饪）
- 5 茶匙特级初榨橄榄油
- 盐（盐片）
- 黑胡椒粉
- 250 g 西葫芦
- 1 个红洋葱（70 g，去皮）
- 1 颗蒜
- 1 茶匙孜然粉（可选）
- 5 g 酵母片（可选）
- 10 g 欧芹（叶子）
- 辣椒片

🍴 1 份

🕐 25 分钟

1 份的营养价值：

488 kcal（35 g F、32 g E、12 g KH、5 g B）

1. 将烤箱顶部和底部预热至 80 ℃。用 1 茶匙橄榄油润滑一个耐热的小盘子。用冷水冲洗三文鱼，擦干后放入锅中。将三文鱼浸在油中，使其全部沾上油，再用盐和胡椒调味。根据鱼肉的厚度，在预热的烤箱中烤 18 ~ 22 分钟。

2. 将洋葱和大蒜去皮切碎。将西葫芦洗净，切去茎和花，纵向取 1/4，不要去皮，然后横向切成 4 小块。

3. 用锅中剩余的底油炒洋葱和大蒜。加入西葫芦，翻炒 3 ~ 4 分钟。加入盐、胡椒粉，必要时撒上孜然、酵母片，然后翻炒均匀。倒入 50 ml 水，盖上盖子再煮 3 ~ 4 分钟，直到西葫芦有嚼劲为止。将欧芹洗净，擦干，切碎并拌入菜中。把三文鱼放在蔬菜上。如果你喜欢，可以撒上辣椒。

能量食谱——第2天

早午餐

无糖、无麸质、无乳制品、无大豆、素食 🌿

杏仁果汁碗搭配覆盆子

· 10 g 椰子片（不加糖）

· 1 ~ 2 棵小长叶莴苣（125 g，洗净）

· 2 ~ 3 根芹菜（100 g，洗净）

· 1 小片生姜（5 ~ 10 g，去皮）

· 50 g 白杏仁泥

· 1 撮盐

· 2 茶匙青柠檬汁

· 1 撮香草粉

· 50 g 覆盆子

🍴 1 份

🕐 15 分钟

1 份的营养价值：

426 kcal（36 g F、16 g E、

9 g KH、13 g B）

1. 将磨碎的椰子片放在一个无油的小平底锅中烤至金黄色，然后放在盘子上冷却。

2. 将小长叶莴苣和芹菜清洗干净，切成小块，放入搅拌机。生姜去皮，切成小块后放入搅拌机。将杏仁泥、盐、青柠檬汁和香草粉放入搅拌机中。

3. 倒入 100 ml 冷水，将搅拌机调至最高速将所有东西打碎，直到呈细腻奶油状，再加入一点儿水以达到所需的稠度。再次为浓稠的果泥调味，倒入碗中。仔细冲洗覆盆子，擦干并放在果泥上，最后撒上椰丝。

午餐

无糖、无麸质、无乳制品、无大豆、素食 🌱

花椰菜藜麦碗配咖喱杏仁酱

· 50 g 黑藜麦 *

· 盐

· 1 棵花椰菜（200 g）

· 1 根葱（15 g，洗净）

· 15 g 欧芹（叶子和嫩茎）

· 2 茶匙特级初榨橄榄油

· 20 g 白芝麻酱（芝麻酱）

· 1/4 ~ 1/2 茶匙咖喱粉

· 黑胡椒粉

· 辣椒片

· 10 g 棕色杏仁

🍴 1 份

🕐 35 分钟

1 份的营养价值：

497 kcal（29 g F、19 g E、39 g KH、13 g B）

> * 小贴士：为了下次省时省力，可以一次性准备 200 g 藜麦，分成 4 份。先使用 1 份，然后将剩下的冷冻起来备用。

1. 按照食品包装上的说明将藜麦放进盐水中煮约 15 分钟，沥干 10 分钟。

2. 将花椰菜洗净，擦干。将花的部分分成长约 1 cm 的迷你小花，将茎切成长约 5 mm 的丁。将葱洗净，将葱白和葱绿分别切成圈。将欧芹洗净，擦干并切碎。

3. 将切好的花椰菜茎在油中用中火炒 2 分钟，期间在锅里不停搅拌。加入葱白一起快速翻炒，然后加入之前切好的迷你小花，再炒 2 分钟。倒入约 20 ml 的水，盖上锅盖用小火焖 5 分钟，直到收汁。与此同时，将 4 ~ 5 茶匙水加入芝麻酱搅匀，用盐、咖喱和胡椒调味。

4. 将欧芹混到花椰菜中，用盐和胡椒调味。倒入一个碗中，在它们之间放一堆藜麦。将杏仁切碎，与辣椒片一起撒在上面。

晚餐

无糖、无麸质、无乳制品、无大豆、素食 🌿

菠菜配素食费塔羊乳酪和松子

- 1 个红洋葱（70 g，去皮）
- 2 茶匙特级初榨橄榄油
- 1 颗蒜
- 1/2 包冷冻菠菜叶（225 g，可分成小份）
- 15 g 松子
- 50 g 素食费塔羊乳酪
- 5 g 营养酵母（可选）
- 盐
- 黑胡椒粉
- 辣椒片

🍴 1 份

🕐 15 分钟

1 份的营养价值：

410 kcal（31 g F、13 g E、17 g KH、9 g B）

（替代方案）1 份的营养价值：396 kcal（31 g F、17 g E、11 g KH、11 g B）

1. 洋葱去皮切丁，放入油中炒至半透明。大蒜去皮，切碎，翻炒一会儿。加入冷冻菠菜叶和 50 ml 水，煮沸，盖上锅盖炖约 7 分钟。

2. 将松子放入无油的小平底锅中烤至金黄色，然后放在盘子上冷却。将羊乳酪焯干并切丁。

3. 用盐和胡椒给菠菜调味，必要时用酵母片调味。将羊乳酪涂抹在菠菜上，盖上盖子加热 2 分钟。在菠菜上撒上松子和辣椒片。

（替代方案）

将150 g蘑菇片洗净后放入无油的平底锅中炒至微褐色，用以代替纯素费塔羊乳酪。用盐调味，继续煎至没有液体析出，然后加入2茶匙特级初榨橄榄油。加入胡椒粉，如果你愿意，也可以用酵母片调味，然后放在菠菜上，撒上松子。

能量食谱——第3天

早午餐

无糖、无麸质、无乳制品、无大豆、素食 🌿

杏仁水果奶昔

- 1 根中等大小的胡萝卜（75 g，去皮）
- 1/2 个带皮苹果（75 g，去核）
- 1 个木瓜（200 g，去皮、去籽）
- 25 g 白杏仁泥（5 茶匙）
- 4 茶匙青柠檬汁
- 2 茶匙添加了 DHA 和 EPA 的亚麻籽油
- 盐
- 香草粉（可选）
- 现磨豆蔻（可选）
- 1 撮辣椒粉（可选）

🍴 1 份

🕐 12 分钟

1 份的营养价值：

369 kcal（25 g F、9 g E、28 g KH、10 g B）

1. 胡萝卜去皮，冲洗干净，切成大块。苹果洗净，去核，然后粗切。木瓜去皮、去籽并切碎。将所有东西与 200 ml 冷水一起放入搅拌机中，加入杏仁泥、青柠檬汁和亚麻籽油，搅拌至奶油状。

2. 再加入 50 ~ 100 ml 水让它更有流动性，以免太稠。用少许盐、香草粉、现磨豆蔻和（或）辣椒粉调味，然后再次搅拌。

午餐

无糖、无麸质、无乳制品、无大豆、素食🌱

异国水果香草碗配黑色全麦米

- 1棵小长叶莴苣（75 g）
- 1根胡萝卜（50 g）
- 1份预煮熟的黑米（50 g）*
- 1个木瓜（100 g，去皮、去籽）
- 4茶匙青柠檬汁
- 75 g椰奶（椰汁含量70%～90%）
- 5 g芫荽
- 5 g薄荷
- 15 g绿色开心果

🍴 1份

🕐 15分钟+50分钟（煮黑米）

1份的营养价值：

512 kcal（26 g F、11 g E、49 g KH、8 g B）

---

* 小贴士：一次性准备200 g黑米，按照包装上的说明煮约50分钟，冷却后分成4份。先使用1份，然后将剩下的冷冻起来备用。

---

1. 将小长叶莴苣清洗干净，纵向切成4份，然后横向切成小块，放入碗中。将胡萝卜去皮洗净，然后用蔬菜切丝器切成细条，再将米饭铺在小长叶莴苣上。木瓜去皮去籽，切成方块或切片。将所有东西放入碗中，淋上1茶匙青柠檬汁。

2. 将椰奶与剩余的青柠檬汁混合，淋在沙拉上。冲洗芫荽与薄荷，沥干，简单切碎并撒在顶部，最后把开心果撒在上面。

晚餐

无糖、无麸质、无乳制品、无大豆🌿

芹菜泥配羊排

- 2 块小羊排（125 g，洗净）
- 1 片芹菜（200 g，去皮）
- 2 颗蒜
- 4 茶匙特级初榨橄榄油
- 30 ml 蔬菜汤或水
- 7 g 欧芹（叶子）
- 1 茶匙磨碎的有机柠檬皮
- 盐
- 肉豆蔻
- 黑胡椒
- 20 g 白杏仁泥（4 茶匙）
- 少量柠檬汁

🍴 1 份

🕐 30 分钟

1 份的营养价值：

493 kcal（36 g F、34 g E、7 g KH、10 g B）

1. 将肉解冻。芹菜去皮，洗净，切成 2 cm 见方的块。大蒜去皮，切成 2 瓣，一瓣留下，另一瓣切碎。

2. 在一个大平底锅中加热 3 茶匙油，加入芹菜和整瓣蒜。将芹菜炒 2 ~ 3 分钟至无色，加入蔬菜汤，盖上锅盖用小火煮 15 分钟，然后揭开锅盖煮 2 分钟，直到所有液体蒸发，芹菜变软。同时，将欧芹洗净，沥干并切碎，加入切碎的蒜、柠檬皮和一些盐调味即可。

3. 修剪羊排并擦干。芹菜煮熟取出后，加热剩余的油，将羊排表层煎至焦黄，煎 2～3 分钟。用盐和胡椒调味，再用铝箔松散地将羊排包裹起来，暂时放在一边。用 2～3 茶匙水溶解锅内剩余的烧烤汁（指煎完肉后平底锅底部留下的一层棕色黏留物）。

4. 在芹菜中加入杏仁泥后一同搅成泥，用盐、胡椒、肉豆蔻和柠檬汁调味。将烧烤汁淋在羊排上，与芹菜泥一起食用。

| 能量食谱——第4天

早午餐
无麸质、无乳制品、无大豆、素食 🌱

欧洲防风草粥配苹果和椰奶

·200 g 欧洲防风草（去皮）

·100 g 椰奶（椰汁含量 70% ~ 90%）

·盐

·1 ~ 2 撮锡兰肉桂

·10 g 椰子片（无糖）

·半个苹果（75 g，带皮、去核）

·2 茶匙柠檬汁

·10 g 开心果

🍴 1 份

🕐 15 分钟

1 份的营养价值：

405 kcal（34 g F、6 g E、

19 g KH、8 g B）

1. 将欧洲防风草去皮，冲洗干净，沥干后切成大块，放入搅拌机中切成米粒大小。把椰奶煮沸，加入欧洲防风草，用小火炖5 ~ 8分钟，期间不停搅拌，必要时加一点儿水。用少许盐和肉桂调味。

2. 将椰子片放入无油的平底锅中烤至金黄色，然后冷却。将苹果洗净，去核，粗略磨碎并与柠檬汁、欧洲防风草混合。在"粥"上撒上椰子片、开心果和一些肉桂。

午餐

无糖、无麸质、无乳制品、无大豆、素食 🌿

大沙拉碗配全麦米粉

· 50 g 全麦米粉，如细通心粉

（或者其他你选择的无麸质通心粉）

· 盐

· 25 g 芝麻菜

· 1 棵小长叶莴苣（75 g）

· 1 根小胡萝卜（40 g，去皮）

· 3 茶匙白葡萄酒香醋

· 1 茶匙第戎芥末酱

· 3 茶匙特级初榨橄榄油

· 5 g 欧芹（叶子）

· 10 g 酵母片（可选）

🍴 1 份

🕐 25 分钟

1 份的营养价值：

483 kcal（22 g F、15 g E、

55 g KH、8 g B）

1. 按照包装上的说明把全麦米粉放入盐水中煮（比包装上标注的时间少煮 1 ~ 2 分钟，因为它们很容易煮得过软），捞出沥干、冷却。

2. 处理芝麻菜，折断长茎，清洗并沥干。莴苣洗净，沥干，横切成条。胡萝卜去皮，切成细条。把所有东西混合在一起。将醋与芥末、盐混合，然后加入油，倒在刚刚的混合物上并搅匀。

3. 冲洗欧芹，轻轻擦干，切碎后与酵母片混合作为配料。

4. 把全麦米粉放到沙拉里，撒上配料。

晚餐

无糖、无麸质、无乳制品、无大豆🌱

羽衣甘蓝煎蛋卷配蘑菇蔬菜

- 50 g 羽衣甘蓝（称重后洗净）
  或冷冻羽衣甘蓝
- 50 g 红洋葱
- 150 g 蘑菇（洗净）
- 2 ~ 3 根平叶欧芹（5 g 叶子）
- 3 个鸡蛋（中等大小）
- 盐
- 黑胡椒粉
- 3 茶匙特级初榨橄榄油
- 5 g 营养酵母（可选）
- 1 茶匙磨碎的有机柠檬皮
- 辣椒片

🍴 1 份

🕐 25 分钟

1 份的营养价值：

464 kcal（35 g F、31 g E、
7 g KH、7 g B）

1. 将羽衣甘蓝从茎上切下，撕成碎片，洗净并沥干，切碎。洋葱去皮，切丁。蘑菇洗净晾干，切成片。将欧芹洗净，沥干并切碎。用 30 ml 矿泉水、盐和胡椒搅拌鸡蛋。

2. 用 2 茶匙油将洋葱炒至半透明。加入羽衣甘蓝一起炒 4 ~ 5 分钟，不断搅拌，直到羽衣甘蓝呈枯萎状。加入酵母片、盐和胡椒粉。降低温度，将鸡蛋混合物倒在上面，让它慢慢凝固。

3. 将蘑菇在无油平底锅中煎 2 分钟。加盐继续煎，直到没有液体流出。现在加入上一步剩下的油。用胡椒粉、柠檬皮和辣椒片调味，拌入欧芹，把蘑菇和煎蛋卷盛到盘中。

能量食谱——第5天

早午餐

无糖、无麸质、无乳制品、无大豆、素食🌿

- 1棵小菊苣（100 g，洗净）
- 1棵小长叶莴苣（75 g）
- 1个木瓜（125 g）
- 1个小黄葡萄柚（150 g，果肉）
- 盐
- 胡椒粉（如青胡椒）
- 4茶匙特级初榨橄榄油
- 5 g薄荷
- 15 g绿色开心果

🍴 1份

🕐 15分钟

1份的营养价值：

428 kcal（29 g F、7 g E、25 g KH、9 g B）

1. 修剪、洗净并沥干小菊苣和小长叶莴苣。将莴苣纵向切成4段，然后横向切成小块，放入碗中。木瓜去皮，去籽，切成2 cm左右见方的小块，铺在蔬菜上。

2. 将葡萄柚去皮，取出果肉，混入蔬菜中。挤压果皮并收集汁液。将果皮汁液与盐和胡椒混合，然后加入油搅拌，倒在蔬菜上，并搅拌均匀。

3. 冲洗薄荷并沥干，撕开叶子，与开心果一起撒在最上面。

午餐

无糖、无麸质、无乳制品、无大豆、素食 🌿

欧洲防风草泥配油炸蘑菇

· 300 g 欧洲防风草（去皮后约 230 g）

· 1 颗大蒜

· 4 茶匙特级初榨橄榄油

· 125ml 蔬菜高汤

· 10 g 欧芹

· 1/2 茶匙磨碎的有机柠檬皮

· 盐（盐片）

· 辣椒片

· 黑胡椒粉

· 90 g 香菇（洗净后 75 g）

· 125 g 平菇（洗净后 100 g）

· 5 g 酵母片（可选）

🍴 1 份

🕐 30 分钟

1 份的营养价值：

431 kcal（33 g F、16 g E、20 g KH、13 g B）

1. 欧洲防风草去皮，冲洗干净，切成大小均匀的小块。大蒜去皮，整颗留用。用 2 茶匙油将欧洲防风草和大蒜炒 2 分钟。倒入蔬菜高汤，煮沸，盖上锅盖炖 18 ~ 20 分钟。

2. 将欧芹冲洗干净，沥干并切碎，与柠檬皮混合，用盐片和辣椒片调味。

3. 把香菇和平菇洗净擦干。去掉香菇的茎，将其切成两半或四半。切掉平菇坚韧的茎，然后从边缘开始将其撕成条状。将香菇和平菇在剩余的油中煎 4 ~ 5 分钟，直至呈金黄色，期间要经常翻动，然后用盐和胡椒调味。

4. 用手动搅拌器将欧洲防风草打成泥，拌入酵母片，用盐、胡椒和辣椒片调味。倒入碗中，把香菇和平菇放在上面即可。

晚餐

无糖、无麸质、无乳制品、无大豆 🌿

蔬菜咖喱鱼

- 150 g 狭鳕鱼排
- 1 根芹菜（70 g，洗净）
- 2 棵小葱（30 g，洗净）
- 1 根胡萝卜（70 g，去皮）
- 1 个青柠檬
- 1 片生姜（10 g，去皮）
- 1 个红辣椒
- 100 ml 蔬菜高汤
- 15 g 有机椰子油
- 1 茶匙咖喱粉，也可以多加一点儿
- 75 ml 椰奶（椰汁含量 70% ~ 90%）
- 盐

🍴 1 份

🕐 40 分钟

1 份的营养价值：

466 kcal（33 g F、29 g E、12 g KH、6 g B）

1. 将鱼排冲洗干净，擦干，切成约 4 cm 见方的块。将芹菜洗净，切成片。胡萝卜去皮，冲洗干净，切成约 3 mm 粗的丝。将葱清洗干净，把葱白切碎，把葱绿切成圈。

2. 将青柠檬对半切开，一半去皮后切成片，挤出另一半的汁液备用。生姜去皮，切丝。将辣椒纵向切成两半，去籽，冲洗干净，切丁。

3. 加热椰子油，放入姜、辣椒和葱白炒 1 ~ 2 分钟。加入胡萝卜和芹菜炒 2 分钟，撒上咖喱粉，边搅拌边翻炒 1 分钟。浇上蔬菜高汤，略微熬浓。加入椰奶，煮沸，略微熬浓。给鱼加盐，放入锅中，静置 4 ~ 5 分钟。用青柠檬汁、盐和咖喱调味。与葱圈和青柠檬片一起食用。

能量食谱——第 6 天

早午餐

无糖、无麸质、无乳制品、无大豆、素食 🌿

苦味绿色奶昔

- 20 g 芝麻菜（洗净后称重）
- 40 g 菊苣（洗净后称重）
- 5 g 薄荷叶（洗净后称重）
- 1 小块生姜（5 ~ 10 g，去皮）
- 50 g 冷冻或新鲜的羽衣甘蓝（洗净后称重）
- 1/2 个大牛油果（75 g，取果肉）
- 1 撮盐
- 3 茶匙青柠檬汁
- 2 茶匙添加了 DHA 和 EPA 的亚麻籽油
- 1/4 茶匙现磨豆蔻（可选）

🍴 1 份

🕐 15 分钟

1 份的营养价值：

334 kcal（29 g F、5 g E、14 g KH、10 g B）

1. 将芝麻菜、菊苣和薄荷洗净、沥干后放入搅拌机，然后放入羽衣甘蓝和挖出的牛油果果肉。倒入 250 ml 冷水，将所有东西一起打成泥，直到变成奶油状。

2. 加入其余食材，并根据所需的稠度添加 50 ~ 100 ml 水。再次剧烈搅拌。

午餐

无糖、无麸质、无乳制品、无大豆、素食 🌿

生花椰菜配藜麦、药草和菊苣

- 1份黑藜麦（50 g）
- 1片花椰菜（约200 g）
- 10 g欧芹（嫩茎和叶）
- 5 g薄荷（仅叶子）
- 1茶匙磨碎的有机柠檬皮
- 2茶匙柠檬汁
- 盐（盐片）
- 黑胡椒粉
- 辣椒片
- 4茶匙特级初榨橄榄油
- 25 g菊苣
- 15 g南瓜子

🍴 1份

🕐 15分钟+25分钟（处理藜麦）

1份的营养价值：

488 kcal（30 g F、18 g E、37 g KH、12 g B）

1. 根据包装说明烹制藜麦或解冻冷冻的藜麦。

2. 将花椰菜洗净，沥干，粗切，放入搅拌机切碎，注意不要切得太碎。冲洗欧芹与薄荷，沥干，切段并放入搅拌机切碎。将花椰菜、藜麦、柠檬皮、欧芹和薄荷混合，挤入柠檬汁，用盐、胡椒和辣椒片调味，淋上油后搅拌均匀。

3. 将菊苣洗净，沥干并切碎或撕成小块并搅拌。在无油平底锅中烤南瓜子，直到它们开始噼啪作响，出锅后撒在混合物上。

晚餐

无糖、无麸质、无乳制品、无大豆 🌱

烤西蓝花配鸡胸肉

- 125 g 去皮鸡胸肉
- 1/2 棵西蓝花（220 g，切碎）
- 1 颗大蒜
- 20 g 山核桃
- 25 g 素食鲜奶酪
- 5 g 营养酵母（可选）
- 盐
- 青胡椒
- 辣椒
- 少许柠檬汁
- 1 茶匙磨碎的有机柠檬皮
- 2 茶匙特级初榨橄榄油

🍴 1 份

🕐 25 分钟

1 份的营养价值：

509 kcal（34 g F、41 g E、9 g KH、10 g B）

1. 将烤箱预热至 200 ℃。将鸡胸肉切块。

2. 将西蓝花洗净，切成小朵，蒸 4 分钟。

3. 将大蒜去皮，切段，与山核桃一起加入搅拌机中搅碎。将混合物与素食鲜奶酪和酵母片混合。用勺子加入少许水搅拌，直到混合物变稠呈奶油状。用盐、胡椒粉、辣椒、柠檬汁和柠檬皮调味。

4. 用 1 茶匙油润滑一个耐热的小盘子。加入西蓝花、盐和坚果奶油。打开烤箱的烧烤功能。将平底锅放在烤箱顶部烘烤 5 ~ 6 分钟。

5. 在鸡肉上撒盐，放入锅中每面煎 3 分钟。加入少许水，没过锅底即可，开中火，盖上锅盖再煮 3 分钟。取出后，稍微放凉，切成片。与西蓝花一起食用。

能量食谱——第7天

早午餐

无糖、无麸质、无乳制品、无大豆、素食🌿

梨和杏仁泥制成的绿色奶昔

· 30 g 芝麻菜

· 1/2 棵小菊苣（50 g，洗净）

· 100 g 芹菜（洗净后称重）

· 半个梨（100 g，去皮、去核）

· 1 片生姜（10 g，去皮）

· 200ml 有机椰子水（天然、不加糖、无添加剂）

· 30 g 白杏仁泥（6 茶匙）

· 2 茶匙藻油

· 3 茶匙柠檬汁

· 盐

· （青）胡椒粉

🍴 1 份

🕐 10 分钟

1 份的营养价值：

407 kcal（28 g F、10 g E、28 g KH、10 g B）

1. 将芝麻菜洗净，沥干并放入搅拌机。将小菊苣和芹菜洗净，切成大块，放在搅拌机中的芝麻菜上。梨和姜去皮，梨去核，切成片后放入搅拌机。倒入椰子水。打开搅拌机以最大功率搅拌食材直到其呈现丝滑的奶油状。

2. 加入杏仁泥、藻油、柠檬汁、盐和胡椒粉，再次剧烈搅拌。

午餐

无糖、无麸质、无乳制品、无大豆、素食🍃

白菜碗配胡萝卜小馅饼

4个胡萝卜小馅饼

（1个随餐吃掉，剩余3个冷冻起来备用）

·200 g 胡萝卜（去皮并称重）

·30 g 细燕麦片（无麸质）

·盐

·黑胡椒粉

·15 g 白杏仁泥（3茶匙）

·1棵小葱

·2茶匙特级初榨橄榄油

白菜碗

·1棵红卷心菜（100 g）

·盐

·30 g 新鲜羽衣甘蓝（称重后洗净）

·2茶匙特级初榨橄榄油

·25 g 白杏仁泥（5茶匙）

·2茶匙柠檬汁

·1茶匙柠檬皮

·黑胡椒粉

·辣椒

·半个梨（75 g，去皮、去核）

🍴 1份

🕐 55分钟

1份的营养价值：

486 kcal（38 g F、13 g E、24 g KH、12 g B）

1个胡萝卜小馅饼的营养价值：101 kcal（7 g F、3 g E、8 g KH，3 g B）

· 10 g 核桃仁

1. 将胡萝卜去皮，洗净，切成 2 mm 厚的薄片。蒸约 30 分钟，让其稍微失去些水分，然后将其捣碎，与燕麦、盐、胡椒粉和白杏仁泥混合成团，静置 10 分钟。

2. 将葱去皮，切碎，用 1 茶匙油炒至半透明，再与胡萝卜团混合。从胡萝卜团中取出 4 小团捏成饼，用中火在剩余的油中煎 5 ~ 6 分钟，直到饼变成金黄色，期间偶尔翻动一下。

3. 在蒸胡萝卜时，准备卷心菜碗：把红卷心菜洗净，切成细条，加少许盐揉 1 分钟，以使其口感更好；将羽衣甘蓝洗净，沥干，撕成碎片，加入油搅拌。

4. 将白杏仁泥与柠檬汁、柠檬皮和 3 ~ 4 茶匙水混合并搅拌均匀，用盐、胡椒粉和辣椒调味。将红卷心菜和羽衣甘蓝与调料混合。梨去皮去核，切成细楔形，然后交叉切成小块，拌入混合物中。将核桃仁掰成两半放在上面。

晚餐

无糖、无麸质、无乳制品、无大豆 🌿

绿色蔬菜咖喱配虾

- 150 g 有机大虾

  （生虾需去皮，加工过的虾可直接使用）

- 1 棵西蓝花（100 g）

- 125 g 绿芦笋

- 1 根葱

- 1 片姜（10 g，去皮）

- 1 颗大蒜

- 半根青辣椒

- 15 g 有机椰子油

- 1 茶匙咖喱粉

- 75 ml 椰奶（椰汁含量 70% ~ 90%）

- 50 ml 蔬菜汤

- 1 ~ 2 茶匙青柠檬汁

- 盐

- 现磨青胡椒粉

- 辣椒粉

- 5 g 薄荷（叶子）

- 5 g 芫荽（叶子和嫩茎）

🍴 1 份

🕐 30 分钟

1 份的营养价值：

445 kcal（28 g F、35 g E、

12 g KH、6 g B）

1. 如有必要，将虾解冻并用冷水冲洗。将西蓝花分成一口大小的小花并冲洗干净。将芦笋去皮，切掉末端，将尖端斜切成片，切下较厚的下部。

将葱洗净，将葱白切碎，将葱绿切成圈。将姜和大蒜去皮并切碎。将辣椒洗净，斜切成薄环，去掉籽（必要时戴上手套，不要用触碰了辣椒的手揉眼睛）。

2. 在一个大平底锅里把水烧开，在锅里放一个不接触水的蒸笼。先将西蓝花蒸2分钟；然后放入芦笋较厚的下部，蒸2分钟；最后放入剩余的芦笋，再蒸2分钟。用冷水冲洗蔬菜并放在一边。

3. 将葱白、姜和大蒜在油中炒1分钟，同时搅拌均匀，混入咖喱粉，浇上椰奶和蔬菜汤，煮沸并炖1分钟。用青柠檬汁、盐、胡椒粉和辣椒粉调味。

4. 加入虾，用小火煮3～4分钟后用漏勺取出并放在一边。再次煮椰奶，加热里面的蔬菜。加入虾和辣椒圈，再次加热，拌入葱和蔬菜。冲洗薄荷与芫荽，擦干，切碎，撒在咖喱上。

附加能量食谱：弗莱克医生能量面包

弗莱克医生能量面包是无糖、无麸质、无乳制品、无大豆的素食，也是每个需要更多能量的人的理想食物。它能够与奶昔、果蔬汁或沙拉完美搭配。100 g 能量面包能够提供 17 g 植物性蛋白质、16 g 膳食纤维，但仅含 2.5 g 碳水化合物。

奇亚籽和南瓜子面包

- 125 g 奇亚籽（白色或灰色）
- 100 g 金色亚麻籽
- 125 g 白色低碳水杏仁粉
- 50 g 低碳水椰子粉
- 30 g 磨碎的洋车前子壳
- 10 g 盐
- 1 包发酵粉（15 g）
- 100 g 南瓜子
- 40 g 有机椰子油
- 4 茶匙苹果醋

🍴 1 个约 970g 的面包

🕐 30 分钟（准备）
　　+90 分钟（烘焙）

1 份的营养价值：

259 kcal（18 g F、17 g E、2.5 g KH、16 g B）

1. 将奇亚籽与 500 ml 热水（约 60 ℃）混合，搅拌数次并使奇亚籽浸泡在水中直至使用时。

2. 在搅拌机或咖啡研磨机中细磨亚麻籽，然后将其放入碗中与杏仁粉、椰子粉、洋车前子壳和盐混合，加入发酵粉、南瓜子。

3. 将烤箱预热至 160 ℃。用 10 g 椰子油润滑烤盘（尽可能使用大小约为 24 cm×11 cm 的金属制烤盘）。将剩余的椰子油溶解在 50 ml 热水中，然后加入苹果醋。

4. 使用手动搅拌机的面团钩将泡着的奇亚籽捞出并加入干燥的混合物中。加入椰子油和苹果醋的混合物，揉 3～4 分钟。用手揉捏成型。用抹刀压紧、抹平，每隔 2 cm 划一刀。

5. 放入预热好的烤箱用中火烤 90 分钟。期间转动烤盘，使面包烘烤均匀。用筷子戳一戳测试软硬度。如有必要，将面包多烤 10 分钟，然后在金属烤盘上让它完全冷却。直接冷冻在冰箱中，或切片后放入盒子并用烘焙纸隔开，再放入冰箱冷冻，按需取用。

食用能量面包可提高肠道健康水平和能量水平

能量面包搭配示例

能量面包搭配素食鲜奶酪和覆盆子

将 50 g 素食鲜奶酪涂抹在 3 片能量面包（100 g）上。仔细冲洗 100 g 覆盆子，轻轻擦干并铺在面包上。

🍴 1 份

⏱ 5 分钟

1 份的营养价值：

442 kcal（33 g F、21 g E、8 g KH、21 g B）

能量面包搭配杏仁泥和素食奶酪片

将 30 g 白杏仁泥涂抹在 3 片能量面包（100 g）上。撒上盐、胡椒粉、辣椒片和一些咖喱粉调味。盖上 2 片素食鲜奶酪（如切达干酪，19 g）。

🍴 1 份

🕐 5 分钟

1 份的营养价值：

552 kcal（43 g F、24 g E、12 g KH、18 g B）

能量面包搭配牛油果和蓝莓

用叉子将 100 g 牛油果肉捣碎，加少许盐和胡椒调味。涂抹在 3 片能量面包（100 g）上。将 50 g 蓝莓洗净，沥干并铺在面包上。

（替代方案）

用 50 g 木瓜（去皮、去籽）替换蓝莓。

🍴 1 份

🕐 5 分钟

1 份的营养价值：

498 kcal（41 g F、20 g E、6 g KH、25 g B）

（替代方案）1 份的营养价值：512 kcal（41 g F、19 g E、6 g KH、23 g B）

能量面包搭配荷包蛋和黄瓜（晚餐）

在一个小平底锅中干煎 3 片能量面包（100 g）。同时，在另一个平底锅中加热 2 茶匙特级初榨橄榄油，放入 2 个鸡蛋（中等大小），加入盐和胡椒。将煎好的鸡蛋放在吐司上。将 100 g 黄瓜洗净，沥干，切成片，加盐和胡椒粉，与面包一起食用。

🍴 1 份

🕐 5 分钟

1 份的营养价值：

552 kcal（43 g F、24 g E、12 g KH、18 g B）

不含乳制品和麸质的弗莱克医生早餐（经典版）

这个早餐（早午餐）配方可以替代其他任何早午餐配方。

· 20 g 奇亚籽

· 150 ml 杏仁饮料（或大米饮料、椰子饮料、腰果饮料）（可选）

· 1 ~ 2 滴柠檬汁（可选）

· 4 茶匙添加了 DHA 和 EPA 的亚麻籽油和小麦胚芽油做成的混合油，另外可添加维生素 D 补充剂

· 1 撮盐

· "早餐调味料"，如 1 撮香草粉、小豆蔻和（或）肉桂（有机品质）、姜黄、芫荽、良姜等，以上均为可选项

🍴 1 份

🕐 10 分钟（奇亚籽需提前浸泡一夜）

1 份的营养价值：

453 kcal（35 g F、9 g E、18 g KH、15 g B）

· 100 g 蓝莓

· 1 把杏仁或其他任意果仁、菜籽

1. 将奇亚籽加入牛奶替代品中搅拌，然后在冰箱中放置一夜。第二天早上加入柠檬汁和混合油。用少许盐和香草或豆蔻调味，或根据个人喜好加入上述"早餐调味料"。

2. 冲洗蓝莓，沥干并铺在上面。把杏仁等切碎，撒在上面。

能量蛋白质饮料

适用于所有运动并需要摄入更多蛋白质的人。根据你个人的热量需求，这种健康饮料可以在运动前或运动后的三餐之外饮用，或作为正餐的替代品。椰子水是碱性和等渗压的，柠檬汁则可以提供额外的维生素 C。

将 250 ml 有机椰子水与 20 g 大米蛋白、20 g 白杏仁泥和 4 茶匙柠檬汁放入搅拌机混合，制成饮品。

🍴 1 份

🕐 5 分钟

1 份的营养价值：

253 kcal（14 g F、22 g E、10 g KH、5 g B）

（替代方案）1 份的营养价值：263 kcal（14 g F、22 g E、10 g KH、9 g B）

（含有更多膳食纤维的替代方案）

在实行"30 天能量计划"的第 2 周和第 3 周饮用该饮料时额外加入 5 g 金合欢纤维。

蔬菜酱*

- 50 g 洋葱
- 10 g 大蒜
- 20 g 欧芹茎
- 10 g 莳萝茎
- 50 g 韭菜
- 15 g 生姜
- 50 g 欧芹根
- 50 g 胡萝卜
- 50 g 芹菜
- 10 g 姜黄根
- 约 60 g 细岩盐

🍴 375 g 蔬菜酱

🕐 20 分钟

100g的营养价值：

38 kcal（0 g F、2 g E、6 g KH、2.5 g B）

1 茶匙（5g）的营养价值：

1.9 kcal（0 g F、0.1 g E、0.3 g KH、0.1 g B）

1. 洋葱和大蒜去皮并大致切碎。将欧芹茎洗净，沥干并切成段。将韭菜洗净，纵向切成两半后清洗，沥干并大致切碎。只需将生姜剃须并切碎即可。将剩余的蔬菜在流水下洗净，切成小块。称量清洗过的蔬菜并确定盐的用量：每 100 g 蔬菜使用 20 g 盐。

2. 在搅拌机中放入 200 ~ 300 g 蔬菜混合物，搅碎。加入盐，再次搅碎，使蔬菜呈糊状。

3. 用沸水冲洗玻璃罐，倒入混合物，盖紧罐子并存放在冰箱中。盐使混合物可以保存数月。

---

* 小贴士：蔬菜酱很咸。因此，使用蔬菜酱时，不要额外使用任何量的盐！对 100 ml 蔬菜高汤，使用 1/2 茶匙的蔬菜酱即可。

"30天能量计划"——第4周

至此，你到达了"30天能量计划"的第4周，并成功完成了14天的无麸质和乳制品饮食。你太出色了！现在，计划进行到了最后一步，需要你行动起来，像侦探一样搜索令你感到疲劳的食物。当你继续保持生活节奏、坚持培养新习惯时，你可以抓住令你疲劳的"罪魁祸首"。这该怎么做呢？方法就是将之前避免食用的食物重新融入饮食！

在这一周里，重新引入所有之前避免的食物，一次一种，千万不要同时加入。这将使你清楚地了解令你感到疲劳的原因。你的身体会准确地告诉你某种食物是否对你有好处并给你能量，或者它是否对你有害。如果你在摄入某种食物后没有出现任何症状，那么这种食物不太可能对你产生不良影响。请注意，某些不良反应可能在食用后72小时内发生。

◆ **追踪你的"能量小偷"**

当你在本周重新引入可能不耐受的食物时，注意倾听身体的声音，看看自己是否会出现精力不足、头痛或睡眠质量差的症状。没有症状可能表明你对这些食物是耐受的。自我测试与传统的医学检测没有太多交叉。尽管如此，下面的自我测试依旧可以在整个过程中为你提供帮助。

> 🔍 **自我测试**
>
> 在表格里写下你吃过的食物。等待3天，注意期间是否出现症状，同时注意不良反应的强度。将症状按照从0（无反应）到10（最严重的反应）的严重程度进行排序。

症状	含有麸质的食物	动物奶和乳制品
	如面包、面条（原料为斯佩尔特小麦、黑麦、大麦，包括有机产品）	如牛奶、绵羊奶、山羊奶及其制成的乳酪、酸奶、凝乳
感到疲劳，精力不足（症状在进食后可重现）		
记忆力下降，注意力不集中		
消化不良（如胃肠道胀气、腹痛、打嗝、腹泻）		
关节疼痛、肿胀，肌肉疼痛		
鼻塞，支气管或呼吸道有"充血"的感觉（如症状在喝完牛奶后出现，但与病毒或细菌感染无关）		
头痛，偏头痛		
皮肤变化（如皮肤状态不稳定、起粉刺）		
面色潮红		
其他症状		

　　我建议先测试含有麸质的食物，再引入动物奶和乳制品。所有行动的前提是尽可能地远离糖。

　　重要提示：为了测试自己是否对某种食物不耐受，需要让这种食物给自己的身体带来足够大的刺激，这样不耐受的症状才会明显。因此，需要连续2天食用要测试的食物，每天食用2次，并在第3天时停止食用。从第1天开始，集中注意力观察自己。如果你在食用该食物后出现症状，请将它们写在表格或笔记本上。这样一来，即使是最微小的症状你也不会忘记。只有在症状完全消失后，你才能重新引入下一种食物，并以同样的方法观察自己的状况。

不少人在这个阶段会出现症状。不要担心，这对许多人来说是一种正常现象，甚至是有益的现象。因为出现这些症状表明你的身体正在自我调整。它比以前更快地识别自己不需要的食物，并且向你发出明确的响亮的否定信号。不要担心这些症状，而要将它们视为诊断靶心，以帮助你恢复健康。

你应该做的事情主要是确定自己是否耐受麸质。你如果在食用了含有麸质的（有机）食物（如斯佩尔特卷、小麦面条等）后没有任何症状，并且没有患有1型糖尿病、风湿病、桥本甲状腺炎等自身免疫病，那么你可以将含有麸质的食物重新融入日常饮食（当然，摄入要适量，而不能过量）。你如果在食用麸质后出现了症状，也无须焦虑，尽可能避免摄入麸质即可。如果你通过进一步的检测确诊患有麸质不耐受或自身免疫病，也同样需要避免摄入麸质。

我在临床实践中经常碰到这样的患者——在通过食用乳制品摄入酪蛋白后，鼻子或喉咙有黏液；或者在吃了含有麸质的食物后感觉昏昏沉沉的，仿佛前一天晚上彻夜狂欢喝酒了一样。你越是长期关注自己的身体状况，并且按照我的治疗方法进行治疗，就越不会出现烦人的症状，同时能更有效地预防疾病。你如果对自我测试结果有疑问，想要尽快确诊，可以付费进行血液和粪便检测，并向医生寻求帮助。

你应该为自己感到骄傲！在过去的30天里，你不仅调整了生活节奏，改变了应对压力的方式，而且可能摆脱了最大的"能量小偷"，从而为建立强大的免疫系统和长期保持健康打下了基础。现在，请享受能量充足的快乐吧！

之后应该做什么

你可能想问："在完成'30天能量计划'后，我应该做些什么呢？"现在，你可以将调整到最适合自己状态的生活节奏、饮食习惯确定下来。如果能量饮食对你有好处，请坚持下去，依靠种类繁多的健康食品、药草和香料，以自然的方式平衡你体内的营养素水平。也许你现在有点儿想念某些食物？我希望不是薯片或冷冻比萨……你可以随时将它们添加到饮食中，只是不要再用添加糖和人工甜味剂来折磨自己的身体。从长远来看，你需要培养自己乐于坚持简单的饮食习惯。你如果对某些食物的欲望很强，可以浅尝一下，但要看看身体的反应如何，毕竟你是做出决定的人。不过，如果你患有自身免疫病，请听从我的建议。

你可以慢慢尝试吃更多豆类和茄属植物（如西红柿、茄子和土豆）。一开始的少量尝试可以强化你的消化功能。另外，你的味蕾已经恢复了。如果你在参加聚会时想与伴侣一起喝咖啡或葡萄酒，那就尽情享受吧！不过，请切记："剂量才是决定物质毒性的关键！"不要忘了关注你最好的朋友——你的身体。注意倾听它的声音，它会诚实地告诉你什么能给你能量并且对你有好处，或者什么对你有负面影响。最棒的一点是：完成"30天能量计划"后，你将比以前更了解自己的身体。

这段迷人的旅程还没有结束。我在本书的第1部分详细地告诉了你感到疲劳和易生病的相关潜在原因，这是为了让你记住那个有点儿费力的寻找病因的过程。此外，我为你列出了几乎所有检测项目作为"备忘录"供你就诊时使用，这是为了让你可以在完成"30天能量计划"后进行检测，以进一步发现隐藏的原因并预防疾病。

拿出放大镜，深入挖掘导致疲劳的因素

即使你感觉好多了，我还是建议你以轻松但有效的方式找出其他导致疲劳的原因。不要急于求成，但要保持关注。"30 天能量计划"可以通过改变你的生活方式来解决绝大部分问题，但如果你的体内有未被发现的病因，你可能错过在生活中达到最佳能量水平和健康状况的机会。你可以自己做决定。比如，你可能觉得"这本书已经帮助了我，未知的东西不会再使我焦虑。我会继续前进，看看之后会如何发展！"这是一个选项。另一个选项是深入挖掘导致疲劳的因素。

重要提示：应该充分利用现代医学的可靠的诊断方法，以排除患严重疾病的可能。

选择对你的能量水平和免疫系统最有利的东西，因为生命是美好而短暂的。如果你想为体验未来生命中有价值的东西保存精力——与家人、朋友欢聚，来一场美妙的邂逅，与他人友好交流，与孩子们一起玩耍；想以最好的生活质量度过你的晚年，而不是筋疲力尽、疾病缠身地让美好生活与你擦肩而过，那么我建议你擦亮"放大镜"以便看得更清晰。

根据我给你的建议来寻找疾病的成因、治疗的方向，进而寻求医生的帮助。永远不要忘记能量规则的第一条：保持放松的心态！不要仓促行事，也不要像一只恐慌的兔子。用轻松的心态审视自身，使用清洁过的放大镜，搜寻导致你疲劳的每一个因素。

摆脱疲劳，踏上健康之路

以下是我的治疗方法的具体步骤，你可以使用它来进一步探寻并摆脱使你疲劳的隐藏原因。

第1步：时光回溯

在寻找导致疲劳的因素的过程中，你记得的每一个小细节都是有价值的。因此，在我的临床实践中，我会带领每一位患者踏上一段迷人的时光之旅。你现在也应该这样做——在你的脑海中倒转时间并划定自己的"时间线"。曾经有一段时间你没有在令人疲惫的日常生活中挣扎。那是什么时候？想想你经历过的生活事件、情绪冲击、突发疾病、手术或事故。在任何情况下，你都不应忽视那些激发幸福和活力的美好事件，如婚礼等。在你的笔记本上，记下关键事件的大致时间。整理时间线是追踪原因的绝妙方法。

🔍 **自我测试**

写下大致的时间点，然后详细记录所有重要的事件。一开始你可能看不到这些事件与你的健康状况之间的联系，但在你写下所有事件并且按时间排序后，你可以看到自己在这段时间内健康状况和生活方式的变化，并且可以大致了解是什么在何时打破了你的情绪和健康的平衡。这有利于找到解决办法并能够更集中地进行治疗。

以下是一个时间线示例——根据我的经验，它非常有效。

生活中的事件	日期（年）
起点：我感觉很好！我基本上精力充沛且无症状。	
疾病（如流感、颈椎外伤、癌症、自身免疫病、疼痛综合征）	
除牙科治疗外的其他手术	
牙科治疗（如拔牙、使用汞合金或黄金合金填充物、根管治疗）	
情绪（如经历丧亲、意外、分居、离婚、搬迁、失业、心理创伤、虐待等）	
药物（如服药时间、较长的疗程、药物副作用、药物间的相互作用）	
其他	

第2步：让医生参与进来

是时候让你信任的医生参与治疗了。与你的医生合作，不要向他隐瞒任何事情。请记住：医生希望能够以最好的方式帮助患者，否则他们将无法承受长期的医学学习与对生命负责的压力，以及无法在夜间、周末和假期自由休息的职业压力。不幸的是，医院的工作和预算压力经常阻止医生倾听患者讲述症状并深入提问，而这是医生寻找病因和最佳治疗方法所需的。因此，你在寻找合适的医生时，查看诊所的服务范围对你很有帮助。在互联网上，你可以找到致力于预防医学和会将改善生活方式纳入治疗方案的医生的资料。

重要提示：让你的家庭医生参与治疗。如果他是值得你信赖的重要人物，这将特别有用。你需要找一个愿意陪伴你、认真对待你并且对新知识感兴趣的医生。此外，请准备好接受漫长的治疗过程。

即使你可能没有完全意识到，也达到了能量和健康水平的新高峰。请欣赏顶端的美景并保持好奇心！

创新的诊断和治疗方法

　　如果你与信任的医生一起寻找导致疲劳的因素，请务必提出正确的问题。我已经为你们整理好了详细的清单。其中列出的检测项目可以提供信息丰富的结果，医生可以凭此提出治疗建议。不要被清单中的专业术语吓到，因为这份清单旨在为你的医生提供有用的指导，从而为你量身定制治疗方案。

创新的预防和营养医学针对个体并将人视为一个整体

请让你的医生对你进行适当的检查。请注意，许多检测项目和长期咨询不包括在医疗保险的服务范围内。实验室的创新检测项目可以帮助你和你的医生在常规检测项目结果出现异常之前就发现问题。

除了对创新的医学检测充满热情，你还需要依靠自己的"直觉"。如有必要，你可以再次使用本书中的"自我测试"。希望未来能给我们提供更好的诊断方法，使我们在寻找未发现的导致疲劳的因素时更加敏感。目前，我在实践中会根据当前的预防医学知识逐步进行诊断。

能量水平基本诊断

为了评估你当前的健康状况，建议进行有效的能量水平基本诊断。你如果根据"自我测试"结果或整理"时间线"后怀疑自己患有某些疾病，应该向医生寻求进一步的诊断。你可能需要将血液、粪便或尿液样本送到实验室。部分检测项目的费用由医疗保险公司支付。遗憾的是，肠道菌群的现代分析检测项目尚未在医疗保险服务目录中。你可以就相关问题咨询你的医疗保险公司。当然，你也可以自费在实验室进行检测。通过实验室检测，你可以发现导致自己精力不足的更深层的原因。我汇总了经过实践证实有效的治疗建议，只要确定触发因素，你就可以选择采纳这些建议来提升能量水平并为恢复健康铺平道路。

如果你还没有开始寻找导致疲劳和易生病的因素，请在笔记本或本书中简要记述你出现的症状以及时间，并带去看医生。这条不起眼的时间线会为你的医生提供重要帮助，并为进一步诊断提供重要的检测目标。

检测项目清单

实验室检测项目

这里列出了常规的检测项目。建议定期，如 3 ~ 6 个月检测一次，以记录治疗成效。

- 全血细胞计数
- 肝脏值[如谷氨酸草酰乙酸转氨酶(GOT)、谷氨酸丙酮酸转氨酶(GPT)、γ - 谷氨酰转肽（ γ -GT ）]
- 肾脏值（如肌酐、尿素）
- 空腹血糖值
- HbA1C
- 全血电解质含量（如钾、钙、钠、镁）
- 血脂值：甘油三酯、总胆固醇、高密度脂蛋白（HDL）、LDL、 LDL 氧化情况
- ESR 或 hs-CRP、钙卫蛋白
- 氨水平
- 微量营养素状态（如铁、铁蛋白、维生素 D_3、维生素 B_{12}、全转钴胺素、叶酸、维生素 B_6、辅酶 Q_{10}、锌）
- 甲状腺情况
- 胃肠道情况
- 麸质耐受情况：血液和粪便中的 AGA 和 DGA。（建议 6 个月后重复检测这些项目。）
- 腹部器官超声检测
- 脂肪肝指数（FLI）

重要提示：非酒精性脂肪肝只有在肝细胞脂肪含量超过 10% 时才会在超声检测中显现出来。约 80% 的肥胖症患者的肝脏值是正常的。因此，建议检测 FLI。它是由 γ -GT、甘油三酯、体重指数和腰围计算得出的。你可以在互联网上找到 FLI 计算器。计算结果高于 60 表示你患有非酒精性脂肪肝的概率很高。遗憾的是，这种非常有用的检测尚未出现在常见的治疗实践中。

▌进一步诊断所需的检测项目

糖尿病

· 用于诊断 1 型糖尿病的指标：空腹血糖值、胰岛素水平、C 肽、
  HbA1C。

· 用于诊断 2 型糖尿病的指标：GAD65。

桥本甲状腺炎

· TSH

· FT_4

· FT_3

· 反向 T_3

· FT_3 和反向 T_3 水平的比值

· TAK 和 MAK 微粒抗体

重要提示：此外，血清或全血中的硒含量、24 小时收集的尿液中的碘含量也有助于确诊。

类风湿关节炎

· 类风湿因子 IgG、IgM、IgA

· CCP 抗体

· CRP

· ANA 筛查

乳糜泻

· 将 AGA 和 DGA 作为基本检测项目并重复检测（两次检测最好间隔 6
  个月）。

- 针对粪便中的麸质抗体进行检测，如果结果呈阳性，则应终生避免摄入麸质。

- 以下指标对微量营养素缺乏症的诊断是有意义的：叶酸、铁、维生素 B_{12}、维生素 K、锌、维生素 K 和 ω-3 脂肪酸供应（HS ω-3 指数）。

治疗建议：

1. 实行不含麸质和乳制品的能量饮食；

2. 通过清洁肠道和强化肝脏功能来恢复消化功能；

3. 通过正念等方式减轻压力；

4. 充分排毒。

重要提示： 对自身免疫病患者，建议每隔 1 ~ 3 个月检查一次抗体水平，用以观察"30 天能量计划"是否成功。应在有经验的医生的指导下长期摄入谷氨酰胺、益生菌和益生元来修复肠道。

排毒能力弱

- 亚甲基四氢叶酸还原酶（MTHFR）检测：这是一个非必需但对医生有启发性的检测项目。MTHFR 能够分解同型半胱氨酸。如果这种酶的活性降低，那么同型半胱氨酸水平可能升高。这会促进炎症和由炎症引起的潜在心血管疾病的发展。同型半胱氨酸水平升高也与缺乏叶酸、维生素 B_6 和维生素 B_{12} 有关。

治疗建议： 如果有证据表明内源性解毒作用较弱或怀疑毒性负荷增加，那么可以采用以下措施促进身体排毒。

1. 实行能量饮食；

2. 进行至少 6 个月的肠道清洁，在初期连续 4 周服用腐植酸（药剂）以清洁肠道和强化肝脏功能；

3. 补充微量营养素提高排毒能力：普通复合维生素制剂、活化叶酸、复合 B 族维生素、活化维生素 B_{12}、α-硫辛酸、MSM、牛磺酸、维生素 C；

4. 通过改善生活习惯促进身体排毒。

感染

· 弓形虫病：如果怀疑患者患有急性感染，应对患者进行 IgM 和 IgG 抗体检测，并将 LTT 作为补充检测项目。

· 病毒（如 EBV、HSV、带状疱疹病毒等）：以 EBV 为例，检测项目有 EBV-VCA-IgG 抗体、EBV-VCA-IgM 抗体，EBV-EA-IgG 抗体，EBV-EBNA-IgG 抗体。

· 如果粪便检测结果不明显并且有进一步的怀疑，建议进行特殊的血液检测，如由微生物学和热带医学研究所进行检测。

治疗建议：

1. 实行能量饮食；

2. 至少进行 9 ~ 24 个月的肠道清洁；

3. 补充微量营养素以增强免疫力：亚精胺、维生素 D、锌、维生素 C、镁、复合 B 族维生素、ω-3 脂肪酸；

4. 缓解压力；

5. 注意睡眠卫生；

6. 促进排毒。

肥大细胞活化综合征（MCAS）

· 血清中的类胰蛋白酶

重要提示： 即使患有 MCAS，患者的类胰蛋白酶检测结果也可能是正常的。

· 组胺（取第一次稳定的晨尿为样本）

· N- 甲基组胺（收集 24 小时的尿液为样本）

· 血清中的嗜铬粒蛋白 A

· 血清中的 DAO

· 腹部器官超声检测

· 胃镜检查和带活检的结肠镜检查（检测肥大细胞及肥大细胞巢）

治疗建议：

1. 向有经验的医生寻求帮助；

2. 实行能量饮食；

3. 进行肠道清洁，增强肝脏功能；

4. 每天服用 1 ~ 4 g 维生素 C，饭前服用 DAO 补充剂，定期服用 500 mg 槲皮素和图尔西茶；

5. 缓解压力；

6. 注意睡眠卫生；

7. 适量运动。

线粒体病

· 用于判断氧化应激的指标：脂质过氧化情况、LDL 氧化情况、超氧化物歧化酶、谷胱甘肽过氧化物酶

· 用于判断亚硝化应激的指标：瓜氨酸、硝基酪氨酸、全转钴胺素、甲基丙二酸（尿液检测）

· ATP 浓度和线粒体的活跃度

· 尿液中的乳酸和丙酮酸的比例

治疗建议：

1. 实行能量饮食；

2. 补充微量营养素，尤其是复合 B 族维生素、叶酸、辅酶 Q_{10}、锌、锰、镁、ω-3 脂肪酸；

3. 适量运动；

4. 进行有氧治疗。

食物不耐受

· 用于诊断肠漏综合征的检测项目：粪便样本中的连蛋白、Alpha-1 抗胰蛋白酶、sIgA

· 用于诊断麸质不耐受的检测项目：AGA 和 DGA 抗体检测

· 用于诊断乳糖、果糖或其他不耐受（如山梨糖醇不耐受）的检测项目：进行呼气测试

· IgG 抗体检测

· 用于诊断组胺不耐受的检测项目：DAO

· 自我测试：排除测试，至少 14 天不摄入被检测的食物

治疗建议：

1. 实行能量饮食；

2. 进行肠道清洁，增强肝脏功能；

3. 在组胺不耐受的情况下进行低组胺饮食，建议长期摄入益生菌和益生元，每天服用 1～4 g 维生素 C，饭前服用 DAO 补充剂，定期服用 500 mg 槲皮素和图尔西茶；

4. 缓解压力；

5. 注意睡眠卫生；

6. 适量运动。

肾上腺功能减退

· 进行神经压力测试。如有必要，对唾液或尿液中的肾上腺素、去甲肾上腺素、多巴胺、血清素进行补充检测。

· 如果有临床怀疑，应对患者进行肾上腺自身抗体的检测。

治疗建议：

1. 规律饮食、合理休息、保证充足的睡眠；

2. 缓解压力；

3.实行能量饮食，不断食；

4.进行肠道清洁，增强肝脏功能；

5.服用营养素补充剂和适应原药草（如人参、睡茄、红景天）。

炎性疾病

· 通过医学常规检测即可。

治疗建议：

1.实行能量饮食；

2.进行肠道清洁，增强肝脏功能；

3.服用高剂量的维生素 C 补充剂和藻油；

4.缓解压力；

5.适量运动。

毒理学检测

· 目前，对毒素的检测较为困难，需要由在该领域有经验的医生进行诊断，如环境医学或功能医学的医生。

· 需要在专门的环境实验室中对组织样本进行多元素分析（MEA）。

· 如果有相应的病史，建议检测霉菌。可通过特异性 IgE、IgG 检测或 LTT 检测进行诊断。

治疗建议：

1.实行能量饮食；

2.进行至少 9 ~ 12 个月的肠道清洁，增强肝脏功能；

3.促进身体排毒；

4.服用亚精胺、维生素 C、维生素 D、锌、镁等营养素补充剂；

5.当持续有不适症状时，在得到精确的指示和专家支持的情况下，联系有经验的医生，如环境医学的医生寻求帮助；

6.如果生活及工作环境中有霉菌污染的迹象,建议进行仔细的适当的卫生处理。

消化功能紊乱

- 用于诊断肠黏膜受损的检测项目:粪便样本中的连蛋白和 Alpha-1 抗胰蛋白酶、粪便样本中的 sIgA
- 肠道菌群检测

治疗建议:

1.实行能量饮食;

2.进行肠道清洁,增强肝脏功能;

3.缓解压力。

牙齿健康

- 在曾做过根管治疗或有牙齿坏死的情况下,建议在实验室检测血液中的硫醚和硫醇水平。
- 在怀疑有炎症病灶或需要控制病情时,检测 RANTES 水平。
- 做 DCT 或 DV 检测。

重要提示:检测人员的经验丰富程度对图像诊断至关重要。

治疗建议:

1.向有经验的牙医或口腔外科、环境牙科医生求助;

2.在治疗前的 4~8 周实行能量饮食,并且进行肠道清洁;

3.补充微量营养素,尤其是维生素 D、镁、锌、B 族维生素、维生素 C、辅酶 Q_{10};

4.促进身体排毒。

重要提示:只有在保护措施充分的情况下才可以去除口腔中的汞合金填充物。在去除前约 1 小时,建议在水中加入治疗土或小球藻,以防止吞食任何汞合金颗粒。取出汞合金填充物后，建议立即用硫代硫酸钠冲洗口腔。此外，我还建议实行"30天能量计划"以促进身体排毒，并继续服用小球藻（每天15 g），持续约4周。作为小球藻的替代品，我推荐磨碎的有机洋车前子壳——将1茶匙车前子壳粉溶于250 ml水中服用，每天3次。

肾上腺功能减退

如果在自我测试后，你怀疑肾上腺功能减退是自己缺乏能量的原因，那么我建议你实行"30天能量计划"，这个久经实践检验的治疗计划将帮助你成功解决肾上腺功能减退的问题。将下面的每日计划视为基础，你可以根据自己的个人需求和日常生活情况进行调整。

早晨：不管多晚，尽量睡到自然醒。

早晨仪式：空腹喝2大杯水，在水中加入1/2茶匙盐（不含抗结块剂），如果你喜欢也可以加入少许柠檬汁。做一些放松和呼吸练习。

早餐：不要不吃早餐，但要避免精制白面粉产品。蛋白质和优质脂肪的组合是最理想的。避免摄入咖啡因，包括脱因咖啡。服用营养素补充剂，尤其是镁（每日200～300 mg）、维生素C（每日500 mg～1 g）、B族维生素、辅酶Q_{10}和ω-3脂肪酸。在一开始建议早上服用人参和玫瑰根，持续大约3个月。

午餐：选择"30天能量计划"中的优质蛋白质、膳食纤维含量高的蔬菜、健康的油（如特级初榨橄榄油和一些藻油）、新鲜香草和香料（如果有的话）的组合。也可以加入一小部分未精制的碳水化合物。一定要充分咀嚼食物！饭后避免摄入浓缩咖啡和甜食。午餐后额外补充1 g维生素C和200～300 mg镁，以应对午后的能量低谷。

上午和下午的零食：恢复肾上腺功能需要人们在少食多餐中定时为身体供应能量。在这种例外情况下，在正餐之间吃些零食是可取的。健康的零食应该由优质蛋白质、优质脂肪和未精制的碳水化合物组成，如一个苹果或其他水果加上一把坚果、芹菜茎、芝麻、杏仁黄油。避免在正餐之间摄入对能量水平产生负面影响的食物，无论你多么喜欢或渴望它（如软饮料、可口可乐、糖果、饼干、蛋糕、薯条等）

晚餐：晚餐也需食用优质蛋白质、膳食纤维含量高的蔬菜、优质脂肪和未精制的碳水化合物，如大米、小米、藜麦和土豆，为肾上腺提供夜晚的能量。你可以用坚果、香草和香料为你的饮食增添趣味。服用营养素补充剂，尤其是镁（每日 200 ~ 300 mg）和锌（每日 15 mg）。在一开始，根据我的经验，建议在晚上服用红景天（持续 3 个月）和睡茄（持续约 4 周）。

晚间仪式：创造一个美好的晚间仪式，如正确地呼吸、写日志或感恩日记、听轻松的音乐或享受晚间茶道。

卧床休息：尽量不要晚于晚上 11 点，最好在晚上 10 点前睡觉。

此外，在面对缺乏能量的问题时，你一定要保持乐观，避免社交环境和饮食中的"能量小偷"。如果你在上午或下午感到疲劳，那么你可以选择小憩片刻（最好在下午 3 点之前，以免对夜间睡眠产生负面影响）。热爱你所做的事情，并带着热情和快乐去工作。请注意：工作是"气态的"——它占用了你给它的空间。记得要为自己头脑中的"杂音"和不必要的日程设定限制。

后 记

"光有知识是不够的，还应当运用；
　光有愿望是不够的，还应当行动。"

充实生活的基础是健康，以及让愿望实现所需的能量。

长期缺乏能量是来自身体的警告信号，它告诉我们身体中存在着不为人知的缺陷。本书的重要任务是发现这些缺陷并且弥补它们，寻找缺乏能量的隐藏原因并且给予你有效的帮助。

时光无法倒流，但你可以借助"30天能量计划"和经过实践检验的有效的治疗方法掌控自己的健康！你的手中握有正确的钥匙，你可以夺回能量并把健康掌握在自己手中。使用这把钥匙，以新的能量和热情打造你的生活。永远不要忘记你的人生目标。

对我来说，除了对写作和绘画的热爱之外，没有什么比帮助人们恢复健康、推动现代预防医学发展更美好的事情了。我真的希望"30天能量计划"能给予许多医生和医学界的人士启发，也促使政治家重新思考我们的医疗保障系统。关于这本书，我也想讨论一下它在病因研究、整体预防和个体医学上的重要性。如果能收到反馈，我会非常高兴。

不要拖延你启程的时间。等待另一个鼓励正确检测和创新治疗的方法是不值得的。现在就开始按照自己的节奏行动吧！你应该为自己和那些相信你、欣赏你、爱你的人负责！

你的安妮·弗莱克